분재기에 나타난 조선 중기
상속 문화와 가족제도

국학자료 심층연구 총서 **15**

분재기에 나타난 조선 중기 상속 문화와 가족제도

문숙자 고민정 정수환 손계영 최연숙

한국국학진흥원 연구부 기획

분재기에 나타난 조선 중기
상속 문화와 가족제도

지은이   문숙자, 고민정, 정수환, 손계영, 최연숙
기획   한국국학진흥원 연구부
펴낸이   조형준
펴낸곳   새물결
1판 1쇄   2019년 12월 5일
등록   제2019-000258호
주소   서울특별시 강남구 학동로 335, 10층(논현동 다른타워)
전화   (편집부) 02-3141-8696 (영업부) 02-3141-8697
이메일   saemulgyul@gmail.com
ISBN   978-89-5559-425-6(93910)

ⓒ 한국국학진흥원 연구부, 문화체육관광부

이 책의 한국어판 저작권은 한국국학진흥원, 문화체육관광부와 새물결 출판사에 있습니다.
신저작권법에 의해 보호받는 저작물이므로 무단 전재와 복제를 금합니다.

책머리에 ____ 9

총론 　조선시대의 분재기, 재산상속 그리고 가족 ____ 13
1　시작하며 ____ 15
2　분재기 작성과 재산상속 행위에 대해 ____ 17
3　분재기로 본 재산상속과 제사 ____ 25
4　재산상속의 변화와 가족 ____ 34
5　맺으며 ____ 37

1장　16세기 재산상속의 사례와 상속 문화 ____ 41
1　머리말 ____ 43
2　분재기 작성과 전래 ____ 45
3　광산김씨 후조당종택의 사례 ____ 59
4　재령이씨 영해파 종중의 사례 ____ 66
5　맺음말 ____ 74

2장　봉화 버저이 강씨의 분재와 토지 ____ 77
1　재산을 나눈다, 가문을 넓힌다. ____ 79
2　경기도 진주강씨, 영남의 버저이 강씨가 되다. ____ 82
3　경상도 봉화에 땅을 사다, 토지 매매명문 ____ 87
4　소유권 확보를 위한 관권, 입지 ____ 93
5　논과 밭의 전래 흔적, 분재기 ____ 103
6　매매와 입지 그리고 분재기의 의미 ____ 114

3장 균분상속의 균열, 그 이후 —— 119

1 들어가면서 —— 121
2 재산상속의 관점에서 본 17세기 —— 123
3 17세기 이후의 상속 사례, 난고蘭皋 후손 가계 —— 131
4 또 다른 사례들 —— 148
5 장자단독상속, 단독봉사는 과연 이루어졌는가? —— 152
6 마치며 —— 157

4장 특정인에 대한 재산 증여, '별급' 분재의 사유와 변화 —— 161

1 머리말 —— 163
2 별급: 용어와 의미 —— 167
3 별급 사유의 유형 —— 176
4 별급 관련자의 변화 양상 —— 189
5 맺음말 —— 199

5장 조선시대의 유언, 죽음을 앞에 둔 이의 마지막 말 —— 203

1 머리말 —— 205
2 재산상속과 유언의 법제적 장치 —— 207
3 유언의 시기별 내용과 상속 문화 —— 220
4 맺음말 —— 237

일러두기

1. 단행본이나 학술지, 잡지는 『　』로, 논문과 시, 단편 소설은 「　」로 표시했다.

책머리에

　재산이란 사람이 살아가는 데 없어서는 안 될 물질적 토대라고 할 수 있다. 아무리 청빈하게 살아도 생명을 유지하기 위해서는 최소한의 물질을 소유하지 않을 수 없으며, 그것을 후손들에게 증여하거나 상속하는 과정에서 법적·제도적 절차가 자연적으로 생겨나게 된다. 따라서 동서고금을 막론하고 재산상속과 관련된 문서는 일상적으로 생산될 수밖에 없었고 과거의 재산상속과 관련된 고문서는 지금도 비교적 많이 남아있다. 우리의 경우, 일반적으로 재산상속을 목적으로 작성된 고문서를 분재기分財記라고 불러왔다.

　그렇다고 분재기 연구의 의미가 단순히 재산상속 문제에 그치는 것은 아니다. 재산은 가족이라는 형식을 유지하기 위한 물적 토대이므로, 분재기를 연구함으로써 가족제도의 변화 과정, 특히 제사 봉행 양상이 어떻게 변화해왔는지를 알 수 있다. 가령 17세기 초까지 지켜진 남녀균분의 재산상속 관행은 제사 봉행에서 아들, 딸 구분 없이 돌아가면서 제사를 모시는 윤회봉사와 맞물려 있었다. 제사를 모시는 데는 돈이 들기 때문이다. 이처럼 분재기는 가족제도의 다양한 영역으로 확대, 연계될 수 있는 확장성을 가진 자료라고 할 수 있다.

한국국학진흥원이 소장 중인 고문서 중 상당수는 바로 이 분재기이다. 분재기 자체가 삶의 가장 핵심적인 영역과 관련된 기록이라 할 수 있지만 특히 재야의 일반 사족이 생산해 대대로 보존해온 분재기는 우리 역사 연구에서 무엇보다 소중한 일차자료라고 할 수 있다.

한국국학진흥원에서는 분재기 연구를 위해 다섯 명의 고문서 전문가로 연구팀을 꾸리고 2018년 한 해 동안 모두 세 차례의 연속 포럼을 개최해왔다. 이 책은 분재기 연구팀의 연구 성과를 묶은 것이다. 분재기라고 하는 특수한 영역의 연구 성과이다 보니 일반인이 읽을 수 있도록 용어나 개념을 최대한 풀어쓰기를 했다고 하지만 근본적인 한계가 있을 수도 있을 것이다.

먼저 총론에서 문숙자 박사는 연구팀에서 논의한 분재기 연구 전반을 개괄하고 앞으로의 과제를 정리했다. 고민정 박사는 광산김씨 후조당의 사례와 재령이씨 영해파의 사례를 가지고 16세기의 재산상속 문화를 연구했다. 정수환 박사는 경북 봉화 법전의 이른바 버저이 강씨로 칭해지는 진주강씨 도은종택의 고문서를 분석해 토지 매득과 분재 과정을 살펴보았다. 문숙자 박사는 조선 초기부터 지켜져 온 균분상속 관행이 붕괴된 17세기 이후의 재산상속과 제사봉행 양상을 집중적으로 검토했다. 손계영 교수는 특별한 사유가 있을 때 특정인에게 재산의 일부를 주는 사전 증여인 별급別給을 집중적으로 분석해 어떤 경우에 어떤 양상으로 별급이 이루어졌는지를 고찰했다. 마지막으로 최연숙 박사는 특히 넓은 의미에서 분재기의 하나라고 할 수 있는 유언을 분석해 유언에 내포된 재산 상속 기능과 시기별 유언의 내용을 살펴보았다.

팀제 연구의 의의는 주관적 판단의 오류에서 벗어날 수 있고 관련 자료를 효율적으로 공유함으로써 연구의 완성도를 높일 수 있는 점에 있다.

연구진은 공동 연구를 통해 동일한 자료를 서로 다른 관점에서 접근할 때 얼마나 다양한 해석이 가능한지를 확인함으로써 공부하는 재미뿐만 아니라 연구 자체의 내용적 충실성 면에서도 많은 도움을 얻을 수 있었다. 인문학 연구에서 이와 같은 팀제 연구는 학문 간 단절이 문제로 대두되고 있는 우리 학계의 상황을 감안한다면 하나의 대안으로 생각해볼 수 있을 것이다. 팀제 연구의 방법과 기법을 좀 더 보완한다면 지속적으로 시도해볼 가치가 있을 것이다.

　마지막으로 덧붙이지 않을 수 없는 말은, 이와 같은 연구가 가능하게 된 배경에는 문중에서 소중하게 간직해온 선조들의 손때가 묻은 기록유산을 흔쾌히 학계에 공개한 기탁 문중의 결단이 있었다는 것이다. 특히 문중 재산과 관련된 기록에는 해당 문중으로서는 가리고 싶은 내용도 있을 수 있고 공개가 망설여지는 측면도 있었을 것이다. 그럼에도 불구하고 기록유산을 사회의 공기公器로 여기고 공개하기로 결심한 데 대해 경의를 표하지 않을 수 없다. 앞으로 본 연구를 계기로 자료 공개의 분위기가 더욱 확산되기를 기대해본다.

2019년 8월
한국국학진흥원 연구부

총론

조선시대의 분재기, 재산상속 그리고 가족

문숙자

1 시작하며

조선시대의 재산상속 제도는 우리 선조들의 역사의 한 단면이지만 정치사나 경제사 등에서 느끼는 엄숙함 없이 바라보게 되는 생활사의 테마 중의 하나이다. 재산상속이라는 것이 예나 지금이나 어느 가정에서나 이루어지는 일이고, 또한 지금도 우리 주변에서 쉽게 접하는 문제이기 때문이다. 그런데 조선시대의 재산상속을 단순히 재산을 부모로부터 물려받는 행위로만 볼 수는 없다. 가계를 어떻게 유지 또는 계승하는가를 좌우하는 매우 중요한 요소였기 때문이다. 재산상속은 부자관계나 형제관계 등 가족 내의 인간관계, 대를 이어 형성되고 유지되어온 친족관계, 혼인으로 만들어진 인척관계 등 각종 관계와 관련되어 있다. 그리고 조상을 봉양하고, 가계와 친족집단을 계승하는 문제와도 관계가 있다. 나아가 재산을 상속하고 가계를 유지, 계승하는 문제는 유교를 비롯한 각종 이념 체계와 관련해 방향이 결정되기도 했다. 우리 삶의 기초적 공동체인 가족에서 출발해 각종 사회 구조, 이념에 이르는 전 분야와 관련되어 있다 보니 역사에서 이

보다 더 엄숙한, 아니 엄숙해야 할 소재가 있을까 하는 생각이 들 정도이다.

조선시대의 재산상속 문제가 친근하게 느껴지는 또 다른 이유는 재산상속문서의 전래에 있다. 흔히 '분재기分財記' 또는 '분재문기分財文記'라고 부르는 상속문서는 명문 양반가에 많이 전해져왔다. 하지만 고문서가 발굴되는 과정에서 양반 가문뿐만 아니라 평민, 심지어 노비 가계에서조차 분재기를 작성한 사실이 알려졌으며, 분재기 실물이 발견되었다. 여성이 자식에게 재산을 분할해주었는가 하면 승려가 남긴 분재기도 있다. 재산이 있다면 누구나 상속을 했고, 또 누구나 문서로 남겼다는 사실이 드러난 셈이다.

뿐만이 아니다. 분재기 서문에는 간단한 상속 원칙과 사유, 상속에 이르기까지의 과정, 상속인과 피상속인의 심정을 적어 놓았다. 서문의 내용은 짤막한 유서 한편으로 느껴질 때도 있고, 남매간의 상속 합의문일 수도 있다. 조상에 대한 고마움과 앞으로의 다짐으로 읽힐 때도 있다. 한 집안의 역사가 서술된 경우도 있다. 분재기를 통해 재산상속과 가족의 역사를 조명할 수 있는 이유가 여기 있다. 그리고 분재기로 본 상속과 가족의 역사는 현대의 가족 이야기와도 거리가 그리 멀지 않다. 어떤 부분이 현대의 우리에게 계승되었고, 어떤 부분이 사라졌는지를 통해 조선시대부터 현대에 이르기까지 사람들이 가족 안에서 무엇을 원했고 그 소망이 어떻게 변해왔는지 이해할 수 있다.

이 글을 통해 첫째, 분재기의 다양한 표정을 읽을 수 있었으면 한다. 재산상속을 목적으로 작성된 문서가 분재기이지만 분재기는 재산상속 이상의 내용을 담고 있다. 분재기는 조선시대 사람들에게 무엇이었고, 그것이 보여주는 라이프 사이클은 어떠했는지 이해할 수 있으면 좋을 것이다. 둘째, 분재기를 토대로 지금까지 논의되어온 조선시대의 재산상속과 제사 관행에 대해 살펴보려고 한다. 재산상속과 제사가 어떻게 시행되어 왔고 어떤 변화를 겪었는지, 변화의 원인은 무엇이고, 향후의 가족생활에 어떤 영향을 미쳤는지를 말이다. 셋째, 분재기에 담긴 직접적인 내용은 재산상속과 제사에 관한 것이다. 하지만 분재기를 통해 바라볼 수 있는 더 넓은 세계가 있다. 바로 가족과 친족의 모습이다. 따라서 분재기를 통해 재산상속의 이면에 자리 잡고 있던 가족 공동체의 모습을 조금이라도 드러내고 형상화해볼 수 있으면 좋겠다.

2 분재기 작성과 재산상속 행위에 대해

1) 분재기 작성과 상속 행위

1550년(명종 5년) 4월, 김효로金孝盧(1454~1534년)의 자식들이 부모 재산을 상속하기 위해 한자리에 모였다. 그들은 '외내 김씨'라고 불리는, 예안 오천烏川의 광산김씨 가문 사람들이었다. 부모인 김효로 부부가 세상을 떠나자 삼년상을 마친 자식들이 모여 상속 절차를 진행하기 위해 모인 것이다. 모인 사람은 장남으로 이미 세상을 떠난 김연金緣(1487~1544년)을 대신해 처 조씨曺氏, 그리고 차남 김수金綏, 사위 김우金雨와 금재琴梓였다. 이때 그들이 상속 내용에 관하여 합의해 작성한 분재기가 전한다.

> □……□ 1550년(명종 5년) 4월 15일 동생同生 □……□ 우리에게 초문기草文記를 □……□ 별세하신 □……□ 초문기를 봉해 보관하다가 □……□ 동복同腹이 의논해 열어보고 문기文記대로 각각의 몫을 시행 □……□ 빠트린 노비로 수를 보충하며, 나머지 노비는 공평하게 □……□ (중략) 관에 고해 바로잡을 일이다[□……□은 결락 표시이다].

인용한 부분은 1550년 4월에 4남매가 모여 작성한 화회문기和會文記 중 서문 부분이다. 화회문기란 부모가 사망한 후 자녀들이 모여 부모 재산을 합의하에 나눠가지면서 작성한 분재기로 상속문서 중 대표적인 것이다. 결락 부분이 많아 정확한 내용은 파악하기 어렵지만 몇 가지 사실을 확인할 수 있다. 하나는 초문기가 있었다는 사실이다. 부모님은 이미 돌아가셨지만 4남매는 재산상속의 실질적 내용을 부모가 이미 작성해둔 초벌 문서에 따라 진행했다. 초문기를 봉해 보관해 오다가 자식이 모두 모여 열어보고, 내용에 준해 상속을 실현했다. 다만 초문기에 미처 다 담지 못하고 빠트린 재산은 채워 넣도록 했다.

　다른 하나는 재산을 공평하게 나누려고 했다는 점이다. 결락 부분이 많아 균분상속 등 구체적 표현은 보이지 않으나 빠트린 노비 수를 채운 후 나머지 노비는 공평하게 나누라고 한 부분에서 그것을 알 수 있다. 그러한 내용은 다른 집의 분재기에도 많이 등장한다. 일반적으로 분재기 서문에는 원칙으로서 균분상속을 표방한 외에도 도망노비를 찾아낸 경우 찾은 형제에게 노비 1명을 상으로 주고 나머지는 공평하게 나누라는 식의 표현이 있다.

　김씨 집안에서는 이 분재기 외에 또 한 점의 분재기를 동시에 작성했다. 위의 분재기는 노비 화회문기이고, 다른 한 점의 분재기는 전답 화회문기이다. 15세기나 16세기에 집안에 따라 이처럼 노비와 전답을 각각의 분재기로 따로 작성한 사례가 있다. 예를 들어 경상도 영해寧海의 재령이씨 이애李璦 후손 가계에도 1572년(선조 5년)에 노비와 전답을 각각의 문기로 구분해 작성했다. 그런 경우 서문은 한 쪽 문기에만 있고, 다른 분재기는 서문을 생략하기도 했다.

　위에 인용한 서문이 끝나고 아래에 본문에 해당하는 상속 내역이 나열되었다. 상속 내역에서 '부변父邊'과 '모변母邊' 등의 구분이 눈에 띤다. 다른 분재기의 경우 '부변전래', '모변전래' 등으로 쓰거나 '부변전득傳得'으로 쓴 경우도 있다. 자녀들이 모여 분할하는 재산이 친가 쪽에서 전래한 것인지, 외가로부터 전래한 것인지를 밝힌 것이다. 그것은 외가로부터도 재산이 상속되었음을 의미하며, 재산이 유래에 따라 상속 또는 분할되는 등 치밀한 관리가 수반되었음을 알려준다.

그런데 위의 상속문기가 작성된 후 16년 만에 동일한 상속인이 또다시 모여 다음과 같이 화회문기를 작성했다.

> 1566년(명종 21년) 10월 2일에 문서를 작성하니 다음과 같다. 부모님 형제가 화회和會해 재산을 나눌 때 함경도의 노비들은 자식을 낳은 상황을 알지 못해 몫을 나누지 못했다고 하셨다. 화명花名에 의거해 사촌들이 숙모님 명령에 따라 장악壯弱을 구분하고 헤아려 뽑아서 몫을 나누었다. (중략) 용궁댁龍宮宅 몫 중 범이凡伊는, 다른 댁의 춘대春代, 오십동五十同, 돌진乭辰 등을 배분할 때 [이들에 비해] 너무 미약해 늙은 범돌凡乭을 추가로 지급한다. 나중에 자손들이 딴소리 하거든 이 문기에 의거해 바로잡을 일이다.

인용문의 내용을 토대로 재구성해보면, 김연의 부모님 때 집안 노비는 전국에 분포하고 있던 모양이다. 그러나 함경도에 사는 노비들은 주인집과 너무 떨어져 있으므로 자식이 태어났는지, 다른 변동사항은 없는지 전혀 파악할 수 없어 상속 대상에 포함시키지 못했다. 이후 화명, 즉 노비 명단을 정비해 재작성하고 이 노비들을 재분배했다. 그리고 상속 대상에서 빠졌던 노비들을 다시 처리하면서 이 문서를 작성했다. 그렇게 정식 재산상속에서 빠트린 재산을 유루분遺漏分이라 하고, 유루분을 분할한 분재기를 '유루분 화회문기' 또는 '유루노비 화회문기' 등으로 불렀다. 인용문이 수록된 분재기에서는 정평定平, 함흥咸興을 비롯해 함경도 여러 곳의 노비가 파악되어 분할되고 있다.

　김효로의 재산을 자식들이 상속할 때 장남인 김연은 이미 세상을 떠난 후였다. 조선시대의 재산상속은 보통 부모가 죽음에 임박한 경우 또는 부모 사망 후에 이루어졌다. 따라서 실제로 상속이 이루어질 때는 상속인 역시 나이가 많거나, 김연의 경우처럼 이미 사망해 배우자나 자식 또는 손자가 대신 참여하는 경우가 있었다. 상속인 역시 청년기를 넘어 장년기 이후에 정식 재산상속을 받았다는 말이다. 그렇다면 혼인 후 재산을 상속받을 때까지 생활을 영위할 경제적 기반은 어떻게 구축할 수 있었을까. 재산상속과 분재기 작성의 의미를 생각해야 하는 이유가 여기 있다.

　조선시대의 재산상속은 한 번에 완성되기보다는 오랜 시간에 걸쳐 조금씩 재산이 자식에게 옮겨가는 과정이었다. 예를 들어 조선시대 양반은 혼인할 때 부모에게서 신노비新奴婢를 받았다. 그러나 신노비를 줄 때마다 분재기를 작성하지는 않았다. 부모의 사망이 임박했을 때 또는 부모의 사망 후 자식들이 재산을 분할할 때 정식 분재기를 작성했는데, 그때 각자가 혼인할 때 받았던 신노비를 적어 넣었다. 혼인 당시에는 3~4명의 신노비를 각자가 똑같이 받았는데, 분재기 작성 시점이 되면 10명 이상으로 노비 수가 증가한 경우도 있지만 오히려 숫자가 줄어든 경우도 있었다. 이런 문제 때문에 분재기마다 신노비의 후소생은 새삼스럽게 거론하지 말고 분재 당시 노비가 귀속된 대로 부모를 따라 함께 귀속되도록 하는 규정을 자연스럽게 삽입하게 되었다.

　신노비 외에 각종 사유로 지급되는 별급이 있었다. 별급은 과거급제나 득남 등의 사유가 발생할 때마다 지급하고, 그때마다 별도의 별급문기를 작성했으므로 신노비와는 달랐다. 그런데 정식 재산상속 시 화회문기나 분급문기를 작성하면서 '별급질別給秩'이라는 항목을 설정하고 과거에 받았던 별급을 다시 기록해 넣은 경우도 있었다. 또 어머니가 자식들에게 재산을 나눠주면서 작성한 분재문기 내에 '남편의 유언에 따른 별급' 항목을 만들어 모든 자식에게 똑같은 액수의 별급을 주고 이를 기록한 사례도 있었다. 이 경우에는 남편 생전에 이미 일부 재산을 자식들에게 별급한 상태였고, 분재기가 작성될 때 그것을 문자로 수록한 것으로 추측된다. 신노비와 별급은 이렇게 정식 재산상속 이전에 자식들의 생활에 필요한 경제력을 제공한다는 의미를 가졌다.

한편 분재가 구두口頭로 이루어져 문서 작성 시기와 일치하지 않는 경우도 자주 발견된다. 여기서 명백히 해 두어야 할 것은 분재기 작성이야말로 해당 분재가 법적 효력을 가질 수 있도록 하는 최후의 장치였다는 점이다. 조선은 문서주의를 철저히 지향했으므로 구두로 한 분재는 법적 효력이 없었다. 재산 관련 소송에서는 분재기가 반드시 증거 문서로 채택되고 있는 데서 그것을 짐작할 수 있다. 따라서 분재기를 상속대상자 수만큼 작성해 각자 보관하도록 했다. 분재기가 불에 타 없어지면 소화입안燒火立案을 받아 분재 사실을 문서로 입증하거나 심지어 재분재再分財를 해서라도 분재 사실을 명문화하려는 노력을 기울였다.

분재기를 흔히 '재산상속문서'라고 칭하지만 엄밀히 말하면 상속문서에 해당하는 것은 화회문기뿐이다. 나머지 유형의 분재기는 모두 증여 문서이다. 즉 부모나 조부모 등 윗사람이 아랫사람에게 재산을 나눠준 증여문서 형식의 분재기도 많다. 그중 부모가 사망에 임박해 증여를 시행한 경우 결국은 자식들에게 재산을 이전移轉하는 것이므로 증여와 상속을 구분하는 것은 큰 의미가 없다. 주로 분급문기와 허여문기 등으로 부르는 분재기가 이에 해당된다. 물론 증여 중에는 위에 언급한 별급도 있었다. 아들이나 사위 또는 조카가 과거에 급제했을 때, 며느리가 아들을 낳았을 때 그리고 자식 중 누군가가 부모의 병수발을 정성껏 했을 때 등등 여러 가지 사유를 들어 재산의 일부를 주는 경우를 별급이라고 했다. 별급문기를 보면 노비 1~2명, 전답 1~2 마지기 등 매우 제한된 재산을 줄 때가 많으므로 별급은 정식 재산상속의 범주에 넣기는 어렵다.

분재기가 아니라 유서와 유언으로 명명된 문서 중에도 재산상속 지침과 상속할 재산을 나열해 분재기와 똑같은 효력을 발생하는 문서가 많았다. 영해 재령이씨 종가의 〈이함李涵 유언〉(1627년)이나 안동 내앞 의성김씨 종가의 〈청계靑溪 김진金璡 유서〉(1577년) 등에는 분재기라고 해도 손색이 없을 정도로 상속에 관한 지침이 상세히 서술되어 있다.

2) 명문 양반 가문의 분재기와 하층민의 분재기

과거급제를 축하하는 별급, 유언을 통한 재산상속, 부모님의 삼년상을 마친 후 상속에 대한 자식들 간의 협의 등등 앞에서 분재기에 대해 서술한 내용은 마치 분재기가 양반가의 전유물인 것처럼 오해하도록 하는 측면이 있다. 하지만 전혀 그렇지 않다. 분재기는, 재산을 조금이라도 가진 사람이라면 누구든지 신분이나 성별과 관계없이 작성하고 전래할 수 있는 문서였다. 다음은 안동 주촌周村 진성이씨眞城李氏 집안의 고문서 더미 속에서 발견된 분재기 서문이다.

(전략) 내가 지금 나이 76세로 오늘 죽을지 내일 죽을지 알 수 없을 뿐 아니라 내 딸 2명이 각각 다른 상전 몫으로 올라 있는데, 내 상전께서 내 늙은 나이를 고려하지 않고 자식 없는 노奴와 마찬가지로 해마다 신공을 받으며 사사건건 침노侵勞했다. 이에 안흥원安興員에 있는 논 16복卜, 반거곡원反居谷員에 있는 밭 3복卜, 화로 1개, 놋동이 1개, 큰 소 2마리 등을 나의 상전에게 자식 1명 조條로 각별히 기상記上하고 나머지 전답과 일상에서 사용할 가재家財들을 너희 자매에게 남기니 각각 받아서 사용하라. (후략)

1540년(중종 35년)에 자신을 사노私奴라고 밝힌 복만卜萬이라는 사람이 두 딸에게 재산을 분할해주면서 작성한 분재기 서문 중 일부이다. 일명 〈사노복만분급문기〉(1540년)로 불리는 위 분재기는 노비가 재산을 갖고 있었고, 여느 양반과 마찬가지로 자식에게 공평하게 재산을 분할해준 사실 외에도 여러 가지 이야깃거리를 제공한다. 첫째, 노비에 대한 상전의 부당한 대우를 암시하는 내용이 곳곳에 보인다. 복만의 상전은 나이 76세인 복만으로부터 여전히 신공身貢을 받았다. 많은 가문이 보통 60세 이상의 노비에 대해 방역放役 조처를 취한 것과는 판이한 대우를 한 것이다. 둘째, 재산 분할에 앞서 일부 재산을 상전에게 상납한 사실이다. 복만에게는 상속인으로서 옥금玉今과 복금福今이라는 두 딸이 있었다. 그러나 그의 상전은 그를 자식 없는 노奴로 취급했다. 그 결과는 재산의 기상記上으로 나타났다. 기상이란 자식 없는 노비의 재산은 상속인이 없으므로 상전에게 귀속시키는 것을 말한다. 상전이 기상을 강요한 이유는 복만의 딸이 복만과는 다른 상전의 소유로 되어 있었기 때문으로 보인다. 결국 자식 한 명 분을 감안한 일부 재산을 상전에게 떼어주고 나머지를 자식 2명에게 분할했다.

이 분재기를 통해 분할한 재산은 전답과 가사家舍, 우마牛馬와 각종 가재도구이다. 노비를 소유하고 있지는 않았지만 전답과 가재가 꽤 많은 양이며, 와가瓦家와 유실수까지 소유하고 있었다. 사노비가 분재기를 남겼다는 것도 특이하지만 그가 남긴 재산은 노비 신분이라고는 믿기 어려울 정도로 많았다.

한편 예천권씨醴泉權氏 집안에는 양녀良女 연이延伊가 발급한 별급문기를 비롯해 조이召史라는 직역을 밝힌 여성이 작성한 별급문기 등 여성을 피상속인으로 하는 별급문기가 여러 점 있다. 그밖에도 해남 연동의 해남윤씨海南尹氏 종가에는 상민常民과 승려 등이 작성한 분재기가 여러 점 전래된다.

　이런 분재기들은 대체로 분재기 안에 수록된 노비나 전답 중 일부가 매매되어 진성이씨, 예천권씨, 해남윤씨 가계로 흘러들어올 때 본문기本文記로 딸려왔을 가능성이 크다. 본문기란 매도자가 매매 물건을 소유하게 된 원인을 입증하는 문기를 가리킨다. 상속을 통해 받은 재산인 경우 분재기가 본문기가 되고, 매매를 통해 취득한 재산인 경우 매매문기가 본문기 역할을 하기도 했다. 명문 양반가가 아니라 평민이나 노비 계층의 분재기는 그렇게 의도치 않은 방식으로 매우 적은 양이 전래되고 있다. 조선 말기 이후 전 계층이 양반 가문으로 편승하려는 경향이 나타났다. 양반 가문에 편승하려면 양반 신분이 아니었던 과거의 기록을 보존할 이유가 없었다. 분재기를 비롯해 하위 계층의 기록이 소량밖에 남지 않은 이유 중의 하나이다.

　하지만 소량의 분재기 속에서 확인할 수 있는 것은 조선시대의 재산상속이 양반 계층에 국한된 것이 아니고 누구나 할 수 있는 행위였다는 사실이다. 노비인 복만이 자식에게 재산을 분할해주고 분재기를 작성한 것이 그것을 상징적으로 입증한다. 하층민의 분재기는 분재기 작성 방식이나 사용한 용어 등에서 양반 명문가의 분재기와 차이가 나는 부분이 있다. 그러나 상속 방침과 아울러 상속을 둘러싼 온갖 가족 내의 사정이 드러나 있는 점에서 조선시대 가족과 가족 구성원을 이해하는 데 매우 중요한 자료가 되고 있다.

3 분재기로 본 재산상속과 제사

1) 균분상속

조선시대의 재산상속이 주목받는 가장 큰 이유는 상속 비율 면에서 우리의 독특한 관습인 '균분均分'이 시행되었다는 점 때문인데, 그것이 분재기에 고스란히 드러나 있다. 균분이란 재산을 장남인지 차남인지, 아들인지 딸인지 여부와 상관없이 골고루 균등하게 나누어준다는 뜻이다. 『경국대전』에 재산상속 원칙을 '평분平分'이라고 규정한 이후 균분상속은 조선시대 상속 관행의 근간이 되었다. 부모에게 자식이란 아들이건 딸이건, 장남이건 차남이건 또 장녀건 차녀건 모두 똑같다는 의식에서 균분 관행은 출발했다. 열손가락 깨물어 아프지 않은 손가락이 없듯이, 동일한 어머니 밑에서 태어난 동복同腹 사이에는 상속에서 차별을 두어야 할 아무런 이유가 없었던 것이다. 균분상속 관행은 17세기 중엽 무렵까지 잘 유지되었다.

균분상속이 언제부터 시행되고 언제까지 유지된 관행이었는지를 명확히 하는 것은 쉽지 않다. 『고려사』의 〈손변孫抃열전〉을 비롯해 몇몇 인물의 기록에서 균분상속과 관련된 내용이 언급되고 있는 점에서 고려시대부터 이어져온 관행임을 추측할 수 있다. 전래된 분재기로는 가장 이른 시기의 문서 중 하나인 1429년의 〈김무金務분급문기〉 서문에 '평균분급平均分給'이라는 말이 명확히 나온다. 〈김무분급문기〉는 예안 오천의 광산김씨 가계에 전래된 분재기이다. 이 분재기에 평균분급이 명시된 것은 조선 초기에 이미 평균분급이 분명한 관행으로 자리 잡고 있었음을 확인해준다. 이후의 상속문서에서도 대부분 균분 또는 평분, 평균분급, 균일분급 등 균분상속과 유사한 표현이 서문에 지속적으로 언급되고 있다. 만약 균분상속에서 제외되는 상속인이 있는 경우 제외사유를 밝힌 데서 오히려 균분상속을 지키려는 의지를 엿볼 수 있다. 이렇게 분재기 서문에서 표방된 균분상속 원칙은 실제 재산을 분할할 때 철저히 지켜졌을까?

그에 대한 대답은 분재기를 어떻게 보느냐에 따라 달라질 수 있다. 〈김무분급문기〉를 비롯한 15~16세기의 많은 분재기가 노비를 가리켜 "노장약老壯弱을 고루 섞어" 또는 "노미장약老迷壯弱을 평균해" 분할한다는 취지를 표방하고 있다. 나이에 따라 노(60세 이상), 장(16~59세), 약(16세 미만)으로 구분해 나이별 분할 비율을 고려한다는 뜻이다. 미迷를 추가하기도 하지만 그것이 나이를 말하는지, 지적 수준을 말하는지는 알 수 없다. 전답을 분할할 때는 통상 '소재所在와 고척膏瘠을 분간해' 분할한다고 밝히고 있다. 어느 지역에 있는 전답인지, 비옥한지 척박한지를 분간하겠다는 뜻이다. 이런 문구는 흔히 더욱 철저한 균분상속의 징표로 해석되곤 한다. 많은 요소를 고려하면서 철저히 균분상속을 수행했으리라는 해석이 그로부터 나왔다. 실제로 분재기의 본문, 즉 재산 분할 내역을 정밀하게 분석해보면 그런 해석이 들어맞는 부분이 많다. 하지만 반드시 그렇다고 하기에는 예외도 있는 것이 사실이다.

표 1 〈김무분급문기〉의 노비 분할 내역

상속인	장남	2남	3남	장녀	2녀	4남	기타	합계
노비 수(구)	37	37	35	34	36	34	12	225

〈표 1〉은 균분상속이 철저했다고 말해지는 1429년의 〈김무분급문기〉의 노비 분할 내역이다. 아들, 딸 구별 없이 각각 34명에서 37명까지의 노비를 분할 받았다. 상속 노비 수는 많아야 3명 정도 차이가 있을 뿐 대부분 비슷하다. 이 정도면 균분상속이라고 할까 아니면 3명이나 차이가 나니 균분이 아니라고 할까?

표 2 〈이애남매화회문기〉의 노비 분할 내역

상속자	장남	2남	장녀	3남	4남	5남	2녀	6남	7남	계
노비 수(구)	107	88	84	80	82	79	78	82	78	758

〈표 2〉 역시 균분상속이 철저했던, 그리고 분재기 서문에서도 균분을 표방한 영해 재령이씨 집안의 1494년(성종 25년) 분재기의 노비 분할 내역이다. 9남매는 각각 78명에서 107명까지의 노비를 상속받았다. 전체 노비 수가 엄청나게 많은 탓인지 노비를 가장 적게 받은 2녀와 7남의 78명과, 가장 많이 상속한 장남의 107명은 비교적 편차가 커 보인다. 서문에 특별한 언급은 없지만 제사 봉행 등을 이유로 장남을 우대했다고 가정하자. 그렇다면 장남을 제외한 다른 자녀들은 균분상속이라고 할 수 있을까? 장남을 제외하더라도 78명에서 88명까지 상속 노비 수가 10명 정도 차이가 나는데, 그것을 어떻게 보아야 할까?

그럴 때 흔히 노비의 거주지나 나이를 고려한 균분상속을 하다 보니 숫자에는 다소 차이가 나타날 수 있다는 유보적 견해가 나타나기도 한다. 그러나 〈김무분급문기〉에 수록된 노비를 나이별로 통계를 내거나 〈이애남매화회문기〉의 노비를 거주지별로 통계를 내보아도 나이나 거주지를 고려한 균분상속이었다고 단정하기는 쉽지 않다. 즉 보다 많은 요소를 고려할수록 균분 여부를 명확히 말하기 어려운 딜레마에 빠지고 만다.

〈표 3〉에서 볼 수 있듯이 토지의 경우 균분 여부를 판단하기가 더 어렵다. 전체 면적으로 비교하건 혹은 진田, 답畓, 대전代田 각각을 비교하건 수치만으로는 균분이라고 하기 어렵다. 보통 이 경우 토지의 비옥도나, 토지 소재지와 상속인의 거주지와의 거리를 고려해 오히려 보다 정확한 균분을 기하고자 의도적 조절이 있었을 것으로 해석해왔다. 그러나 분명 그러한 의도가 있었을지 모르나 조선시대에 그러한 과학적 계산이 가능했는

지는 알 수 없고, 또 현재의 우리가 그것을 과학적으로 입증하기도 어렵다. 오히려 조선전기의 재산 분할 방식 중 노비 가족을 고려하지 않고 개체 단위로 분산하거나 동일 지번의 토지를 똑같이 분할하는 등의 방식으로 균분을 꾀하는 사례가 나타나는 점에 주목할 수 있다.

표 3 〈이함남매화회문기〉의 토지 분할 내역 (단위: 두락)

	田	畓	代田	계
봉사조	4	4		8
장녀	48.5	28	8.2	84.7
차녀	54.7	36		90.7
장남	69.5	40	1.7	111.2
차남	65	44	19	128
차녀	70.5	35		105.5
	312.7	183	28.9	524.6

결과적으로 균분상속은 17세기 이전 양반가의 재산상속에서 대원칙이나 다름없었다. 그러므로 조선전기의 상속제를 논할 때 분할 재산의 숫자적 균형과 함께 균분원칙을 중시하고 그것을 관철하고자 했던 의식을 읽을 수 있어야 한다. 그러다보면 균분상속을 유지하면서 점진적으로 변하다가 종극에 가서는 차등상속을 표방하게 되는 과정이 눈에 보일 것이다.

2) 균분상속의 와해와 제사

유교사회의 제반 문물과 제도가 지방 곳곳의 개인에게 침투하는 17세기를 전후한 시기부터 우리 의식과 사회 관습은 많은 변동을 겪었다. 남녀차별, 장·차자구별이 생기게 된 것도 바로 이때부터였다. 이 시기는 14세기에 본격적으로 도입되기 시작한 주자학이 정착 단계에 들어서 그야말로 유교 사회의 본모습이 드러난 시기였다. 이때 양반가의 분재기에서는 균분상속에서 딸을 제외하는 내용이 나타나기 시작했다. 딸을 제외하면서 제사도 거론되었다. 균분상속일 때는 제사에 대해 특별한 언급은 없었다. 오히려 균분상속에서 딸을 제외할 때 제사의 윤행輪行이 어렵다는 것을 이유로 내걸었기 때문에 균분상속의 전제가 제사 윤행이었음을 유추할 수 있다.

윤행이란 자식이 돌아가면서 제사를 봉행하는 것을 말한다. 그것을 흔히 '윤회봉사輪廻奉祀'라고도 부른다. 아들과 딸이 모두 봉사를 맡았는데, 딸의 경우 사위가 제사를 맡다가 사망하면 아들 즉 외손이 봉사를 담당했다. 명문 양반가의 구보舊譜에는 양자를 들이지 않고 대가 끊긴 가닥이 많이 보이는데, 아래에 '외손봉사'라고 쓰인 경우를 종종 볼 수 있다. 조선 전기까지는 외손봉사 관행이 자연스럽게 받아들여졌던 것이다. 아들이 없는 경우 입양을 통한 계후繼後가 점차 일반화되면서 외손봉사 사례 역시 줄어들었다. 균분상속은 윤회봉사나 외손봉사 같은 봉사 형태와 나란히 정착된 관행이었다. 제사는 망자에 대한 의례지만 그것을 치르는 과정이 재산과 직접적 관계가 있었기 때문에 이처럼 재산상속과 무관할 수 없었다. 뿐만 아니라 제사 또한 상속 대상이 되었기 때문에 재산상속과 제사상속은 매우 밀접한 관련을 맺고 있었다. 마치 균분상속이 자식의 권리라면 윤회봉사가 의무인 것처럼 두 가지는 서로 짝해 등장했다.

하지만 서로 짝해 등장한 균분상속과 윤회봉사는 17세기 중엽을 지나면서 마치 약속이나 한 듯 함께 변화해갔다. 재산의 균분상속이 와해되고 딸에 대해서는 재산을 감급減給하는 상속 지침이 분재기 서문을 채우기 시작했다. 그런데 딸을 균분상속 대상에서 제외하는 요인으로 '딸은 출가외인이므로 사위가 처가 제사를 지낼 명분이 이제 사라졌다'거나 '딸은 다른 고장에 살기 때문에 선대先代 제사를 윤행하기 어렵다'는 식의 설명이 덧붙여졌다. 균분상속 대가로 윤회봉사를 시행했듯이 균분을 깨는 요인 역시 제사에서 찾아졌던 것이다.

　그러한 변화는 같은 시기에 여러 가문의 분재기에서 거의 동시에 나타나는 점에서 시대적 분위기라고 해도 과언이 아니었다. 하지만 그러한 상속제 형태를 단순히 '차등상속'이라고 부를 수 있는지 다소 주저되는 것이 사실이다. 딸은 아들에 비해 재산을 덜 받았지만 아들 사이에는 균분상속이 여전히 지속되었기 때문이다. 17세기에 딸에 대한 차등상속이 나타난 후 17세기 후반이나 18세기 초반이 되면 장남 단독상속으로 나아간다고 일반적으로 주장되어왔다. 하지만 그것은 균분상속을 주장할 때와 같이 분재기를 철저히 분석해 얻어진 주장이라고 보기는 어렵다. 무슨 이유에서인지 17세기 후반 이후 분재기가 급격히 감소해 균분상속의 와해 이후의 진행 과정을 16~17세기의 상속 관행처럼 치밀하게 입증하기는 쉽지 않다. 분재기 감소를 오히려 장남 단독상속의 근거로 주장하는 경우도 있다. 하지만 균분상속이 와해되기까지 수백 년의 세월이 소요된 점을 고려할 때 그렇게 갑작스럽게 장남 단독상속으로 변하고, 그에 대한 근거를 분재기상에 전혀 남겨놓지 않았다면 납득하기 어렵다.

　장남 단독상속으로 이행했다는 주장은, 균분상속 와해의 원인을 유교에 기반한 종법적 가족질서의 정착에서 찾으면서 상속제 변화의 종착점 역시 종법이 가야 할 방향에 따라 예측한 측면이 있다. 종법은 주자가례의 실현을 통해 양반가의 예제질서로 자리 잡았다. 그것은 종가 중심의 친족 편제 원리와 종자宗子 즉 장남 중심의 가계 계승 원리가 결합된 모습을 띠었다. 전자는 직계의 종가 즉 대종大宗이 방계친족 즉 소종小宗을 결속시키는 것을 말한다. 후자는 장남이 제사 및 그것과 결부된 가계를 계승하는 것을 의미한다. 제사의 윤행이 폐지되고 가묘家廟가 건립되면서 가묘가 설치되는 종가, 그리고 종가를 계승하는 종자가 가묘 제사를 주관하는 것은 자연스러운 일이었다. 따라서 종법의 실현이라는 이상이 가리키는 방향으로 재산상속과 제사가 변화했으리라고 추정해볼 수 있는 측면이 다분한 셈이다.

3) 상속 관행의 분화

분재기의 전래 분포를 살펴보면, 17세기 후반부터는 감소해 18세기부터는 별급문기 외에 한 집안의 전반적 재산상속 양상을 파악할 수 있는 분재기가 극도로 줄어든다. 따라서 분재기를 토대로 균분상속의 와해 이후 상속제의 진행 양상을 파악하기란 쉬운 일이 아니다. 장남 단독상속이라고 주장하지만 '장남 위주의 재산상속'이라는 모호한 표현을 쓰는 이유도 거기 있다. '장남 위주의 재산상속'이라는 주장은 실제 상속분이 장남에게 독점된 것이 아니라 봉사조의 비중이 급증하고 그것이 장남에게 집중된다는 의미이다. 그런데 장남 위주의 재산상속이 동반하는 제사 방식은 '장남단독봉사'라고 칭하고 있다. 봉사에서는 '장남 위주'라는 우회적 표현이 잘 보이지 않는다. 윤회봉사가 균분상속과 짝을 이루었듯이 장남 단독봉사는 장남 단독상속과 짝이 되는 것이 맞다. 다만 상속분이 장남에게 집중되는 재산상속 양태가 나타나지 않기 때문에 장남 위주의 재산상속이라는 유보적 표현이 나오게 된 것으로 생각된다.

고문서의 지속적 발굴과 공개로 조금씩 축적되고 있는 17세기 후반 이후의 분재기는 부족하지만 균분상속 와해 이후의 재산상속의 양상을 실제적으로 파악할 수 있는 근거를 제시해준다. 분재기상에서는 딸이 균분상속에서 소외되고 아들만 균분상속 대상이 된 이후 일관된 변화가 나타나고 있지는 않다. 즉 특별히 장남 위주의 재산상속이 나타나거나 그에 수반해 장남 단독상속이 나타난다고 보기는 어렵다. 재산상속의 경우 17세기 중반과 후반에 딸을 균분상속에서 제외하는 경향이 거의 대부분의 가계에서 나타나는 것으로 볼 수 있다. 하지만 이후에는 여러 방향으로 상속 관행이 분화된다.

 첫째 유형은 딸에게 재산을 감급減給한 상태로 아들 사이에 균분상속을 지속하는 것이다. 두 번째 유형은 아들 사이에서도 장남을 좀 더 우대하는 것이다. 이 경우 '장남>아들>딸' 순으로 상속분에 층위가 발생하므로 장남 단독상속으로 나아가는 단계로 인식될 만하다. 하지만 세 번째 유형이 있다. 즉 장남에게 재산을 가급加給하되 다른 자녀에게는 아들과 딸 구분 없이 동일하게 상속분을 지급하는 형태이다. 상속분은 '장남>아들=딸'로 층위가 나뉜다. 이렇게 되면 딸에게 차등상속을 먼저 시행하고 다음 단계로 아들 사이에서도 장남을 우대하는 것과는 순서나 방식이 다르다. 더욱 유의할 점은 둘째와 셋째 유형이 혼합되어 나타나기도 하고, 둘째나 셋째 유형으로 갔다가 첫째 유형으로 회귀하기도 한다는 사실이다. 심지어 70% 이상의 재산을 오직 장남에게 주었다가 다음 대에 와서 첫 단계인 균분상속으로 복귀하는 경우도 있다.

 제사의 경우도 이와 비슷하다. 딸은 재산을 덜 상속하게 되면서 일부 제사에 대한 윤행을 면제받았다. 이후 18세기 말까지의 분재기에서 봉사에 대한 언급은 재산상속분에 대한 언급보다 더 진전이 없었다. 상속재산에 대한 봉사조의 비율은 증가하는 사례가 많다. 하지만 균분상속의 여파와 다른 이유들로 인해 18세기 이후 양반가의 재산 규모가 영세해졌기 때문에 봉사조의 비율이 증가했지 봉사조의 절대량이 증가했다고 말하기는 어렵다. 게다가 16세기까지는 양반 명문가 역시 3대봉사 정도에 그치는 가계가 많았다. 안동의 명문가 출신인 송암松巖 권호문權好文(1532~1587년)은 자녀들에게 3대봉사를 당부하는 유언을 남겼다. 이렇게 영남 유학자가 3대봉사를 천명한 것을 보면 그것이 16세기 양반가의 일반적 봉사 관행이었던 것으로 생각된다. 하지만 17세기 이후 4대봉사가 일반화되면서 봉사조의 증가는 더욱 필요한 요소가 되었을 것이다.

일부 집안에서 딸은 앞으로 본종本宗 제사를 지내지 말라거나 일부 제사를 장남이 수행하라는 내용이 서문에 삽입되기도 했다. 하지만 18세기 후반까지도 장남이 전적으로 관장하는 제사는 일부에 국한되었다. 묘제를 비롯한 원대遠代 제사만 장남이 전담하거나 반대로 부모의 기제사만 장남이 전담하는 식이었다. 경상도 성주의 한주寒洲 이진상李震相 종가에 전래된 19세기의 〈제사윤행안祭祀輪行案〉은 이와 관련해 시사하는 바가 매우 크다. 제사 봉행 순서를 수록한 이 문서에서는 두 가지 사실을 확인할 수 있다. 하나는, 딸이 제사 윤행에서 빠진 점이다. 19세기이고 영남의 대표적 유학자 집안에서 딸이 제사 윤행에 참여하지 않는 것은 전혀 기이할 것이 없다. 다른 하나는, 19세기임에도 불구하고 장남이 기제사를 전담하지 않고 차남과 윤행하고 있는 점이다. 이 문서에는 대댁大宅과 소댁小宅이 한해씩 돌아가며 지내는 것으로 되어 있는데, 큰 집은 이진상을 작은 집은 아우 이운상李雲相을 가리키는 것으로 추정된다.

보통 기제사는 조상에 대한 사후봉양 성격이 강하고, 묘제를 비롯한 원대 조상에 대한 제사는 후손의 결집 통로로서의 성격이 강하다. 그래서 어떤 이들은 말하기를, 기제忌祭는 조상을 위한 것이고 묘제는 후손을 위한 것이라고 할 정도이다. 즉 성격이 다른 두 종류의 제사를 놓고 어느 한쪽을 장남에게 맡기려는 경우가 없지는 않다. 문제는 과연 그러한 현상이 일반적인지 그리고 이후 모든 제사를 장남이 관장하도록 진전되었는지에 있다. 적어도 지금까지 주장되어온 17세기 후반이 장남에게 모든 제사가 맡겨진 시기가 아님은 명백한 것 같다. 그리고 윤회봉사가 깨진 후 상속 관행의 분화와 맥을 함께 하는 봉사 관행의 분화가 언제까지 이어졌는지 파악할 필요가 있다. 그런 점에서 볼 때 19세기의 한주 집안의 사례는 매우 시사하는 바가 크다.

요약하자면, 조선시대의 재산상속 관행이 17세기 중반과 후반에 이르면 변화가 나타나며, 자녀 간 균분상속으로부터 딸이 소외되는 방식으로 그것이 이루어졌다는 데 일치된 견해가 도출되었다. 그것은 『경국대전』 에 규정된 균분상속 지침이 무너진 것으로, 분재기로 대표되는 양반가의 고문서로 입증되는 내용이다. 문제는 이후의 변화가 어떻게 진행되었는가 이다. 분재기는 이후의 일관된 변화를 입증해주지 못하고 있다. 장남 위주 의 재산상속과 장남 단독봉사로 향했다는 주장은 균분상속의 와해 원인을 종법의 정착으로 보고, 종법이 추구하는 친족 구조가 장남 단독상속과 단 독봉사를 불러들였다고 본다. 실제로 장남 위주로 재산과 제사가 재편되 었는지, 재편된 시기는 언제로 보아야 할지, 변화의 원인은 무엇인지에 대 한 새로운 논의가 필요하다고 생각된다.

4 재산상속의 변화와 가족

1609년 봄, 전라도 영광에 사는 영월신씨 신응망辛應望은 두 누이와 혼인해 살고 있는 각각의 매부로부터 재산을 허급한다는 계약 문서를 받 았다. 한 명은 노비 1명과 논 8마지기를, 또 다른 한 명은 노비 2명을 신응 망에게 주었다. 그로부터 1년 전인 1608년에 신씨 집안에서는 재산상속 을 시행하고 분재기를 작성한 바 있었다. 그때 신씨 집안의 아들과 동등하 게 균분상속을 받은 사위들이 1년 후에 그중 일부 재산을 처가의 장남인 신응망에게 반납하고 있는 것이다. 반납 이유는 먼 곳에 살아 처가의 기일 과 사명절四名節 제사를 거행하기 어렵다는 것이었다. 따라서 반납한 재산 은 제사에 쓸 비용을 조달하라는 명목이었다. 그러나 반납한 재산은 처가 에서 물려받은 것의 극히 일부에 지나지 않았다. 경성도 영해의 재령이씨 집안에도 16세기 후반부터 사위가 재산을 반납하는 그와 비슷한 내용의 문서가 전래하고 있다.

이 사례들은 재산상속뿐만 아니라 조선시대 양반 집안의 가계 운영과 관련해 몇 가지 사실을 암시한다. 첫째는 비록 사위들이 재산 일부를 반납하고는 있지만 17세기 초까지 아들과 사위가 균분상속을 받아왔다는 사실이다. 둘째, 사위들이 처가로부터 먼 곳에 거주하게 되었다고 밝힌 것에서 알 수 있듯이, 처가살이를 하거나 처향妻鄕에 정착하던 과거의 거주 관행이 변했음을 알 수 있다. 셋째, 제사를 누가 지내냐에 따라 재산이 마치 등가교환처럼 짝을 이뤄 수수授受되었다는 사실이다. 이런 사실들은 상속 관행이 균분상속으로부터 딸이 제외되는 방식으로 변한 것과 관련이 있다. 그리고 상속과 제사, 상속과 거주 관행이 밀접하게 관련되어 있었음을 의미한다. 이후 상속과 제사는 장남에게 집중되고, 거주 관행의 변화에 따라 이성異姓의 사위들은 멀어지고 동성同姓의 형제가 본가를 중심으로 모여 같은 지역에 거주하는 것이 관행으로 굳어졌다.

그런데 상속과 제사가 짝을 이루듯이 거주 관행은 혼인 방식과 관련되어 있었다. 처가살이가 자연스럽게 받아들여진 데는 처가에서 혼례를 치르던 관습이 주요한 원인으로 작용했다. 그러나 종법이 정착되기 시작하면서 이런 혼례 방식보다는 친영親迎이 권장되었다. 친영은 신랑이 신부 집으로 가서 신부를 맞이해오는 혼인 의례를 말한다. 조선사회는 친영이 권장되었지만 끝끝내 정착하지 못하고 친영에서 변형된 다양한 형태의 혼례와 거주 관행이 등장했다. 그것을 주로 반친영半親迎이라고 부르는데, 반친영 방식도 지역과 가문에 따라 비교적 다양했다.

18세기 후반부터 19세기 초반까지의 생활상을 수록한 경상도 선산善山의 양반 노상추盧尙樞(1746~1829년)의 일기를 예로 들어보자. 노상추의 일기에는 노상추와 그의 아우 그리고 자식과 조카, 손자에 이르기까지 여러 명의 혼례 풍경과 이후의 부부생활이 묘사되어 있다. 그런데 이 집안에서는 한결같이 신부 집으로 가서 혼례를 치루고 그곳에서 사흘 정도 신혼부부가 함께 지낸 후 신랑이 홀로 집으로 돌아왔다. 혼례로부터 10개월여를 지나면 신랑의 아버지가 사돈집에 가서 며느리를 들일 날짜를 의논했다. 그리고 집에 돌아와 며느리를 맞이할 준비를 한 후 신부가 드디어 시가媤家로 들어와 생활하기 시작했다. 대부분 혼례 이후 1년 만에 시댁에서 정식 혼인 생활을 시작했던 셈이다. 그것은 노씨 집안의 사례일 뿐이다. 가족학이나 인류학 분야의 연구에 따르면 처가에 가서 혼례를 치루고 몇 달간 함께 신혼을 보내는 경우도 있고, 몇 년을 보내는 경우도 있으며, 신부를 맞이하는 방식도 매우 다양했다고 한다. 뿐만 아니라 영남 어느 지역의 현지 조사에 따르면 1960년대까지도 그렇게 처가에서 혼례를 치루고 몇 달 후 시댁으로 들어가는 풍습이 남아 있었다고 한다. 즉 해당 지역에서는 20세기까지도 친영례를 찾아보기 어려웠다는 것이다. 이런 사례는 종법이 제시하는 이상적인 방향으로만 관습이 나아가지는 않음을 암시한다. 재산상속과 제사 역시 마찬가지이다. 주자가례가 도입되었다고 하지만 어디까지나 조선적 변용을 거친 조선사회 특유의 예제질서로 정착했을 가능성이 크다.

종법의 정착과 조선 후기의 예제질서를 관련지어 설명할 때 또 한 가지 조선사회의 분위기와 맞지 않는 부분이 있다. 제사와 가계 계승 문제가 그것이다. 우리 조상들에게서 유교적 의미의 가계 계승 의식은 그리 강하지 않았다. 왕실 종통 계승 문제나 가계 계승 이념을 논의하는 데서는 종법 의식이 투철했지만 실제 양반가의 가계 계승에서는 종법적 계승 관념이 상대적으로 약했다.

예를 들면 17세기 이후 윤회봉사가 점차 해소되기 시작하면서 외손봉사는 사라져갔다. 외손봉사가 사라졌으므로 이제 아들이 없으면 양자를 입양해 봉사를 수행해야 하는 상황이 되었다. 그렇다면 양자 입양은 종법적 의미의 가계 계승이 정착했음을 의미하는 것일까? 많은 분재기와 계후입안繼後立案은 입양 이유로 '절사絶祀'를 들고 있다. 즉 조상의 '향화香火가 끊어질 것을 우려해' 입양한다는 의미가 강했다. 조선사회에서는 가계 계승이라는 거창한 가족 관념보다는 내 조상이 사후에 봉양 받지 못할 것을 우려하는 현실적인 효孝 관념이 지배적이었다. 따라서 봉사는 역시 가계 계승보다는 사후봉양의 의미가 강했으며, 사후에 조상을 봉양하는 후손의 역할로 받아들여졌음을 알 수 있다.

5 맺으며

재산상속 문서인 분재기는 조선사회의 다양한 단면을 이해하는 데 활용되어 왔다. 예를 들어 양반사회의 노비 사환使喚, 노비의 양천교혼을 비롯한 다양한 신분적 지위와 생활상, 다양한 농업 경영 양상 등을 연구하는 데 유용하게 쓰였다. 그러나 무엇보다도 분재기는 작성 목적에 맞게 재산상속과 제사봉행 양상 및 변화상을 규명하는 데 가장 적절한 자료이다. 그리고 그것을 통해 조선시대 가족 구조와 가계 운영을 재구성할 수 있도록 해준다.

고려시대부터 조선 전기까지의 재산상속 관행은 균분상속으로 요약될 수 있다. 양반가의 분재기는 한결같이 균분을 서문에 표방했고, 가계 나름의 상속 원칙 속에서 그것을 실현하려고 노력했다. 하지만 비록 상속의 원칙은 균분이었지만 실제로는 다양한 내용이 개입될 여지가 있었다. 여러 차례 걸쳐 실시되는 상속과 재산 이전移轉 그리고 신노비나 별급이나 봉사조처럼 일반 상속분 이외에 따로 책정되는 특별한 항목의 비율 등 여러 가지 변수가 있었다. 하지만 이 모든 요소를 고려하더라도 그리고 각각의 상속분에 민감한 차이가 있더라도 조선시대 양반가의 균분상속 원칙은 비교적 강고하게 장기적으로 존속했다.

따라서 17세기 중반 이후 균분상속이 와해되는 모습이 양반 집안의 분재기 거의 대부분의 서문에 수록되어 있지만 이 시기에 갑자기 균분 원칙이 무너진 것은 아니다. 이전에 이미 균분을 유지하기 어려운 다양한 상황이 무르익고 있었다. 그럼에도 불구하고 예전부터 표방해온 균분 원칙에 충실하려고 최선을 다했다. 균분상속과 윤회봉사가 일반적인 것으로 여겨지던 16세기에 이미 사위들이 처가로부터 멀어지고, 처가의 제사와 함께 상속재산 일부를 반납한 것은 변화가 내부에서 태동하고 있었음을 드러내는 사례라고 할 수 있다.

17세기 중반 이후 균분상속으로부터 딸이 제외된 이후에도 내부적으로는 변화가 지속되었을 것이다. 하지만 그때에는 변화 방식이 가문마다 다양해 내부 변화가 응축된 후 어떻게 표면으로 드러나는지 설명하기가 쉽지 않다. 대부분의 연구는 표면으로 드러난 결과를 장자 위주의 재산상속과 장남 단독봉사로 이해해왔다. 장남 위주의 재산상속이란 상속분이 오로지 장남에게 가는 것이 아니라 봉사조가 재산의 대부분을 차지할 정도로 증가하고, 증가한 봉사조를 장남이 관장하는 방식으로 설명된다. 또 장남은 자신이 관장하는 봉사조를 활용해 대부분의 제사를 봉행하게 된 것으로 보고 있다. 그리고 그렇게 변하는 시기를 17세기 후반 또는 18세기 초반으로 보고 있다. 하지만 17세기 후반이나 18세기 초반에 장남 위주의 상속과 봉사가 분재기 서문이나 다른 문서에 적극적으로 표방된 경우는 많지 않다. 균분상속이 와해될 때처럼 변화가 나타나기까지 안에서 변화의 조짐이 꿈틀되고 있었던 상황이나 암시도 별로 찾을 수 없다. 그런데도 17세기 후반이나 18세기 초반에 장남 위주로 변했다고 보아야 할까?

장남 위주의 상속과 봉사로 바뀐다는 주장의 근거는 주자가례에 기초한 종법적 예제질서의 확립이었다. 그리고 상속과 제사봉행뿐만 아니라 혼례와 거주 관행 등 다양한 가족운영 방식의 연쇄적 변화도 근거 중의 하나이다. 지금 시점에서는 종법으로 대표되는 친족질서가 조선사회에 적용되면서 어떤 변용이 나타나는지에 대한 이해가 먼저 필요할 것으로 보인다. 조선에서 장남에게 모든 것이 집중되는 현상이 직접 관찰되지 않는 데는 그런 이유가 내포되어 있을 것이다. 결국 과제로 남은 것은, 장남 위주의 상속이나 장남 단독의 제사봉행 같은 유교적 지향이 실현되었는지 규명하는 것이다. 실현되었다면 시기는 언제이며, 유발 요인은 무엇인지에 대한 복합적 논의가 필요할 것이다.

1장

16세기 재산상속의 사례와 상속 문화

고민정

1 머리말

　조선시대의 재산상속제는 가계의 존속과 유지에 필요했던 물적 기반을 고찰하고, 나아가 당대의 사회상을 규명할 수 있는 핵심 주제로 인식되고 있다. 이에 따라 인류학, 사회학, 역사학 등 다양한 분야에서 일찍부터 연구가 이루어져 왔으며, 상속 법제와 관행의 차이, 상속제의 형태, 시기적 변화, 변화의 요인 등 다양한 내용이 논의되어 상당한 성과를 거두어왔다.
　해방 이후 가족제도를 최초로 연구한 김두헌은 조선시대의 상속 법제와 관행 사이에는 거리가 있다고 보았다. 조선시대 법전인『경국대전』에서는 동등한 신분에 있는 자녀는 모두 동등한 비율로 재산을 상속받도록 규정했으나 실제 관행을 살펴보면 딸의 상속분이 고려되지 않았음을 확인했기 때문이다. 이에 대해 김일미는 김두헌과 같은 관점에서 법제와 관행 사이의 차이가 생기는 것을 중종 대 이후로 보았다. 이때부터 남귀여제男歸女第로 행해지던 결혼 풍속이 달라지면서 남녀균분의 상속 관행이 아들 중심으로 재편되었다고 보았기 때문이다.

최재석은 앞의 연구 결과들이 실제 자료를 바탕으로 도출된 결론이 아니라고 주장했다. 그리고 규장각 등에 소장된 분재기 120건을 토대로 조선시대 전반의 상속제 변화를 고찰하였다. 그는 조선 초기부터 17세기 중엽까지는 남녀와 출생 순서와 상관없이 균등하게 재산이 분급되었으나 17세기 중엽부터 18세기 중엽까지는 '남녀균분, 여성차별', '장남우대 여성차별' 같은 차등 분급이 급증하고 18세기 중엽 이후로는 이 경향이 일반화되는 것으로 보았다.

최재석의 연구에서는 조선시대의 재산상속 형태가 일률적이지 않으며 특정 시점을 기준으로 변한 것으로 설명하고 있다. 이것은 타당한 논의로 받아들여졌기 때문에 이후의 연구들은 상속제 변화의 시기와 형태, 요인을 고찰하는 방향으로 전개되었고 마침내 재산상속과 관련된 여러 현상을 총체적으로 분석하는 데까지 이르게 되었다. 김용만은 고려 때부터 18세기까지의 상속제를 '실질평분', '의법평분', '차등분급'으로 구분하고 변화 요인을 예학의 발달, 종법적 가족제의 확립, 재산의 영세화로 설명하고 있다. 문숙자는 그간 알려진 분재기 540건을 총망라해 재산상속 방식, 봉사와의 관계, 친족 간의 상속 분쟁, 개별 가문의 상속 사례 등을 광범위하게 연구해 고려 말부터 17세기까지의 상속제가 변하는 실상을 고찰하고 있다.

이러한 흐름 속에서 16세기는 15세기와 마찬가지로 아들과 딸을 구분하지 않은 균분상속이 행해졌으나 봉사조가 설정되고 봉사 관행이 변하는 등 17세기 중엽 이후의 상속제 변화와 연결되는 과도기로 설명되었다. 이러한 연구 결과는 시대적 연속성에 주목하면서 변화의 측면을 고찰한 점에서 의의가 있다. 다만 이 시기에 작성된 분재기에는 상속 대상이 되는 노비와 토지의 전래처에 관한 기록이 남아 있어 이를 토대로 각 가계의 재산이 형성된 유래를 파악할 수 있다. 또한 부처夫妻가 각기 부모로부터 재산을 상속받았음을 증명하는 분재기가 함께 전래된 경우에도 재산 형성과 전래의 일단을 확인할 수 있다.

이에 따라 본고에서는 선행 연구 성과를 보충하는 견지에서 16세기 전후의 분재기를 대상으로[1] 상속 대상의 전래처 기록 방식을 살펴보고 특정 가계에서 전래된 분재기를 친족별로 구분해 자세한 양상을 살펴보고자 한다. 그리고 16세기의 분재기가 비교적 많이 남아 있는 광산김씨 후조당종택과 재령이씨 영해파종중의 사례를 통해 상속재산이 전승되는 실상을 구체적으로 고찰하고자 한다.

2 분재기 작성과 전래

1) 분재 대상의 전래처 기록

분재기는 사문서私文書의 하나로 관문서처럼 특별히 규정된 형식이 존재하지 않는다. 그러나 현존하는 자료를 살펴보면 대체로 서문, 본문, 서명의 세 부분으로 구성되었음을 알 수 있다. 서문에서는 재산을 상속하는 배경과 이유, 의도와 목적, 기준 등이 제시되었다. 본문에는 나이 순서에 따른 상속자 명단과 물려받는 재산의 구체적 내용과 봉사조 등이 기록되었다. 마지막으로 서명에는 재산상속에 참여한 재주, 상속자, 증인, 필집 등의 명단과 서명이 들어 있다.

이 중에서 재산상속의 핵심적 내용이 담긴 본문에는 상속재산의 유래를 설명해주는 전래처 또는 소종래所從來라고 하는 것이 함께 기록되어 있는 경우가 있다. 예를 들어 〈김언기金彦璣 분급문기〉(1588년)에는 각 자녀

---

[1] 본고는 한국국학진흥원에 소장된 분재기를 주요 사료로서 이용했다. 이들 중에서도 특히 15~17세기 정식으로 분재가 이루어진 화회문기와 분급문기를 중점적으로 분석했다.

의 몫에 해당되는 노비와 전답을 의변矣邊, 처변妻邊, 별득別得, 매득買得 등으로 구분해 기록하였다. 또한 〈배헌裵巘 처 박씨 화회문기〉(1503년)에도 각각의 상속분에 해당하는 노비를 부변전래父邊傳來, 모변전래母邊傳來로 구분해 기록하였다.

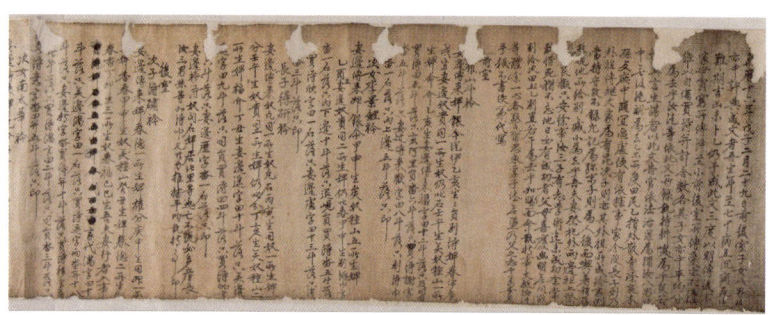

사진 1 〈김언기 분급문기〉(1588년): 의변, 처변, 별득, 매득

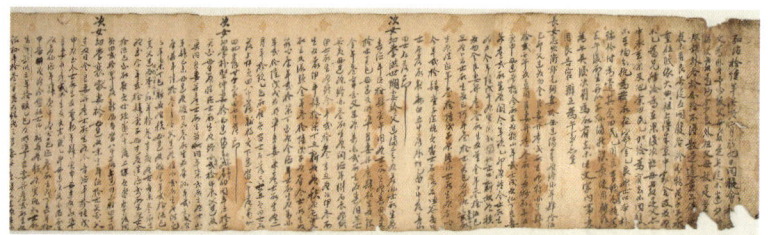

사진 2 〈배헌 처 박씨 화회문기〉(1503년): 모변전래, 부변전래

　　의변과 처변, 부변과 모변 등과 같은 용어는 모두 분재기의 작성 주체인 재주를 기준으로 사용된 용어이다. 전자는 재주가 생전에 직접 자녀에게 재산을 나누어 준 것과 관련되어 있었다. 그중 의변은 본인 쪽에서 전래한 재산을, 처변은 부인 쪽에서 전래한 재산을 가리켰다. 별득은 별급으로 획득한 재산이며, 매득은 매매를 통해 획득한 재산이었다. 후자는 자녀들이 부모 사후 부모의 유언에 따라 재산을 나누어 갖는 것과 관련되어 있었다. 그중 부변은 부친 쪽에서 재산이 전래한 것을, 모변은 모친 쪽에

서 전래한 것을 가리켰다.

이와 같이 부모가 자녀에게 재산을 물려주는 통상적인 사례에서 분재기를 작성하는 주체에 따라 다른 용어가 사용되었음을 확인할 수 있다. 그러나 이와 달리 부모가 아닌 사람에게서 상속받은 경우에는 해당 내용을 별도로 기록한 사례를 볼 수 있다. 〈김무金務 분급문기〉(1429년)에는 부모에게서 상속받은 재산을 부변전래, 모변전래로 표기하고 또한 그와 별도로 외조모처전득外祖母處傳得이라고 해 외조모로부터 받은 재산을 기록했다. 〈김정金淀 화회문기〉(1493년)에서도 부모에게서 받은 재산을 분집질分執秩이라고 해 부친과 모친의 재산을 따로 구분하지 않은 데 반해, 조부모에게서 직접 받은 재산은 조부모생전친득질祖父母生前親得秩이라고 해 별도로 기록했다. 따라서 분재 대상의 전래처에 대한 기록은 재주가 재산을 획득한 경로 및 전래 과정을 살펴볼 수 있는 중요한 단서가 된다.

그러나 그것이 17세기 중엽 이전에 작성된 모든 분재기에 해당하는 특징은 아니라는 점에서 이를 보다 자세하게 살펴볼 필요가 있다. 다음 〈표 1〉은 15~17세기에 작성된 분재기를 대상으로 전래처 기록의 경향을 살펴보기 위해 작성한 것이다. 보다시피 상속제 변화의 기점으로 알려진 17세기 중엽 이전에도 전래처를 기록한 자료보다 그렇지 않은 자료가 더 많음을 알 수 있다.

표 1 전래처 기록의 유무

(단위: 건/%)

시기 전래처	15세기		16세기		17세기		합계	
기록 있음	3	60	8	32	4	12.5	15	24
기록 없음	2	40	17	68	28	87.5	47	7
합계	5	100	25	100	32	100	62	100

선행 연구에서 밝혀진 바와 같이 전래처가 기록된 분재기로 한정해 살펴보면, 전래처의 기록은 15세기에 60%(3건), 16세기에 32%(8건), 17세기에 12%(2건)로 비율이 점차 감소하는 경향을 보인다.2) 따라서 이를 토대로 분석하면 분재기에 전래처를 기록하는 관습이 점차 사라지는 것으로 해석될 수 있다. 그러나 이와 같은 결론을 내리게 되면 원래부터 전래처가 기록되지 않은 나머지 분재기들에 대해서는 설명할 방법이 없게 된다. 다시 말해 15~17세기의 분재기 중에는 전래처가 기록되지 않은 것이 적지 않게 존재했기 때문이다. 따라서 전래처의 기록을 특정 시기에 작성된 분재기에 보편적으로 나타나는 현상으로만 이해하는 것은 곤란하다. 오히려 이 시기에는 두 가지 양상이 동시에 나타난 것으로 파악해야 할 것이다. 그리고 전래처가 기록된 분재기만 대상으로 분석할 때 비율은 시기적으로 점차 줄어들고 있음을 알 수 있다.

　　또한 전래처를 기록한 분재기를 대상으로 양상을 살펴보면 두 가지 경향을 확인할 수 있다. 첫째 노비만 분재 대상으로 삼은 6건의 경우에는 노비의 전래처가 모두 기록되었다. 둘째 노비와 전답을 모두 분재 대상으로 삼은 8건 중 노비의 전래처만 기록한 경우는 6건이고 노비와 전답의 전래처를 모두 기록한 경우는 2건이다. 따라서 전래처 기록은 전답보다는 노비를 중심으로 이루어졌음을 알 수 있다.3)

---

2) 이 내용은 최재석의 연구(『한국가족제도사연구』, 일지사, 1996, 521~522쪽)에 근거한다. 그러나 최재석의 연구는 규장각 등에 소장된 분재기 82건(100%) 중 전래처가 기록된 18건(22%)을 대상으로 분석한 것으로 추정된다. 그리고 나머지로 추정되는 64건(78%)에 대해서는 언급하고 있지 않다. 따라서 이러한 결과를 토대로 전래처의 기록을 17세기 중엽 이전에 작성된 분재기의 일반적 경향으로 보기는 어려울 것 같다.
3) 분재기에서 상속 대상은 노비와 전답이 주류를 이루지만 시기별로 비중에 차이가 있다. 15세기에는 노비가 주종을 이루었으나 16세기에는 노비와 전답이 동일한 비중을 유지하다가 17세기에는 전답이 주류를 차지하는 등의 변화가 있다. 이는 16세기 이래 사회적·경제적 발전, 민중의 의식 향상, 전쟁으로 인한 시대적·사회적 변동으로 인해 노비의 도망이 심각했기 때문이며 토지

전래처를 기록하는 현상을 보다 자세하게 고찰하기 위해 다음 〈표 2〉와 같이 15～17세기에 작성된 분재기를 소장처별로 구분하고 해당 내용을 정리했다. 그중 3대 이상의 분재기가 남아 있는 수원김씨 건덕재문중, 광산김씨 후조당종택, 진성이씨 은졸재고택, 재령이씨 영해파종중 등을 대상으로 작성 방식을 살펴보면 세 가지 유형이 존재한다.

표 2 _ 15～17세기 분재기의 전래처 일람

번호	원소장처	연도	자료명	분재 대상	전래처(대상)	비고
1	광산김씨 설월당종가	1558	김부륜金富倫 처 박씨 등 화회문기	노비, 전답	없음	처가
		1644	김령金坽 처 홍씨 등 화회문기	노비, 전답	없음	처가
2	광산김씨 유일재종택	1588	김언기金彦璣 분급문기	노비, 전답	있음 (노비, 전답)	본가
3	광산김씨 후조당종택	1429	김무金務 분급문기	노비	있음 (노비)	본가
		1492	김회金淮 처 노씨 분급문기	노비	있음 (노비)	본가
		1528	이종량李從諒 처 오씨 분급문기	노비, 전답	없음	처외가
		1550	김연金緣 등 화회문기	전답	없음	본가
		1550	김연 등 화회문기	노비	있음 (노비)	본가
		1559	김부필金富弼 등 화회문기	전답	없음	본가
		1559	김부필 등 화회문기	노비	있음 (노비)	본가
		1560	하취심河就深 처 박씨 분급문기	노비, 전답	없음	처가

생산성이 높아졌기 때문이기도 하다(이수건, 「조선전기 상속제도」, 『한국친족제도연구』, 일조각, 2000, 90～91쪽).

		1566	김연 등 화회문기	유루노비	없음	본가
		1581	이치李耻 분급문기	노비, 전답	없음	처가
		1619	김해金垓 처 이씨 등 화회문기	전답	없음	처가
		1627	김광계金光繼 처 이씨 등 화회문기	노비, 전답	없음	처가
		1667	김선金(石+先) 처 이씨 등 화회문기	노비, 전답	없음	처가
		16세기	김부인金富仁 등 화회문기	유루노비	없음	본가
		17세기	김광계金光繼 등 화회문기	유루노비, 전답	없음	본가
4	밀양박씨 용암종택	1580	박호朴灝 처 이씨 분급문기	노비, 전답	있음 (노비, 전답)	본가
		1676	안경엄安景淹 처 권씨 분급문기	노비, 전답	없음	처가
5	봉화금씨 성재종택	1600	금난수琴蘭秀 분급문기	노비, 전답	없음	본가
6	수원김씨 건덕재문중	1493	김정金淀 등 화회문기	노비	있음	본가
		1653	김류金鏐 등 화회문기	노비, 전답	있음 (노비)	본가
		1659	김류 처 황씨 분급문기	노비, 전답	있음 (노비)	본가
7	안동권씨 부정공파종중	1572	권뢰權牢 등 화회문기	노비, 전답	없음	본가
8	안동권씨 춘우재고택	1549	권의權檥 분급문기	노비, 전답	있음 (노비)	본가
		1628	권진權晉 처 이씨 등 화회문기	노비, 전답	없음	처가
		1644	권상달權尙達 처 김씨 분급문기	노비, 전답	없음	본가
9	영월신씨 경상공파	1601	신량辛亮 처 권씨 등 화회문기	노비, 전답	없음	처가
10	영일정씨	1697	정시담鄭時譚 처 송씨	노비,	없음	본가

	매산종택		분급문기	전답		
11	의령여씨 해미공문중	1659	여상규余尙珪 분급문기	노비, 전답	없음	본가
12	의성김씨 운천종택	1611	김용金涌 처 이씨 등 화회문기	노비, 전답	없음	처가
13	의성김씨 지촌종택	1684	김방걸金邦杰 처 정씨 등 화회문기	노비, 전답	없음	처가
14	재령이씨 영해파종중	1494	이애李曖 등 화회문기	노비	없음	본가
		1494	이애 등 화회문기	노비	없음	본가
		1545	이은보李殷輔 처 이씨 등 화회문기	전답	없음	처가
		1545	이은보 처 이씨 등 화회문기	노비	있음 (노비)	처가
		1572	이은보 등 화회문기	노비	없음	본가
		1572	이은보 등 화회문기	전답	없음	본가
		1574	이은보 등 화회문기	유루노비	없음	본가
		1580	이은보 등 화회문기	유루노비	없음	본가
		1592	이함李涵 등 화회문기	노비, 전답	없음	본가
		1610	이시중李時中 등 화회문기	유루노비	없음	본가
		1619	이함 등 화회문기	유루노비	없음	본가
		1629	이시청李時淸 처 박씨 등 화회문기	노비	있음 (노비)	처가
		1636	이신일李莘逸 등 화회문기	노비, 전답	없음	본가
		1646	이시청 등 화회문기	유루노비, 전답	없음	본가
		1656	정영후鄭榮後 처 조씨 분급문기	노비, 전답	있음 (노비)	처가
		1664	이신일李莘逸의 처 조씨 분급문기	노비, 전답	없음	본가

		1688	이해李楷 처 정씨 분급문기	노비, 전답	없음	본가
15	재령이씨 우계종택	1664	이부일李傅逸 처 정씨 분급문기	노비, 전답	없음	본가
		1667	이돈李暾 처 손씨 분급문기	노비, 전답	없음	처가
16	진성이씨 은졸재고택	1589	이순도李純道 처 김씨 등 화회문기	노비, 전답	없음	처가
		1611	이안도李安道 등 화회문기	노비, 전답	없음	본가
		1656	이영철李英哲 등 화회문기	노비, 전답	없음	본가
		1678	이영철 분급문기	노비, 전답	없음	본가
17	진주강씨 도은종택	1635	강윤조姜胤祖 처 윤씨 등 화회문기	노비, 전답	없음	처가
18	진주하씨 충렬공파	1519	하자홍河自洪 화회문기	노비, 전답	있음 (노비)	본가
19	학성이씨 이휴정주손	1697	안씨 분급문기	노비, 전답	없음	본가
20	흥해배씨 임연재종택	1503	배헌裵巘 처 박씨 등 화회문기	노비, 전답	있음 (노비)	처가
		1581	배삼익裵三益 처 남씨 등 화회문기	전답	없음	처가
		1628	배숙전裵淑全 등 화회문기	노비, 전답	없음	본가

첫째는 15~17세기까지 작성된 모든 분재기에 전래처를 기록한 유형이다. 수원김씨 건덕재문중의 사례가 이에 해당된다. 이 문중에는 15세기에 승문원교리 김정金淀(1426~1493년)의 동복형제들이 재산을 나누어 가지면서 작성한 화회문기 1건, 17세기에 홍문관부교리 김류金鏐의 형제자매가 부모 재산을 나누면서 작성한 화회문기 1건과 김류의 처 황씨가 계후자 김소선金紹先에게 재산을 물려주며 작성한 분급문기 1건이 남아

있다. 이 3건의 문기는 각각 분집질과 조부모생전친득질, 부변과 모변, 가옹깃득家翁衿得과 자기전민신혼별득自己田民新婚別得 등으로 노비의 전래처를 자세히 구분해 기록하고 있다. 그러나 18세기에 김선金璇이 자녀에게 재산을 상속하며 작성한 분재기부터는 전래처가 전혀 기록되지 않은 점에서 이 역시 한시적인 현상으로 이해할 필요가 있다.

둘째는 처음에는 전래처를 기록했으나 어느 시점부터 기록하지 않게 된 유형이다. 광산김씨 후조당종택의 사례가 이에 해당된다. 이 종택에는 15세기에 김무가 자녀에게 재산을 상속하면서 작성한 분급문기 1건과 김회金淮의 처 노씨가 자녀에게 재산을 상속하며 작성한 분급문기 1건이 있고, 16세기에 김연金緣(1487~1544년)과 김부필金富弼(1516~1577년)이 각각 부모 재산을 나누면서 작성한 화회문기 5건이 남아 있다. 또한 17세기에 김광계金光繼가 정식으로 분재할 때 미처 나누지 못한 유루분 노비와 전답을 형제자매가 나누면서 작성한 화회문기 1건이 남아 있다.

그중 1429년에 작성된 김무의 분급문기부터 1559년에 작성된 김부필 남매의 화회문기까지 노비를 분재한 경우 모두 부변과 모변으로 구분해 기록했다. 그러나 1566년에 김부필 남매가 유루 노비의 분재를 위해 작성한 화회문기부터는 전래처를 기록하지 않았고, 이후의 분재기에서도 전래처를 기록하지 않았다. 따라서 16세기 중엽을 전후로 분재기 작성 방식이 바뀌었음을 알 수 있다.

셋째는 처음부터 끝까지 전래처를 기록하지 않은 유형이다. 진성이씨 은졸재고택과 재령이씨 영해파종중의 사례가 이에 해당된다. 진성이씨 은졸재고택에는 이준李寯(1554~1584년)과 이안도李安道(1541~1584년)의 자녀들이 각각 부모 사후 재산을 나누면서 작성한 화회문기 2건이 남아 있고, 이영철李英哲(1607~1681년)이 자녀에게 재산을 나누어 주면서 작성한 분급문기 1건이 남아 있다. 그것들은 모두 17세기에 작성된 문기로,

분재 대상의 전래처가 기록되어 있지 않다.

　재령이씨 영해파종중은 15세기에 이애李璦(1480~1561년) 남매가 부모 사후 재산을 나누면서 작성한 화회문기 2건이 남아 있고, 16세기에 이은보李殷輔(1520~1580년) 남매가 부모 재산을 나누면서 작성한 화회문기 4건이 남아 있다. 또한 16~17세기에 이함李涵(1554~1632년) 남매가 부모 재산을 상속하며 작성한 화회문기 2건, 17세기에 이시청李時淸(1580~1616년), 이신일李莘逸(1598~1658년) 등이 각각 부모 재산을 상속하며 작성한 화회문기 2건과 1688년에 이해李楷(1618~1661년)의 처 정씨가 재산을 나누어 주며 작성한 분급문기 1건이 남아 있다. 이처럼 재령이씨 영해파종중은 15~17세기까지 모두 11건의 분재기를 작성했으나 모두 전래처가 기록되어 있지 않다.

　그러나 이 가문에서 전해진 모든 분재기에 전래처의 기록이 없는 것은 아니다. 처가로부터 재산을 상속받아서 소유하게 된 분재기 중에는 전래처가 기록된 경우를 확인할 수 있기 때문이다. 1545년에 이은보의 처 전의이씨가 부모 재산을 상속받으면서 작성한 화회문기 1건, 1629년에 이시청의 처 무안박씨가 부모 재산을 상속받으면서 작성한 화회문기 1건, 1656년에 이해의 처 동래정씨가 부모 재산을 상속받으면서 작성한 화회문기 1건에는 노비의 전래처가 모두 기록되어 있다. 하지만 이 재산들이 다시 자녀에게 전해지면서 새로운 분재기가 작성될 때는 전래처를 알고 있더라도 종전과 마찬가지로 전래처를 기록하지 않았다. 그렇게 본다면 재령이씨 영해파종중에서는 설령 상속재산이 형성된 유래를 알더라도 그것을 분재기에 반영하는 기록 문화가 형성되어 있지 않았음을 알 수 있다.

2) 분재기의 전래

앞서 살펴본 바와 같이 분재기에 나타난 전래처 기록은 일시적이고 불완전한 속성을 지니고 있다. 그러나 자녀에게 상속된 재산은 부친과 모친 또는 다른 여러 친족에 의해 형성되어 전래된 것임을 확인시켜 주는 증거가 된다. 그러나 전래처가 기록되지 않았더라도 분재기는 대체로 상속자 숫자에 맞추어 작성되었고, 상속자가 그것을 각자 소유하게 되면서 상속받은 재산의 소유를 증명할 수 있었다. 따라서 부처夫妻가 각각의 부모 또는 친족으로부터 재산을 상속받았음을 확인할 수 있는 분재기가 존재한다면 그것을 토대로 재산의 전승 내력을 파악할 수 있다.

아래 〈표 3〉은 16세기에 작성되어 현재까지 전해지는 분재기를 대상으로 전래 양상을 살펴본 것이다. 그것을 첫째 처가의 분재기만 전하는 경우, 둘째 본가의 분재기만 전하는 경우, 셋째 처가와 본가의 분재기가 모두 전하는 경우로 구분해 보았다. 그러나 당시의 상속 관행이 자녀의 구분 없이 균분 형태로 이루어진 점을 고려할 때 양쪽의 분재기가 모두 전해지지 않고 본가 또는 처가의 분재기 한쪽만 전해지는 것은 의도적 행위의 결과로 보기는 어려울 것 같다. 이보다는 오히려 보관과 전래상의 이유로 보는 것이 더 타당할 것 같다.

표 3 _ 16세기 분재기의 친족 구분

(단위: 건)

구분	원소장처	처가	본가	전체
처가의 분재기만 전하는 경우	광산김씨 설월당종가	1	-	1
	진성이씨 은졸재고택	1	-	1
	홍해배씨 임연재종택	2	-	2
본가의 분재기만 전하는 경우	광산김씨 유일재종택	-	1	1
	밀양박씨 용암종택	-	1	1
	안동권씨 부정공파종중	-	1	1

양쪽의 분재기가 모두 전하는 경우	안동권씨 춘우재고택	-	1	1
	진주하씨 충렬공파	-	1	1
	광산김씨 후조당종택	2	5	7
	재령이씨 영해파종중	2	5	7
합 계		8	15	23

　처가의 분재기만 전하는 경우로는 3개 처의 4건이 있다. 광산김씨 설월당종가에서 전하는 분재기는 김부륜金富倫(1531~1598년)의 첫째부인 밀양박씨가 부친 박순朴純의 사망 후 1558년에 자매들과 부모 재산을 나누면서 작성한 것이다. 진성이씨 은졸재고택에서 전하는 분재기는 1589년에 충의위 김인옥金仁玉 남매가 부모 재산을 나누면서 작성한 것이다. 분재 당시 김인옥은 이미 사망했기 때문에 딸이었던 이순도李純道(1554~1584년)의 처 선산김씨(1558~1654년)가 대신 서명하고 문기를 보관하게 되었다. 이 문기에는 봉사조와 김인옥 몫으로 분배된 노비 44구와 전답 143두락만 기록되어 있다.

　흥해배씨 임연재종택에는 2건의 분재기가 전한다. 하나는 1503년에 배헌(1482~1524년)의 처 반남박씨가 부모 사후 형제자매와 함께 재산을 나누고 작성한 것이다. 이를 통해서 반남박씨에게는 노비 11구, 전답 64두락이 상속되었음을 알 수 있다. 다른 하나는 1581년에 승문원교리 배삼익 裵三益(1534~1588년)의 처 영양남씨가 부모 사후 형제자매와 재산을 나누고 작성한 것이다. 영양남씨에게는 노비 11구, 전답 24두락이 상속되었다.

　본가의 분재기만 전하는 경우는 5개 처의 5건이 있는데, 각 소장처마다 1건씩 존재한다. 광산김씨 유일재종택에는 1588년에 김언기가 전실前室과 후실後室 자녀에게 재산을 물려주며 작성한 분급문기가 남아 있다. 본문에서 분재 대상은 전답과 토지로 한정되었으나 서문을 통해 전실의 첫째 아들과 후실의 첫째 아들은 각각의 외조부로부터 가사家舍를 상속받았음을 알 수 있다. 안동권씨 부정공파종중에는 1527년에 권뢰權耒 등이 부모 재산을 형제자매와 나누어 가지면서 작성한 분재기가 있으나 결락이 심해 정확한 내용을 알 수 없다. 안동권씨 춘우재고택에는 1549년에 권의權檥(1475~1558년)가 자녀에게 재산을 나누어 주면서 작성한 분급문기가 남아 있다. 마지막으로 진주하씨 충렬공파에는 1519년에 하자징河自澄(1470~1512년) 남매가 부모 사후 재산을 나누며 작성한 화회문기가 있으나 서문만 보존되어 전해진다.4)

양쪽의 분재기가 모두 전하는 경우는 2개 처로, 7건의 문기가 남아 있다. 앞의 두 경우와 비교할 때 상대적으로 적은 소장처에 많은 문기가 남아 있는 데는 두 가지 이유가 있다. 첫 번째 이유는 대를 연속해 작성된 분재기가 존재했기 때문이다. 두 번째 이유는 상속재산이 많아 토지와 노비로 각기 대상을 구분해 문기를 작성했고 또한 유루분에 대한 문기가 별도로 작성되었기 때문이다. 광산김씨 후조당종택에서 전해지는 분재기는 김연과 김부필의 상속과 관련되어 있는데, 1550년에 김연의 남매는 부모 재산을 나누며 노비와 전답을 구분해 각각의 문기를 작성했고 이후 유루분 노비를 나누기 위해 또 한 차례 문기를 작성했다. 김부필의 경우도 1559년에 부모 재산을 나누며 노비와 전답을 구분해 2건의 문기를 작성했고, 이후 유루분 노비를 나누기 위해 두 차례 더 문기를 작성했다. 재령이씨 영해파종중에서 전해지는 분재기의 경우도 마찬가지이다. 이은보의

---

4) 진주하씨 충렬공파에는 동일한 내용의 서문에 하자징의 동생 하자홍河自洪 몫이 기록된 깃부문기가 1건 더 전해진다. 이는 하자홍이 후사 없이 사망해 해당 문기가 종가로 귀속된 것인데(안승준, 「安東 松坡 晉州河氏(河緯地 後孫家)의 社會的 基盤과 古文書」, 『고문서집성 56 — 안동 송파 진주하씨 하위지 후손가편』, 한국정신문화연구원, 2002), 하자징 분재기의 복본複本에 해당되므로 건수에 포함하지 않았다.

형제자매가 부모 재산을 나누며 노비와 전답을 분리해 2건의 문기를 작성했고, 유루분 노비의 상속을 위해 1건의 문기를 다시 작성했다. 또한 이은보의 처 전주이씨가 형제자매와 함께 부모 재산을 나누는 과정에서도 노비와 전답을 구분해 2건의 문기를 작성했다.

이처럼 분재기의 원래 상속자와 전래된 소장처의 관계를 고려해 세 가지 경우로 구분했으나 그러한 분류는 절대적이기보다는 상대적인 관점에서 이루어졌음을 상기할 필요가 있다. 즉 동일 문기더라도 경우에 따라 본가 또는 처가 양쪽 모두로 구분할 수 있기 때문이다. 예를 들어 〈김부필 남매 노비화회문기〉(1559년)와 동일한 문기가 광산김씨 후조당종택과 고성이씨 임청각에서 각각 전해지고 있다. 이는 상속자 수만큼 문기를 작성한 당시의 기록 문화와 관련되어 있다. 이 문기를 분재기의 상속자를 고려해 분류하면 전자는 아들 김부필이 소유해 후대에 전래된 것이므로 본가의 분재기가 되고 후자는 딸인 이용의 처가 소유해 후대에 전래된 것이므로 처가의 분재기로 나누어진다. 분재기의 상속자에 따라 상대적으로 분류되었기 때문이다.

또한 안동의 진성이씨에서 전하는 〈이정회李庭會 남매 화회문기〉(1580년)는 이정회가 부모 사후 형제자매와 모친 의성김씨의 뜻이 담긴 초문草文에 의거해 재산을 나누었으므로 본가의 분재기로 분류된다. 그러나 그 중에는 이함의 처 진성이씨가 상속받은 내용도 포함되어 있어 만약 해당 문기의 복본이 재령이씨 영해파종중에서 전래되었다면 처가의 분재기로 분류되는 것이다.[5]

---

5) 분재기의 유통과 보존 방식에 대해서는 문숙자, 「조선시대 分財文記의 작성과정과 그 특징」, 『영남학』 18(경북대학교영남문화연구소, 2010)에 자세하다.

3 광산김씨 후조당종택의 사례

1) 김연대金緣代의 재산상속

앞서 살펴본 대로 분재기의 전래처 기록과 소장처를 기준으로 친족 관계를 구분해보면 상속재산이 전래되는 일단을 확인할 수 있다. 이에 따라 분재기가 비교적 많이 남아 있는 소장처를 대상으로 전승 과정을 추적해 보고자 한다. 첫 번째 사례는 예안현을 중심으로 세거한 광산김씨 후조당 종택으로[6], 전래처 기록을 통해 상속재산의 전승 상황을 파악할 수 있다. 즉 16세기에는 김효로→김연→김부필로 이어지며 가계의 재산이 연속적으로 전승되고 있음을 알 수 있다. 다음 쪽의 〈표 4〉는 이들의 친족 관계를 정리한 가계도이다.

광산김씨 후조당종택의 분재기를 토대로 살펴보면, 1429년에 김무 대의 재산을 자손에게 분급한 사례, 1492년에 김회대의 재산을 김효로 등에게 분급한 사례, 1550년에 김효로 대의 재산을 김연 등이 화회한 사례, 1559년에 김연 대의 재산을 김부필 등이 화회한 사례가 확인된다. 즉 16세기에는 김효로→김연→김부필로 이어지며 가계의 재산이 연속적으로 전승되고 있음을 알 수 있다.

김효로와 양성이씨가 함께 형성한 재산은 1550년에 김연 등 네 자녀에게 정식으로 분재되었다. 상속재산의 총량은 노비 181구, 전답 470두락이었다. 이때는 김효로가 사망한 지 20여 년이 지난 뒤였고 양성이씨가

---

6) 광산김씨 후조당종택 분재기를 토대로 이루어진 연구 성과는 다음과 같다. 이수건, 위의 논문, 1980; 최순희, 「조선주 상속제도」, 『서지학보』 2(서지학회, 1990); 김영나, 「15~16세기 광산김씨 예안파의 분재기에 나타난 노비의 존재양상」, 『조선사연구』 17(조선사연구회, 2008); 김영나, 「15~17세기 광신김씨 예인파의 진답소유양상」, 『영남학』 15(경북대학교영남문화연구원, 2009).

표 4 광산김씨 후조당종택 가계도

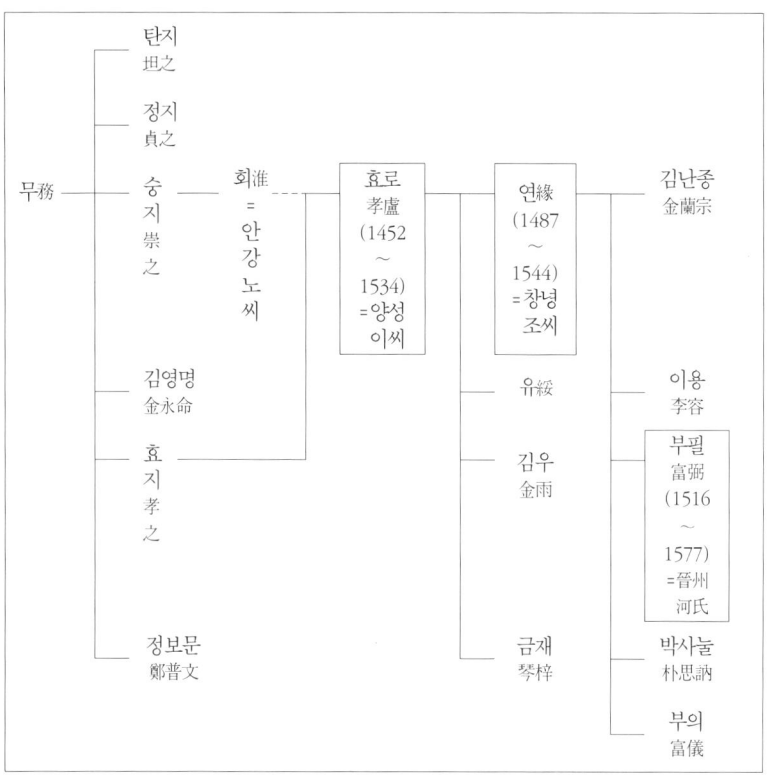

사망해 삼년상을 끝낸 시점에 해당되었다. 자녀들은 부모가 재산 분급을 위해 남긴 초문기草文記에 의거해 상속분을 나누어 가졌다. 당시 다른 자녀들은 모두 생존한 상태였으나 맏아들 김연은 이미 6년에 전에 사망했기 때문에 처 창녕조씨가 대신 참석해 몫을 배분받았다. 다음 〈표 5〉는 해당 상속 내역을 대상별, 소유별, 전래별로 구분해 정리한 것이다.

노비는 깃득노비[7]와 신노비로 구성되었다. 깃득노비는 자녀의 구분 없이 32구씩 똑같이 나누었으나 신노비는 9~19구까지 차이를 보인다. 신

---

[7] 분재기 본문에는 깃득노비라는 용어가 등장하지 않으나 신노비와 구분해 정식분재 때 받은 노비인 것을 표시하기 위해 임의로 사용했다.

표 5   1550년에 김연 남매의 상속재산

(단위: 구/두락)

상속분 상속자		노비						전답		
		깃득		소계	신		소계	총합	전	답	총합
		부변	모변		부변	모변					
아들	연	14	18	32	4	10	14	46	65	50	115
아들	유	10	22	32	12	7	19	51	25	46	71
사위	김우	12	20	32	11	-	11	43	51	87	138
사위	금재	9	23	32	9	2	9	41	96	50	146
총합		45	83	128	36	19	53	181	237	233	470

노비는 잘 알려진 대로 혼인한 직후 부모로부터 경제적 지원으로 받는 것으로 자녀에게 동일한 숫자를 지급하는 것이 보편적 관례였다. 이 같은 차이는 실제 분재가 이루어진 시점과 기록 사이의 시간적 간격이 있기 때문인데, 그간에 있던 득후소생 등의 변화가 반영된 것으로 보인다. 예를 들어 김연 몫으로 기록된 신노비 14구의 연령별 분포를 보면 70대가 2구, 60대가 1구, 40대 2구, 30대 2구, 10대 2구, 10대 미만이 3구이다. 그중에는 비婢 고운지古云之(67세)와 그의 둘째 소생 비婢 도질금都叱今(36세), 그리고 도질금의 첫째 소생 노奴 영년英年, 둘째 소생 비婢 옥종玉終, 셋째 소생 노奴 영정英丁이 모두 포함되었다. 특히 도질금의 소생은 각각 12세, 9세, 7세라는 점에서 비교적 최근에 태어났음을 알 수 있다.

노비의 전래처는 부변과 모변으로 구분되었다. 부변 김효로를 통해 전래된 노비가 81구, 모변 양성이씨를 통해 전래된 노비가 102구이므로 부변보다 모변으로 전래된 노비가 20여 구 더 많았다. 깃득노비는 부변 36구, 모변 60구가 분배되어 모변이 더 많으나 신노비는 부변 27구, 모변

17구가 분배되어 부변이 더 많은 것으로 나타난다. 깃득노비만 두고 볼 때 자녀에게 분배된 숫자를 보면 부변 9~14구, 모변 18~23구로 최대 5구의 차이가 있다. 즉 각 자녀에게 상속된 깃득노비의 총량은 32구로 동일했으나 이를 전래치로 구분하면 약간의 편차가 있음을 확인할 수 있다. 신노비의 경우에는 처음 상속분을 알 수 없어 정확한 비교가 어렵지만 셋째 김우의 처 광산김씨의 경우를 볼 때 모변은 전혀 없고 부변으로만 11구의 상속분이 전해진다는 점에서 역시 편차가 있었음을 유추할 수 있다.

이는 노비를 상속할 때 전래처보다는 노비의 재산 가치를 고려해 똑같이 나누어 주려 했음을 알 수 있게 해주는 대목이다. 그보다 앞서 노비를 분급한 사례를 찾아보면, 1429년에 김무는 노비의 상태를 노老, 장壯, 약弱으로 구분해 자녀에게 나누어 준다고 밝히고 있으며 1492년에 김회의 처 노씨 역시 동일한 기준을 적용해 평균 분집했음을 밝히고 있다. 따라서 그러한 내용이 김효로 대의 재산을 나누는 데도 영향을 끼쳤을 가능성이 크다.

김연 등 4남매가 화회한 위의 상속재산은 김효로와 양성이씨에 의해 형성되었음을 이미 언급했는데, 그들 역시 부모로부터 재산을 상속받았다. 현재 기록이 남아 있지 않아 양성이씨가 받은 상속재산의 구체적 사항은 알 수 없으나 김효로의 경우는 대강을 알 수 있다. 더욱이 김효로는 친부모로부터 재산을 상속받았을 뿐만 아니라 종조부 김효지金孝之의 계후자가 되었기 때문에[8] 김효지의 처 황씨에게서도 재산을 상속받았다.

1492년에 김효로 생가에서는 부변 김회 쪽에서 전래한 노비 32구와 모변 안강노씨 쪽에서 전래한 노비 47구를 합한 79구를 세 자녀에게 평균 분집했다. 이때 김효로는 친부모 재산 중 26구의 노비를 상속받았다. 그리고 그보다 앞서 1480년에 김효지의 처 황씨는 계후자, 수양자를 비롯해

---

8) 〈김효로 처 황씨 계후입안〉(1483년).

평소 가까이 왕래한 친척 자손을 대상으로 의리적 관계, 효도와 봉양孝養의 도리, 노비 추쇄 등의 논공에 따라 차등적으로 재산을 분급했다. 이에 계후자 김효로는 노비 15구와 가사를 포함한 오천원烏川源 소재 전답 236.9두락을 상속받았다. 즉 김효로는 양측에서 41구의 노비와 236.9두락의 전답을 상속받아 경제적 기반을 마련했으며, 그의 사후에 그것을 토대로 증식한 재산까지 모두 김연 등의 자녀에게 상속했다.

2) 김부필 대의 재산상속

김연과 창녕조씨가 형성한 재산은 1559년에 김부필 등의 자녀에게 상속되었다. 이를 통해 김연 등이 부모 재산을 상속받은 시점이 1550년인 점을 상기하면 상당히 짧은 기간 내에 대를 이어 상속이 이루어졌음을 알 수 있다. 그때에도 모친 창녕조씨가 사망한 후 삼년상을 끝낸 시점에 정식 분재가 이루어졌다. 분재 원칙은 이전의 상속과 마찬가지로 부모 생전에 논의한 결과를 기록한 별서別書에 의거했다. 그리고 차자 김부의金富儀가 사마시에 등과했으나 모친의 병환으로 인해 그에 상응하는 별급이 이루어지지 못했기 때문에 별득조別得條로 지급했다. 아래의 〈표 6〉은 해당 분재 내역을 대상별, 소유별, 전래별로 구분해 정리한 것이다. 총량은 노비 221구이다.

표 6 〈김부필 남매의 노비 상속분〉(1559년)

(단위: 구)

상속자	상속분	깃득			소계	신		소계	도망		소계	별득		총합
		부변	모변	매득		부변	모변		부변	모변		부변	모변	
사위	김난종	22	10	-	32	11	-	11	1	1	2	-	-	45
사위	이용	26	6	-	32	10	-	10	2	-	2	-	-	44
아들	부필	24	8	-	32	4	3	7	1	1	2	-	-	41

사위	박사눌	22	10	-	32	10	3	13	2	-	2	-	-	47
아들	부의	6	4	22	32	7	2	9	2	-	2	-	1	44
총합		100	38	22	160	42	8	50	8	2	10	-	1	221

　　노비는 깃득노비, 신노비, 도망노비, 별득노비로 구분되어 상속되었다. 깃득노비는 자녀의 성별에 상관없이 32구씩 동등하게 분급되었고 도망노비 역시 2구씩 지급되었다. 신노비는 앞의 경우와 마찬가지로 실제 분재가 이루어진 이후 득후소생 등의 변화까지 기록에 반영되었기 때문에 7~13구까지의 차이가 있다. 별득노비는 김부의에게 별도로 지급된 것인데, 앞서 언급한 대로 과거 합격 후 의례적으로 행해지던 별급이 모친의 병환으로 인해 이루어지지 못한 것을 고려해 1구를 더 나누어 준 것이다.

　　노비의 전래처에는 부변과 모변, 그리고 매득조買得條가 추가되었다. 부변 김연을 통해 전래된 노비는 150구이고 모변 양성이씨를 통해 전래된 노비가 49구이므로 부변으로 전래된 노비가 모변으로 전래된 노비보다 3배 더 많은 것을 알 수 있다. 그러한 차이는 각각의 항목 내에서도 동일하게 적용되어 모변보다 부변으로 전해진 노비 숫자가 더 많다. 다만 깃득노비에는 김연과 양성이씨가 새롭게 매득한 노비임을 알려주는 매득조가 설정되었으며, 그것은 모두 김부의에게 상속되었다.

　　1559년을 기준으로 김연이 자녀에게 상속해준 노비는 150구인데 반해 1550년에 김연이 김효로에게 상속받은 노비는 46구로 확인된다. 이와 같다면 김연은 부모로부터 상속받은 노비의 약 3배에 해당하는 노비를 9년간 증식했다고 보아야 한다. 그러나 김연은 부모로부터 받은 상속재산 외에도 내외 친족에게 재산을 별급받았다. 1509년에 백부모의 수양자라는 이유로 노비 20구와 진답 3결을 받은 것을 시작으로 1537년에 탁영시에 합격하고 당상관으로 승진하면서 모친에게서 노비 4구를 별급받은 것까지 모두 9차례에 걸쳐 66구의 노비를 받은 것이 확인된다.9) 즉 김연이 자녀에게 상속해준 재산에는 부모에게서 정식으로 상속받은 재산과 더불어 다양한 사유로 별급받은 재산이 포함된 것으로 보인다.

김연이 부모로부터 상속받은 재산이 김부필 대에 이르러 어느 만큼 그대로 전래되었는지를 살펴보기 위해 1550년과 1559년에 작성된 분재기의 노비 명단을 비교해 보았다. 그 결과 김연이 상속받은 46구(100%) 중 12구(26%)가 자녀에게 상속되고 있음이 확인된다. 아래의 〈표 7〉은 두 분재기를 비교해 노비 명단과 전래처, 상속자 등을 정리한 것이다.

표 7 노비의 전래 현황

번호	노비명10)	1550년	1559년	상속자
1	비 연개의 셋째 소생 비 백질금	깃득, 부변	깃득, 부변	김난종
2	노 개동의 양처병산 첫째 소생 노 만손			부필
3	노 벌개의 양처병산 첫째 소생 노 가을지			박사눌
4	노 순희의 양처병산 셋째 소생 비			
5	비 석덕의 둘째 소생 비 정금		신노비, 부변	김난종
6	비 돗의 둘째 소생 비 옥종			이용
7	연안부 노 가파리의 양처병산 첫째 소생	깃득, 모변	깃득, 부변	박사눌
8	비 이비의 둘째 소생 비 연개			
9	비 곤지의 셋째 소생 노 돗산	신노비,	깃득, 부변	부필

9) 〈김효원金孝源의 처 오씨 허여문기〉(1508년); 〈이계세李繼世 별급문기〉(1510년); 〈김장룡金長龍 별급문기〉(1514년); 〈이종량李從諒의 처 오씨 분깃문기〉(1528년); 〈이완수李完守 처 반씨 별급문기〉(1529년경); 〈김효로金孝盧의 처 이씨 별급문기〉(1538년); 〈김효로의 처 이씨 별급문기〉(1539년); 〈김효로의 처 이씨 별급문기〉(1543년); 〈조치당曺致唐의 처 이씨 별급문기〉(1543년).

10	비 논금의 첫째 소생 노 수련	부변	도망, 부변	이용
11	비 곤지의 둘째 소생 비 돗금	신노비, 모변	깃득, 부변	이용
12	노 강만의 양처병산 첫째 소생 노 강년			

　김연이 부변으로부터 상속받은 깃득노비 14구 중 6구(42%), 모변으로부터 상속받은 18구 중 2구(11%)가 자녀에게 전래되었다. 또한 부변으로부터 상속받은 신노비 4구 중 2구(50%), 모변으로부터 상속받은 신노비 10구 중 2구(20%)가 자녀에게 전래되었다. 앞서 언급한 대로 김연은 부변보다 모변으로부터 전래받은 노비가 20구 정도 많았으나 김연의 자녀에게 전래된 경우를 보면 부변으로부터 전래된 것이 모변보다 2배 많았다. 따라서 모변보다 부변 노비의 전승 비율이 높았음을 알 수 있다.

　덧붙여 부변과 모변처럼 전래처를 기록하는 용어는 당대에만 한정되어 사용하는 용어였다. 그것은 분재기 자체가 작성 당시 피상속자의 관점에서 쓰여졌기 때문에 나타나는 당연한 현상이었다. 즉 1550년에 모변 또는 부변으로 전래되어 김연에게 상속된 노비가 1559년에는 모두 부변으로부터 전래되어 김연 자녀에게 상속되는 것을 확인할 수 있다.

4　재령이씨 영해파 종중의 사례

1) 이은보 대의 재산상속

　상속재산의 전승 과정을 살펴보기 위한 두 번째 사례는 이애 대부터

---

10) 1572년의 분재기를 기준으로 작성했다. 노비명이 기록되지 않은 경우 분재기에 기록된 부모명과 출생 순서 등만 정리했다.

영해에서 세거해온 재령이씨 영해파종중이다.11) 이 경우는 앞서 살펴본 대로 분재기를 기록할 때 전래처를 표기하지 않았으나 처가로부터 재산을 상속받은 문기가 2대에 걸쳐 전해지기 때문에 그것을 토대로 상속재산의 전승 양상을 실제적으로 살펴볼 수 있다.

표 8 _ 재령이씨 영해파종중 가계도

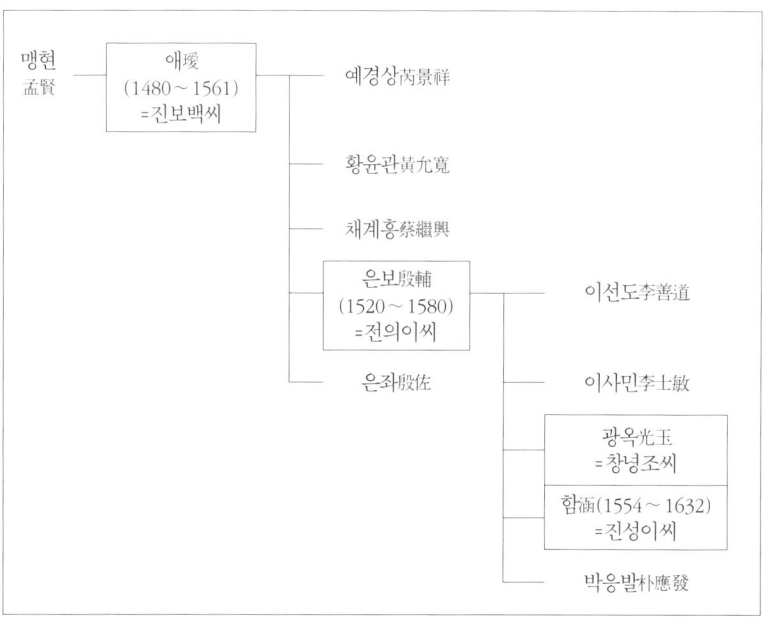

재령이씨 영해파종중의 분재기로 살펴볼 수 있는 경우는 1494년에 이맹현李孟賢 대에 형성된 재산을 이애 등의 자녀가 화회한 사례, 1572년에 이애 대에 형성된 재산을 이은보李殷輔 등의 자녀가 화회한 사례, 1592년에 이은보 대에 형성된 재산을 이함 등의 자녀가 화회한 사례 등이 있다. 그리고 이은보의 처 전의이씨가 1545년에 부모 재산을 형제자매와 화회

11) 재령이씨 영해파 분재기를 토대로 이루어진 연구 성과는 문숙자, 위의 책, 2004가 대표적이다.

한 사례, 이함의 처 진성이씨가 1580년에 형제자매와 부모 재산을 화회한 사례도 함께 확인할 수 있다. 따라서 16세기로 한정하면 이애→이은보/전의이씨→이함으로 가계가 이어지며 재산도 함께 전승되고 있음을 알 수 있다. 위의 〈표 8〉은 이들의 친족 관계를 정리한 계보도이다.

이애와 진보백씨에 의해 형성된 노비와 전답은 그들 사후 자녀에게 상속되었으며 총량은 노비 271구, 전답 574.5두락 이상이었다. 1572년에 처음 노비와 전답의 분재가 있었고, 이후 1574년과 1580년에 두 차례에 걸쳐 유루분 노비의 분재가 이루어졌다. 이 경우는 부모의 삼년상이 끝난 후에도 곧바로 분재가 이루어지지 못했는데, 상속자들의 거주지가 각기 달라 한곳에 모이기가 쉽지 않았고 또한 상중喪中에 있어 분재에 참여하기 어려웠기 때문이다. 정식 분재 당시에도 서울에 거주한 셋째 딸인 채계흥蔡繼興의 처 이씨는 병 때문에 내려오지 못하고 그의 아들 채증광蔡增光이 대신 참석하도록 했다. 아래의 〈표 9〉는 해당 상속분을 상속자별로 구분해 정리한 것이다.

표 9 이은보 남매의 상속재산

(단위: 구/두락)

상속분 상속자		노비						총합	전답12)			총합
		깃득	도망	신	소계	추집 1	추집 2		전	답	미상	
사위	예경상	29	13	4	46	5	4	55	67	59.4	-	126.4
사위	황윤관	28	14	4	46	5	3	54	73.5	35.9	5	114.4
사위	채계흥	27	15	4	46	5	3	54	63	39.4	-	102.4
아들	은보	29	13	4	46	4	4	54	67	43.9	3	113.9
아들	은좌	26	16	4	46	4	4	54	76	41.4	-	117.4
총합		139	71	20	230	23	18	271	346.5	220	8	574.5

12) 전답 화회문기가 군데군데 결락되어 있어 판독 가능한 부분을 중심으로 대략적인 양을 산출했다. 실제로는 산출된 양보다 더 많은 재산이 있었을 것으로 생각된다.

1572년에 정식 분재 대상이 된 노비는 모두 230구인데 깃득, 도망, 신노비로 구성되었다. 자녀마다 깃득노비는 26~29구씩, 도망노비는 13~16구씩 상속받았기 때문에 항목별로 약간의 차이가 있다. 그러나 깃득노비와 도망노비를 합해 1인당 상속받은 수량을 확인하면 모두 41구씩 동일하게 받았음을 알 수 있다. 신노비 역시 4구씩 똑같이 받았다. 그러나 첫째 딸인 예경상芮景祥의 처 이씨에게 분배된 신노비의 평균 나이가 70세이고 막내아들 이은좌李殷佐에게 분배된 신노비의 평균 나이가 50세로 연령층이 매우 높은 편인데도 불구하고 득후소생에 대한 언급이 없는 점에서 혼인 당시 부모에게 받은 노비만 기록한 것으로 보인다.

　　이후 1574년과 1580년에 유루분 노비 23구와 18구를 각각 분재했다. 노비 숫자와 상속자 숫자가 일치하지 않아 장유차서長幼次序에 따른 분배가 이루어졌다. 첫 번째 추집할 때에는 4구씩 나누어 가진 다음 출생 순서에 따라 첫째부터 셋째까지 1구씩 가급했다. 두 번째 추집할 때는 3구씩 나누어 가진 다음 첫 번째 추집 때 가급받지 못한 넷째, 다섯째에게 1구씩 더 나누어 주어 평균을 맞추고 남은 1구는 첫째가 더 받았다. 즉 두 차례의 추집을 통해 첫째는 9구를 받았고 둘째부터 다섯째까지는 8구씩 고르게 받았다.

　　이처럼 이은보는 부모 사후 재산을 상속받았으나 그보다 앞서 처 전의이씨가 부모로부터 노비와 전답을 상속받았다. 이은보의 처 전의이씨는 이순응李舜應 부처가 사망한 후 1545년에 4남매가 모여 노비 64구, 전답 220.7두락 이상에 달하는 부모 재산을 나누어 가졌다. 다음 〈표 10〉은 해당 상속분을 상속자별로 구분해 정리한 것이다.

　　노비는 집주노비와 신노비로 구성되었다. 집주노비는 각각 12구씩 똑같이 나누어 가졌고 신노비도 각각 4구씩 분배해 똑같이 나누었다. 셋째 딸은 당시 미혼인데도 불구하고 상관없이 정해진 몫의 신노비를 상속받

표 10 〈이은보 처 이씨의 상속재산〉(1545년)   (단위: 구/두락, 일경)

상속자	상속분	노비			전답		총합
		집주	신	총합	전	답	
사위	징창국	12	4	16	28	29.2	57.2
사위	이은보	12	4	16	28	30.5	58.5
딸	미혼	12	4	16	27, 0.5	27	54, 0.5
아들	이상림	12	4	16	23, 0.5	28	51, 0.5
총합		48	16	64	106, 1	114.7	220.7, 1

았다. 전답도 약간의 차이가 있으나 자녀마다 대략 51~58두락 전후로 상속받았다. 즉 이은보의 처 전의이씨는 부모 재산 전체를 자녀 숫자만큼으로 나눈 1/4에 해당하는 양을 상속받았다.

이처럼 이은보는 부모로부터 54구의 노비와 113.9두락 이상의 전답에 해당하는 재산을 상속받았고, 이은보의 처 전의이씨 역시 부모로부터 16구의 노비와 58.5두락의 전답에 해당하는 재산을 상속받았다. 다시 말해 이은보 부처는 70구의 노비와 172.4두락 이상의 전답을 부모로부터 받아 경제적 기반을 형성했다.

2) 이함 대의 재산상속

이은보와 전의이씨가 형성한 재산은 1592년에 이함李涵 등의 자녀에게 상속되었다. 이은보가 이애의 재산을 상속받은 때가 1572년이므로, 약 20년 후에 이은보 부처의 재산이 자녀에게 상속되었다. 그때에도 이은보 부처가 살아있을 때 재산 분급이 이루어지지 못해 자녀들이 화회했다. 또한 당시에는 임진왜란으로 인해 어수선한 상황이었기 때문에 서울과 먼 곳의 노비는 난리가 평정된 후 다시 균분하기로 했다. 아래의 〈표 11〉은 해당 내역을 상속자별로 구분한 것이다.

표 11 1592년에 이함 남매의 상속재산

(단위: 구/두락)

상속자	상속분	노비 깃득	노비 신	노비 총합	전답 전	전답 답	전답 총합
사위	이선도	10	4	14	56.743	28	84.743
사위	이사민	10	4	14	54.743	36	90.743
아들	광옥	10	4	14	71.242	40	111.242
아들	함	10	4	14	84	44	128
사위	박응발	10	4	14	70.5	35	105.5
총합		50	20	70	337.228	183	520.228

노비는 깃득노비와 신노비로 구성되었다. 깃득노비는 자녀의 구별 없이 모두 10구씩 나누었으며, 신노비 역시 4구씩 똑같이 나누어 가졌다. 신노비의 경우는 이은보 대와 마찬가지로 득후소생을 기록하지 않고 처음 부모에게 받은 숫자를 기록한 것으로 보인다. 첫째사위 이선도李善道에게 분급된 신노비의 평균 연령이 41세이고 막내사위 박응발朴應發에게 분급된 신노비의 평균 연령이 37세인데도 그들 소생에 대한 언급이 전혀 없기 때문이다.

이함 등의 다섯 남매가 상속한 재산의 총량은 노비 70구, 전답 520여 두락이었다. 이는 이은보 부처가 각자의 부모로부터 상속한 재산의 총량과 비교할 때 거의 같은 수치에 이른다. 그러나 이은보가 부모로부터 상속한 노비 중에는 도망노비 13구도 포함되어 있었다. 따라서 실제로는 상속받은 노비 숫자보다 자녀에게 상속해준 노비 숫자가 더 늘어났음을 알 수 있다.

이은보 부처가 각각의 부모로부터 상속받은 재산이 자녀에게 얼마만큼 그대로 전래되었는지 살펴보기 위해 1545년에 이은보의 처 전주이씨가 부모로부터 상속받은 노비 명단과 1572년에 이은보가 부모로부터 상속받은 노비 명단을 1592년에 이함 등의 자녀가 상속받은 노비 명단과 비교했다. 그 결과 이은보 부처가 상속받은 노비 70구 중 14구(20%)가 이함 등의 자녀에게 전래되었음을 확인할 수 있다. 다음 <표 12>는 분재기를 비교해 노비의 전래 현황을 정리한 것이다.

표 12 _ 노비의 전래 현황

번호	노비명	1545년/1572년	1592년	상속자
1	노 문이의 둘째 소생 비 분이	깃득, 이은보	깃득	이선도
2	노 홧석의 첫째 소생 비 고음덕			이사민
3	노 홧석의 둘째 소생 노 고음손			
4	비 금분의 여섯째 소생 노 막복			광옥
5	비 고음덕 28세 을축생			함
6	비 사월의 넷째 소생 노 귀석			
7	노 우시의 셋째 소생 노 가미			박응발
8	노 석경의 첫째 소생 비 분이			
9	노 박동의 셋째 소생 노 내은동		신	박응발
10	비 금분의 첫째 소생 노 이춘			이사민
11	노 산돌이의 첫째 소생 비 산분			
12	강진 비 중비의 넷째 소생 비 막개	신, 이은보	깃득	박응발
13	비 사월의 첫째 소생 비 옥춘		신	이선도
14	비 선비의 첫째 소생 노 철석	깃득, 이은보 처	집주	함

이은보가 상속한 깃득노비 중 11구가, 신노비 중에서는 2구가 다시 깃득노비와 신노비 명목으로 자녀에게 상속되었다. 깃득노비 중 8구는 깃득노비의 명목으로 상속되었고 나머지 3구는 신노비의 명목으로 상속되었다. 신노비 2구는 각각 깃득노비와 신노비의 명목으로 상속되었다. 그러나 이은보의 처 전주이씨가 부모로부터 상속한 16구 중에서는 1구만 다시 자녀에게 상속되었다. 이처럼 이은보가 상속받은 노비가 이은보의 처

전주이씨가 상속받은 노비에 비해 더 많이 자녀에게 전래되었음을 확인할 수 있다.

광산김씨 후조당종택과 재령이씨 영해파종중의 사례에서 부변으로 전래된 노비가 모변으로 전래된 노비에 비해 다시 자녀에게 전승되는 비율이 높은 것은 상속 시점과 관련된 것처럼 보인다. 광산김씨의 경우 김연의 처 창녕조씨가 부모로부터 상속받은 재산을 정확히 알 수 없으나 김연은 사후에 부모로부터 재산을 상속받았다. 그리고 김연의 재산은 그로부터 9년 뒤 아들 김부필에게 상속되었으므로 부계에 의한 상속 간격이 상당히 짧았음을 알 수 있다.

재령이씨의 경우 이은보의 처 전의이씨가 부모로부터 재산을 상속받은 시점이 1545년이고 이은보가 부모로부터 재산을 상속받은 시점은 1572년이었다. 그리고 이 재산은 1592년에 아들 이함에게 전해졌다. 따라서 기록으로 보면 전의이씨의 재산은 약 40년, 이은보의 재산은 약 20년 후에 아들에게 전해졌으므로, 그들이 상속받은 노비의 연령을 고려한다면 부변보다 모변으로 전래된 것이 원형 그대로 전승되기 어려웠음을 확인할 수 있다.

그러나 상속받은 노비의 소생이 다음대로 전승된 사례가 거의 없는 사실에 비추어볼 때 상속재산을 그대로 보존하면서 사용하기보다는 적극적인 경제생활을 영위했던 것처럼 보인다. 이 문제는 분재기만으로 논의할 사항이 아니므로 경제생활과 관련된 매매문기 등의 여러 자료를 축적해 차후에 논의할 필요가 있다.

5 　맺음말

　　이상에서 16세기의 재산상속제의 실상을 고찰하기 위해 상속제 연구의 핵심 자료로 알려진 분재기를 토대로 첫째, 상속 대상의 전래처 기록에 주목하고, 둘째, 분재기와 해당 소장처의 친족 관계를 구분해 살펴보았다. 그리고 비교적 분재기가 많이 전해지는 광산김씨 후조당종택과 재령이씨 영해파종중의 사례를 통해 상속재산이 전승되는 양상을 살펴보았다.

　　15～17세기에 작성된 분재기에 상속 대상의 전래처가 모두 기록된 것은 아니었으며 소장처별로 작성 방식에 차이가 있었다. 즉 처음부터 끝까지 분재기에 전래처가 모두 기록된 경우, 처음에는 전래처가 기록되었으나 16세기 중반부터 기록하지 않은 경우, 처음부터 끝까지 전래처가 기록되지 않은 경우로 구분되었다. 그리고 상속의 주요 대상이 되는 노비와 전답 중 전답보다는 노비를 중심으로 전래처를 기록한 경우가 많았다.

　　현재까지 전해지는 분재기와 소장처의 친족 관계를 살펴보면, 본가의 재산을 대상으로 기록한 것과 처가의 재산을 대상으로 기록한 것으로 구분된다. 이는 당시 남녀균분 상속이 이루어졌기 때문에 나타나는 현상이다. 따라서 분재기에 전래처를 기록하고 있지 않더라도 본가와 처가의 분재기가 함께 전래된 경우 각각에서 획득한 재산을 알 수 있기 때문에 전승 양상도 파악할 수 있다.

　　광산김씨 후조당종택은 분재기를 작성할 때 전래처를 기록하고 있을 뿐만 아니라 김효로→김연→김부필로 이어지는 분재기가 남아 있어 가계의 재산이 전승되는 양상을 살필 수 있었다. 김효로와 양성이씨의 재산은 1550년에 김연 등의 자녀들에게 정식분재되었다. 노비 183구와 전답 470두락은 자녀 숫자대로 나뉘어져 김연은 46구의 노비와 115두락의 전답을 상속받았다. 그리고 김연과 창녕조씨 재산은 1559년에 김부필 등의 자녀에게 상속되었다. 김연 부처가 형성한 재산 중 노비는 총 221구였으며 이 역시 5명의 자녀에게 거의 비슷하게 나뉘어져 김부필은 41구의 노비를 상속받았다.

김연이 부모로부터 상속받은 노비 중 자녀에게까지 전해진 노비는 12구로 전체의 약 26%에 해당되었으며, 이 역시 자녀에게 2~3구씩 균분되었다. 김연이 애초에 상속받은 노비 중 부변과 모변 비율은 9: 11이었으나 자녀에게 전해진 노비의 부변과 모변 비율은 2: 1이므로, 모변보다는 부변으로 전해진 노비의 전승 비율이 높게 나타난다.

재령이씨 영해파종중은 이애→이은보→이함으로 이어지는 본가의 분재기와 이은보의 처 전주이씨의 분재기가 함께 남아 있어 가계 재산이 전승되는 양상을 확인할 수 있다. 이은보의 처 전주이씨는 1545년에 부모 재산을 상속받았다. 노비 64구와 전답 220.7두락 이상을 5남매가 동등하게 나누어 가져 노비 16구와 전답 58.5두락에 해당하는 양을 받게 되었다. 이은보는 1572~1580년까지 3차례 동안 부모 재산을 상속받았다. 첫 번째는 정식 분재였고 두 번째와 세 번째는 유루분 노비를 나누어 가졌다. 이 과정에서 271구의 노비와 574두락의 전답이 다섯 자녀에게 균분되었는데, 이은보는 노비 54구와 전답 117.4두락을 상속받았다. 이처럼 이은보 부처는 각각의 부모로부터 재산을 상속받아 70구의 노비와 172.4두락 이상의 전답을 소유하게 되었다.

이은보 부처가 소유한 노비 70구와 전답 520여 두락은 1592년에 이함 등의 자녀에게 노비 20구와 전답 100두락 내외로 각각 상속되었다. 그중 이은보 부처가 부모로부터 상속받은 노비가 자녀에게까지 전승된 숫자는 14구로 총 20%에 해당되었으며 자녀에게 1~2구씩 균분되었다. 또한 이은보에게 상속된 54구의 노비 중 13구(24%)가 자녀에게 전승되었으나 전주이씨에게 상속된 16구의 노비 중 1구(6%)만 자녀에게 전승된 부변으로 전해진 노비의 전승 비율이 높았음을 확인할 수 있다.

위의 두 사례를 통해 상속재산 중 노비의 전승 비율은 전체의 20%대이며 모변보다 부변을 통한 전래가 다음 대의 자녀에게 상속될 비율이 더 높게 나타나고 있음을 확인할 수 있었다. 그러나 그러한 결론은 재산상속 시점이나 상속 대상이 되는 노비의 수명, 가문의 치산 방식에 따라 달라질 가능성이 있다. 따라서 이번 연구 결과는 하나의 비교군으로서 의미가 있으며, 분재기뿐만 아니라 매매문기 등을 폭넓게 활용해 보다 면밀하게 고찰하기 위한 선행 작업으로서 의의가 있다.

참고 문헌

김두헌, 『한국가족제도연구』, 서울대학교출판부, 1983.
문숙자, 『조선시대의 재산상속과 가족』, 경인문화사, 2004.
역사학회, 『한국친족제도연구』, 일조각, 2000.
이수건 외, 『16세기 한국고문서 연구』, 아카넷, 2004.
정구복, 『고문서와 양반사회』, 일조각, 2004.
최재석, 『한국가족제도사연구』, 일지사, 1996.

2장

봉화 버저이 강씨의 분재와 토지

정수환

1   재산을 나눈다, 가문을 넓힌다.

한국사 연구에서 중요한 것 중 하나는 다양성을 발견하는 데 있다. 특히 조선시대에 내재해 있던 사회의 다원성과 문화의 다층적 모습을 다시 발견하는 것이 어쩌면 현대 사회의 복잡한 현안들을 이해할 수 있는 실마리를 제공해줄지도 모른다. 특히 가족 간의 이해와 오해는 사랑과 미움이라는 감정에서 출발하는 것처럼 보이지만 내면을 들여다보면 ― 잘 말하려고 하지는 않지만 ― 재산의 다과와 상속이라는 욕망과 욕심이 작용하고 있는 점도 부인하기 어렵다. 그러한 현실과 관련해 조상의 지혜와 경험을 찾을 수 있는 사례가 바로 오늘날의 상속에 해당하는 '분재'와 관련된 이야기이다. 분재의 내용을 사실적으로 기록한 고문서 '분재기'야말로 조선시대의 속내를 읽을 수 있는 실마리이자 오늘날의 우리에게 삶의 지혜를 마련해 줄 수 있는 통로가 될 수 있다.

조선시대에 분재는 방식에 따라 종류가 다양했고, 그로 인해 분재기에도 여러 형태가 있었다. 부모가 살아생전에 자식들 출가 등의 사유로 각각의 몫을 나누어 주는 금급衿給이 있었는데, 그것은 오늘날의 증여에 해당한다. 금급과 유사하지만 과거시험 합격이나 득남 등을 계기로 부모가 효도를 받았다는 주관적 기준에 부합할 경우 별도로 재산을 나누어 주는 별급別給도 있었다. 그리고 오늘날의 상속이라고 볼 수 있는 사례로 부모 사후에 형제자매가 재산을 나누어 갖는 화회和會가 있었다. 화회는 부모가 돌아가신 뒤 3년, 즉 만 2년에 걸쳐 부모를 향한 마음의 빚을 정산한 후 이루어졌다.

다소 낭만적으로 해석한다면, 분재는 부모에 대한 효도에 따라 그에 대한 보상으로 재산을 물려주거나 나누어 가진 것으로 볼 수도 있을 것이다. 하지만 조선시대 『경국대전』에는 부모와 자식 사이의 이해관계와 그에 따라 분재를 실시하도록 규정하고 있다. 그리고 조선 전기에는 자녀에게 균등하게 재산을 나누어 주다가 후기에 와서 아들 중심, 그것도 큰아들 중심으로 바뀌었다는 것이 이제는 상식이 되어 있다. 이런 상식을 바탕으로 실제 고문서 사례를 활용하여 분재를 둘러싼 여러 사정을 살펴볼 수 있다.

'토지'는 한국 사람에게 왠지 '한恨'과 사연이 묻어 있는 단어로 다가온다. 그만큼 그것이 욕망의 대상이었음을 의미한다고 하겠다. 물론 노비도 중요한 자산 중의 하나이기는 했지만 발이 달려 있어 도망가는 문제가 있었다. 그에 반해 토지는 부동의 자산, 곧 부동산이었다. 분재에서 중요한 대상이 된 것이 바로 논과 밭 등으로 구성된 토지였다. 토지를 어떻게 사고, 관리하고 그리고 분재는 어떤 방식으로 이루어졌는지를 살펴봄으로써 조선시대 조상들의 재산 관리 경험, 그리고 이것이 가족 경영의 지혜로 이어지는 모습을 살펴볼 수 있을 것이다. 이러한 접근이 바로 조선시대의 다양성을 찾기 위한 하나의 방법일 수 있다.

분재기에는 토지와 노비 같은 재산을 나누는 행위 외에도 가족 이야기가 있다. 분재하는 사람과 받는 사람 그리고 그것을 증명하는 증인이 존재하는 것이다. 또 화회분재 같은 경우는 부모를 중심으로 형제자매는 물론 조카와 사위까지 망라되기도 했다. 그리고 분재기는 이해관계를 가진 가족이 절충해 신중하게 작성한 문서였다. 분재 대상이 되는 재산 중 토지는 부동의 자산으로 특히 중요한 가치를 지니고 있었기에 단순히 재산을 준다는 의미 이상으로 선대의 유업을 상징하는 가치가 있었다. 땅을 사고팔면서 작성한 문서인 전답매매명문田畓買賣明文, 보유한 토지의 소유권을 확립하거나 증명 받은 입지立旨 같은 여러 문서가 함께 전수되거나 얽혀 있었기 때문이다.

전답매매명문을 통한 토지 확보, 매득買得한 토지에 대해 관청으로부터 소유권을 확인 받는 입지 그리고 그처럼 지난한 과정의 결정체로서 재산을 나누어 주는 분재기를 연속적으로 살펴볼 수 있는 용이한 사례가 있다. 경상북도 봉화군 법전면 법전리에 세거하고 있는 진주강씨 도은종택의 경우가 그것이다. 진주강씨는 조선 후기 영남 명문가 중 하나로 이른바 '버저이 강씨'로 널리 알려져 있다. 버저이 진주강씨는 양지말과 음지말에 거주하는데, 그중에서도 양지마을에 위치한 도은종택陶隱宗宅, 즉 도은陶隱 강각姜恪(1620~1657년)의 종가에 많은 고문서가 현재까지 남아 있다. 약 3천 점의 고문서 자료 중 분재기가 19점이고 매매명문이 27점이다. 이들은 17세기 이후 형성된 자료이다. 고문서를 잘 읽어보면 토지를 확보하고 자식에게 재산을 나누어 주며 가족을 잘 경영한 조상의 지혜를 발견할 수 있을지도 모르겠다.

조선시대 중 17세기는 특별한 의미가 있다. 조선 전기에 불교로부터 벗어나 성리학적 질서가 마련된 뒤 17세기부터 이념에 따른 사회질서가 갖추어지기 시작했기 때문이다. 가족관계에서도 이른바 '주자학적 가족질서'라는 모호한 개념이 성립되기 시작했다. 뿐만 아니라 외부적 요인도 있었다. 임진왜란과 정유재란 그리고 그에 따른 후유증이 남아 있던 시기가 바로 17세기였다. 17세기 초에는 정묘호란과 병자호란이라는 전란이 있었다. 참으로 힘들고 혼란스러운 시기였다. 어수선했던 17세기에 버저이 강씨는 경기도에서 경상도로 이주했다. 주인공은 강덕서姜德瑞(1540~1614년)였다. 그의 아들 손자들은 봉화에서 토지를 사들여 정착할 수 있는 기반을 만든 다음 그것을 잘 지켜 후손들에게 물려주었다. 이런 일체의 과정이 고문서로 남아 있는 점은 주목할 만한 사실이다.

　버저이 강씨의 도은종택에 현재 전하는 고문서를 활용해 조선시대 선비들의 가계 경영과 가족 경영의 지혜를 배울 수 있다. 그렇게 하려면 문서 하나하나를 잘 읽고 해석하는 과정이 필요하다. 전답매매명문, 입지 그리고 분재기가 중요한 자료이다. 버저이 강씨가 어떻게 경상도에 정착해 가문의 정체성을 갖게 되었는지를 먼저 살펴보기로 하자.

2　경기도 진주강씨, 영남의 버저이 강씨가 되다.

　봉화의 진주강씨 중 토지 매매명문, 입지 그리고 분재기를 통해 토지 경영과 가족 경영의 한 모습을 살펴보려는 사례는 바로 강각과 그의 후손에 의해 형성된 고문서이다. 강각의 선대는 경기도 파주에 거주했는데, 그가 경상도 봉화로 이른바 '낙남落南'을 결행하면서 후손들의 세거지가 마련되었다.

　진주강씨는 일찍이 경기도 일대에 토지를 확보하면서 경제적 기반을 갖고 있었다. 그들의 중시조는 강계용姜啓庸(?~?)으로, 그는 고려시대에 활동한 인물이었다. 강계용의 후손으로 구성된 진주강씨 가문은 고려가 망할 때까지 고려 수도인 개경, 즉 개성 일대에 거주하고 있었다. 이 사실은 그들이 고려의 관료로서 정체성을 유지하고 있었음을 의미한다. 고려 중기 이후부터 아마도 과거를 거쳐 개경에서 벼슬하면서 인근에 터전을 마련했을 것이며, 특히 강시姜蓍(1339~1400년)의 아들 강회계姜淮季(1357~1402년)가 공양왕恭讓王(1345~1394년)의 부마가 됨으로써 장단과 고양 일대에 정착한 것으로 보인다. 강회중姜淮仲(?~1421년)과 강회계는 형제였다. 이러한 사실에 따라 진주강씨의 분묘가 개성 일대의 경기도 장단과 고양에 산재해 있었음을 알 수 있다(〈그림 1〉 참조).

그림 1 진주강씨 중시조 강계용부터 15세기 인물인 강이행까지의 가계
강계용 ─ 강인문 ─ 강사첨 ─ 강창귀 ─ 강군보 ─ 강시 ─── 강회중 ─ 강안복 ─ 강이행→
　　　 묘:합천　 묘:합천　 묘:성주　 묘:장단　 묘:고양　　　　　 묘:고양

조선이 개국하자 고려의 구신舊臣 가문이던 진주강씨는 경상도 진주로 잠시 낙향한 것으로 전한다. 진주의 토착 성씨인 토성土姓이었던 진주강씨는 고향에 기반을 유지하면서 서울에서 벼슬살이했던 전형적인 상경종사上京從仕 가문이었던 것이다. 고려에서 조선으로의 대전환기에 잠시 진주로 피신한 진주강씨 계열은 조선왕조가 안정을 찾자 새로운 수도 한양으로 상경해 다시 벼슬길에 올랐다.

진주강씨 계열 중 봉화에 낙남한 강각의 선대는 조선 전기까지 경기도 고양, 시흥 같은 한양 인근에 경제적 기반을 가지면서 벼슬살이를 통해 사회적으로 활동했다. 진주강씨는 세종~연산군까지 왕실과의 인연을 바탕으로 강력한 정치적 기반을 형성하고 있었다. 강징姜澂(1466~1536년)은 세종의 동서가 되는 강석덕姜碩德(1395~1459년)의 재종손이었다. 또한 강맹경姜孟卿(1410~1461년), 강희맹姜希孟(1424~1483년), 강희안姜希顏(1418~1464년) 같은 비중 있는 인물을 배출하면서 조선 초기에 극성기를

구가했다. 강징의 외가 양천허씨 가문도 허종許琮(1434~1494년)과 허침 許琛(1444~1505년)과 같은 고위관료를 배출한 명가였다.

조선 전기에 진주강씨는 조선의 핵심 가문 중 하나로 부상하고 있었다. 강시 이후 고위 정치 관료라고 할 수 있는 3품 이상의 당상관堂上官을 20여명 이상 배출했을 뿐만 아니라 종실宗室이나 거족鉅族과 혼인으로 연결되어 명문가 지위를 누린 것으로 알려져 있다. 이처럼 강시 혹은 강징을 비롯해 조선 초기에 진주강씨 일족의 번성은 16세기까지 세간에 회자되었다. 조선 전기에 대제학을 역임한 정사룡鄭士龍(1491~1570년)은 "다른 성씨의 번성한 면모는 진주강씨에 비한다면 조금이라도 대등하다고 할 수 없다"라고 진주강씨의 극성을 평가하기까지 했다. 이와 같은 정치적 저력이 선대에 형성된 경기 일대의 토지로 대표되는 자산을 유지하거나 확충하는 데 긍정적으로 작용했을 것으로 추정할 수 있다.

17세기에 진주강씨 계열이 영남의 봉화로 이거하기 전까지 16세기 100여 년 동안 강징을 중심으로 한 가문의 인물들은 경기도 시흥과 파주 일대에 대한 경영을 확고히 했다(다음 쪽 〈그림 2〉 참조). 이와 더불어 벼슬살이를 위해 한양에 또한 거주하면서 시흥일대까지 기반을 확장하기도 했다. 강희맹은 15세기 말 장인 순흥안씨 안숭효安崇孝(?~1460년)로부터 전답을 물려받고, 그것을 "시흥에 있는 별도의 터전衿陽別業"이라고 칭했다. 이즈음 진주강씨 일족은 시흥 일대 선대의 분묘를 유지하면서 토지 등을 확보하고 있었다. 아들과 딸에게 동등하게 재산을 분재하던 관행이 작용한 결과였다. 진주강씨 뿐만 아니라 이 시기에 한양의 양반들은 인근 지역에 별도의 터전을 유지하고 있었다. 일례로 해주정씨는 왕실과 혼인한 강력한 가문의 배경으로 경기도 고양 일대에 선영을 유지하고 있었다.

조선 전기에 진주강씨가 고양과 장단 그리고 시흥이라는 지역과 맺은 인연은 조선 후기에 이 가문의 정체성과 사회적 입지를 결정짓는 계기로

그림 2 진주강씨 인물 중 조선 초기 강징부터 17세기 봉화에 정착한 강윤조까지의 가계

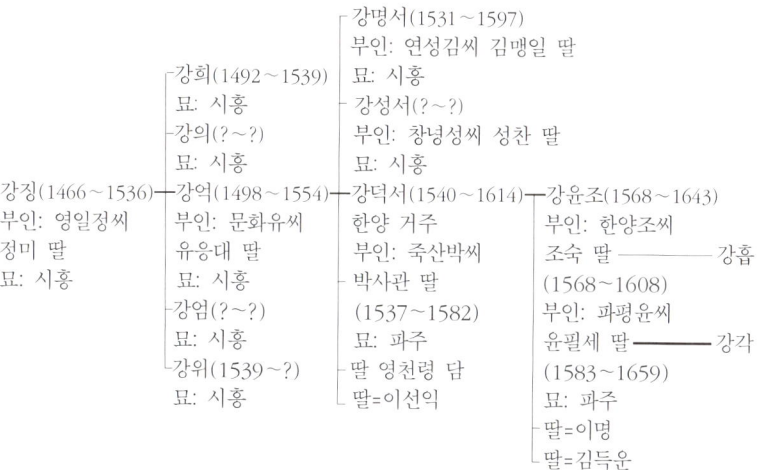

작용했다. 강억의 큰아들 강명서姜命瑞(1531~1597년)는 성수침成守琛(14 93~1564년) 및 이황李滉(1501~1570년)을 종유했다. 작은아들 강성서姜 聖瑞(?~?)는 창녕성씨 성찬成鑽(?~?)의 딸을 부인으로 맞이했으니, 성찬의 조부 성세정成世貞(1460~?)은 바로 성수침의 백부이자 성혼成渾(1535 ~1598년)의 종조부였다.

강억과 그의 아들 대에는 창녕성씨와 혼인을 통해 훗날 우율학파牛栗 學派 그리고 이황과의 학문적 인연으로 퇴계학파와 인연을 맺었다. 그러한 배경은 조선 후기에 학파와 정파의 분화에 따른 정치적 부침 속에서 진주강씨에게 중요한 의미가 있었다. 성혼을 중심으로 한 우율학파와 이황을 정점으로 형성된 퇴계학파 그리고 그와 연결된 서인과 남인의 정치적 성향과 관련해 그러했다. 이 점은 버저이 진주강씨가 퇴계학파 중심의 영남 남인 사회에서도 우율학파 성향의 정체성을 유지하는 데 기여했다. 그리고 어쩌면 이 점이 봉화 일대의 토지를 확보하고 관리하는 것은 물론이고 멀리 떨어져 있는 경기도 일대의 선영을 유지할 수 있었던 요인이었는지

도 모른다.

　16세기 말과 17세기 초에 진주강씨 일족은 시흥에 이어 파주와도 지역적 인연을 맺었다. 강덕서가 죽산박씨를 부인으로 맞이한 것이 계기였나. 죽산박씨 부인은 박사관朴思寬(1520~1592년)의 딸로, 선대 묘역은 파주와 교하 일대에 산재해 있었다. 강덕서 부부는 세상을 떠난 뒤 파주에 묻혔으며, 후손들도 파주에 거주했다. 그러한 사실은 강덕서가 처가로부터 토지로 상징되는 어떤 경제적 기반을 부인을 통해 전수 받았다는 사실을 암시한다. 뿐만 아니라 파주에 바로 성혼과 이이李珥(1536~1584년)의 기반이 있었다. 강덕서가 과거를 통해 출사한 후 이이를 따른 사실도 이와 관련이 있었다.

　진주강씨 일족의 봉화 입향은 강흡姜恰(1602~1671년)과 강각의 부친 강윤조姜胤祖(1568~1643년)의 결단이었다. 병자호란이 발발하자 강윤조는 부모의 유업을 유지한 채 봉화로 피난길을 떠났다. 병자호란 직후인 1637년(인조 15년) 1월이었다고 알려져 있다. 왜 하필 봉화였는지 이유가 정확하지 않으나 정사신鄭士信(1558~1619년)의 조카사위 권산기權山起(1561~1646년)의 농장이 법전에 있었던 점이 계기가 되었다고 전한다. 이와 더불어 한 가지 참고할 점은 강흡의 외가 파평윤씨 윤정尹涏尹涏(1589~1656년)이 병자호란 때 예천에 이거했다는 사실이다. 파평윤씨나 진주강씨 모두 일찍이 봉화 일대의 선비들과 어떤 인연이 있었고, 그러한 배경에서 정착지에 대한 정보나 실질적인 지원이 용이한 그곳에 복거卜居하기로 결심했다고 하겠다.

　버저이 강씨는 조선 전기에 경기도 장단, 고양, 시흥, 파주 일대에 토지나 선영을 경영하고 있었다. 이와 동시에 이 일대 유력 세력과 속칭 혈연, 지연, 학연으로 얽혀 있는 탄탄한 양반이었다. 1637년에 봉화에 정착한 이후 단번에 경기도의 기반을 버리고 영남에 집중했던 것은 아니다. 경기와 영남을 두루 유지하면서도 봉화에 정착하기 위해 실질적으로 토지를 사 모으고, 경영하며 관리하고 또 자손에게 분배해 모두 자립할 수 있도록 설계했다. 여기에는 경영의 지혜가 필요했다. 경영의 중심에 매매명문이나 입지 그리고 재산을 나누어 준 문서인 분재기가 있었다. 이들 고문서를 하나하나 읽어가면서 버저이 강씨의 영남 정착기를 파헤쳐 보자.

3 경상도 봉화에 땅을 사다, 토지 매매명문

버저이 강씨 가문은 16세기까지 경기도 일대 여러 곳에 거점을 마련하고 묘역도 조성하면서 일대 토지를 확보한 것으로 보인다. 그러나 양란으로 인한 혼란은 강윤조로 하여금 낙남을 결심하게 했다. 바야흐로 17세기 이후부터 진주강씨 일족의 영남 정착기가 시작되었으며, 이를 계기로 18세기 이후 '버저이 강씨'라는 사회적 이름을 획득할 수 있었다. 영남의 봉화에 정착하기 위해서는 지역 사회 엘리트와의 혼인이라는 혈연, 그리고 학문을 통한 이른바 학연이라는 중첩적인 그물망에 들어가는 것이 중요했다. 하지만 이를 위한 전제가 바로 삶이 안정되어야 한다는 점이며, 전민田民으로 알려진 토지와 노비의 확보가 필요했다. 특히 부동의 자산이라고 할 수 있는 토지, 즉 전답의 획득이 이들에게는 중요한 이슈로 부상할 수밖에 없었다.

봉화 입향 직후부터 전답 매매를 중심으로 한 경제 활동의 실상을 보여주는 자료가 있다. '전답매매명문'이 그것이다. 진주강씨 강각종가에 현재 전하는 고문서 중 입향 초기의 실태를 잘 보여주는 매매명문은 8점이다(〈표 1〉참조). 전답 매매를 둘러싼 인물 그리고 그들의 사연을 통해 입향 초기 봉화 일대의 분위기를 알 수 있고, 무엇보다 그렇게 형성된 자산의 전수 내용을 보여주는 분재기와 함께 살펴봄으로써 가정 경영의 지혜도 읽을 수 있다.

표 1 17세기에 봉화 진주강씨 강각종가에서 토지를 산 매매명문

번호	서력 (왕력)	방매 →매득	소유경위	매매사유	매매토지	매매물 소재지	매매가격
1	1634 (인조 12)	이생이 →서잠	없음	필요해서	논 1섬지기	단팔라들	목면 25필
2	1637 (인조 15)	김일원 →잉질복	조상전래	없음	밭 2섬지기	죄지동들	큰말 1필
3	1644 (인조 22)	안일흥 →어복	구매	급한 용도	논밭 3일갈이	안동 대전들	정목 12필
4	1644 (인조 22)	유벽수 →학지	구매	장례비와 수군비용	개간한 논 17짐5묶음 등	안동 무지들	목면 5필
5	1676 (숙종 2)	강찬 →심순	선친께서 별도로 줌	다른 곳의 땅 매득	논 24짐 2묶음	단파들	목면 10동
6	1688 (숙종 14)	분이 →봉이	남편 생전 분재	판자와 쌀, 목면 빌림	논 4마지기	안동 대전들	은 20냥
7	1694 (숙종 20)	무인 →안거사	조상전래	가난	밭 4마지기	법전들	동전 30냥
8	1698 (숙종 24)	거사 →상순	구매	생계곤란	밭 4마지기	법전들	동전 40냥

　　진주강씨가 봉화에 정착하는 1637년(인조 15년)을 전후한 시기에 작성된 2건의 전답매매명문이 있다. 1634년(인조 12년)과 1637년에 매매과정에서 각각 작성한 매매명문으로, 1번과 2번 자료이다. 1번 매매명문은 1634년에 서잠敍쑥이 이생이李生伊에게 1섬지기 논을 사면서 작성한 자료이다. 그는 경상도 봉화의 '단팔라들斷八羅員'에 있는 논을 큰 말 1필과 목면 8필로 값을 산정하고, 결재는 목면 25필로 했다. 이 매매명문은 강윤조가 봉화에 내려오기 이전에 작성된 것일 뿐만 아니라 서잠이 강씨의 종임을 밝히고 있지 않다. 따라서 강윤조 혹은 그의 두 아들 강흡 형제들의 경제 활동의 결과로 보기 어렵다.

2번 명문은 1637년에 홍진사댁의 종 잉질복仍叱卜이 백성百姓 김일원金一元에게서 묵밭 진황전陳荒田 두 섬지기를 사는 내용이다. 잉질복은 이 밭을 목면 5필 값으로 산정하고 값은 큰 말 1필로 지불했다. 이 매매에서 실제로 사는 사람은 잉질복의 상전인 홍진사댁이므로 진주강씨가 주인공이 아니다. 이 명문은 1번 사례와 같이 강씨 일족이 봉화에 정착하기 이전에 작성되었을 뿐만 아니라 사는 사람도 진주강씨 인물이 아니다. 다만 이들 문서가 강각종가에 남아 있는 사실을 적극 해석할 경우 강각 형제가 봉화에 정착하는 과정에서 획득한 문서와 함께 딸려온 구문기舊文記일 개연성이 있다.

3번과 4번 매매명문은 1644년(인조 22년)에 작성했으며, 모두 진주강씨가 봉화에 정착한 이후의 자료이다. 이 두 매매의 매득자 어복於卜과 학지鶴只는 모두 강생원댁 종으로 기재하고 있다. 강생원댁은 곧 강각을 암시하는 것으로 그가 봉화에 정착하는 과정에서 행한 토지 매매 활동의 결과물이 이 매매명문임을 알 수 있다. 다만 이 경우 호주에 해당하는 주호主戶는 강각이라고 할지라도 당시 그의 나이가 22세에 불과했으므로 주체적인 경제 활동을 했다고 보기에는 한계가 있다. 부친 강윤조가 세상을 떠난 직후이므로, 실질적 주체는 어머니인 파평윤씨 부인이라고 볼 수 있다. 봉화 입향 초기 파평윤씨 부인이 가계를 꾸리고 있었던 것이다.

강각과 어머니 파평윤씨 부인은 안동부 춘양현春陽縣 서면에 소재한 개간한 논과 밭 그리고 묵은땅인 진황지陳荒地를 3번과 4번 매매명문으로 확보했다. 토지를 사는 과정에서 드러나는 파는 사람들의 사회적 지위와 매매하게 된 사유를 통해 그의 매매 활동의 단면을 엿볼 수 있다. 토지 판매자는 양반층에 미치지 못하는 인물들이었다(〈표 1〉 참조). 안일홍安日興은 봉화 인근 순흥부의 양반인 순흥안씨로 적극 해석한다 하더라도 증인으로 참여한 사람들은 무관직인 초관哨官이었다. 유벽수兪碧守도 기술직인 장인匠人이었고 함께 참여한 사람들도 무관직인 수군水軍이나 하급 관료인 사고직史庫直으로 구성되어 있었다. 강각은 양반이 아닌 사회적 하층인과의 매매 행위이기에 종으로 일을 대행하게 했다. 안일홍이나 유벽수 등이 토지를 팔게 된 계기는 긴급한 소용이나 장례, 혹은 군인 복무 비용 마련이었다. 그들의 경제적 배경이 취약했음을 암시한다. 강각은 사회적으로나 경제적으로 배경이 취약한 인물로부터 개간지나 묵은 토지를 확보하고 있었다.

강각의 아들 강찬姜酇(1647～1729년)이 매매를 행한 명문이 남아 있다. 봉화에 정착한 후 한 세대가 지난 1676년(숙종 2년)에 이루어진 매매가 5번이다. 유학 강찬은 유학 심순沈楯(?～?)에게 24짐 2묶음의 논을 파는 매매명문을 작성해 건넸다. 그는 토지를 파는 이유가 '단파丹坡員들'에 있는 밭을 팔고 다른 곳의 토지를 사는 '이매타처移買他處'라고 적었다. 매매 대상 토지는 아버지로부터 분재 받은 것이었다. 이 매매를 통해 몇 가지 사실을 알 수 있다. 강찬이 판 토지는 17세기 초반에 아버지 강각이 매득한 것이라는 점 그리고 17세기 후반 강찬이 그것을 팔았다는 점이다. 뿐만 아니라 결국 이후 어느 시점에 강각종가의 누군가가 그것을 다시 매입하면서 문서가 현전하게 되었다는 사실이다. 이처럼 봉화 정착 초기에 강각종가의 인물들은 토지를 사고, 팔고 다시 사는 적극적인 토지 매매 활동을 전개하고 있었다.

5번 문서가 지닌 형태적 특징에도 주목할 필요가 있다. 이 문서는 1634년의 1번 명문에 종이끈인 지승紙繩으로 함께 묶여 있다. 그리고 매매 대상 토지의 위치가 '단팔라원'과 '단파원'으로 발음이 비슷한 점도 주목할 부분이다. 이들 단서는 1번 매매명문이 5번의 구문기로 강찬이 심순에게 건넸다가 후대에 같은 땅을 사는 과정에서 다시 돌려받았을 개연성을 보여준다. 매매에서 대상 토지와 관련해 예전에 형성된 명문을 구문기라고 하며, 구문기는 매매할 때 새로 작성한 신문기와 함께 매득자에게 건네는 것이 조선시대 매매의 일반적 관행이었다.

17세기에 진주강씨의 토지 확보 사연을 상세하게 담은 매매명문이 있다. 1688년(숙종 14년)에 강생원댁의 종 봉이奉伊가 논을 산 6번 매매명문이 그것이다. 이 문서는 사노로 막금의 처였던 평민 신분의 분이分伊라는 여인이 강생원댁의 종 봉이에게 논을 팔며 작성한 것이다. 강생원댁의 주인공은 강찬이었다. 왜냐하면 봉이는 1645년(인조 23년)에 강찬의 아버지 강각이 어머니 파평윤씨 부인으로부터 별급 받은 종이었으며, 강각이 세상을 떠나고 40세의 강찬이 집안 경제의 주체로 활동했기 때문이다. 이로 미루어 본다면 현전하는 매매명문 중 3번, 4번은 강각의 직접적 매매 활동 결과물이고, 5번과 6번은 그의 큰 아들 강찬이 매매 활동을 한 내용이다. 이들 토지는 모두 행정적으로 안동에 소재한 것이었으나 사실 봉화와 인근 지역에 산재하고 있었으므로 거주지 인근에 토지를 사서 안정적인 경영을 도모한 결과물이었다.

6번 매매명문에는 여느 문서와 달리 17세기 후반의 매매와 관련된 주변 사정을 자세히 밝히고 있다.

저의 지아비 막금莫수이 지난해 6월에 뜻하지 않게 죽었습니다. 그런데 장사를 치르기 위해 필요한 관을 만드는 판자, 쌀과 면포 등의 물건을 갑자기 준비할 상황이 아니었습니다. 그런데다가 마침 큰물이 불어나 가까운 데도 다니기 어려워져서 멀거나 가까운 곳에서 그것들을 주선할 길이 없어 더욱 민망했습니다. 그러한 때, 저는 저의 상전댁에서 판자 1부와 백미 20말, 암소 1마리, 대동목 4필, 보목步木 5필을 빌려 썼습니다. 형세로 보건데 마땅히 그것들을 진작 갖추어 상전께 납입해야 했습니다. 그런데 의지할 데 없는 과부가 어린 자녀를 데리고 아침저녁으로 살아가기 경황이 없다보니 달리 준비해서 갚을 방도가 없었습니다. 그래서 조금 있는 논과 밭을 싼 값에라도 팔아 보상할 계획을 세웠지만 이마저도 또한 쉽지 않아서 자꾸 미루다가 그만 해를 넘기고 말았습니다. …… 이 논은 시아버지인 예복禮卜이 살아 계실 때 사신 것으로 춘양현의 서면 달전들達田員의 려자麗字 지번으로 양안에 올라 있는 179번째 논으로 10마지기 17짐 3뭇음의 소출을 낼 수 있는 규모입니다. 그것은 경술년庚戌年 흉황이 들었을 때 엄수남嚴守男에게 빌려준 것 중 받지 못한 것을 정리하기 위해 그의 호자號字 지번의 논과 서로 맞바꾼 것입니다. 그때 문서를 작성할 때 제 지아비의 큰형 모르쇠毛老金가 문서를 작성했었지만 저의 남편 막금이 시아버지로부터 분재 받은 땅입니다.

분이가 토지를 팔게 된 직접적 사연은 남편이 상전댁에서 빌린 물종에 대한 상환에 있었다. 더욱이 그녀는 남편 막금이 세상을 떠나자 장례에 필요한 관을 만드는 재료와 음식물을 빌리게 되었으며, 빌린 곳은 바로 남편의 상전인 강생원댁이었다. 분이는 평민 여성인 양녀良女임에도 불구하고 남편이 사노私奴임에 따라 강생원댁을 상전으로 인식하고 있었다. 그녀는 남편의 초상에 필요한 물품을 상전으로부터 빌린 후 상환하기 위해 남편의 토지를 팔게 되었다. 해당 토지는 시아버지 예복이 1670년(현종 11년)에 있은 이른바 '경술흉황' 때 엄수남에게 채무를 받기 위해 확보한 논이었다. 엄밀히 말하면 가치가 떨어지는 예복의 땅과 그가 필요로 하는 엄수남의 땅을 서로 바꾼 것이었다. 당시 문서는 비록 남편의 형이 작성했지만 남편이 분재 받아 소유하고 있었다. 이것을 이제 상전댁에 대한 채무 변제를 위해 팔았다. 이 매매명문은 비록 하나의 사례이지만 17세기 후반의 흉황과 상장례 비용 마련을 위한 토지 매각의 실태를 잘 보여준다. 그리고 진주강씨가 법전을 중심으로 인근의 토지를 확보하고 있었음을 알 수 있다.

17세기 후반의 매매명문 중 진주강씨 집안의 인물이 매득자로 파악되지 않는 것은 7번과 8번이다. 이 두 매매명문은 지승紙繩으로 묶여 있어 서로 관련이 있는 자료임을 암시한다. 1694년(숙종 20년)과 1698년(숙종 24년)에 각각 작성된 이 문서들은 토지 소재지가 일치하고 매매자가 서로 연결되어 있다. 땅은 봉화의 법전들에 있는 4마지기 밭이었다. 이 밭의 매매 관계를 보면, '사노私奴 무인戊寅→안거사安居士→장생원댁張生員宅 호노戶奴 상순尙順'으로 거래가 이어진 것을 알 수 있다. 법전들의 4마지기 논을 무인의 상전이 갖고 있다가 안거사에게 팔았으며, 안거사는 다시 장생원댁에 이전한 것으로 볼 수 있으므로 7번은 8번의 구문기가 된다. 정확히 알 수 없지만 이 명문들은 18세기 초 진주강씨가 법전의 땅을 사면서 다시 구문기로 획득한 결과일 가능성이 매우 높다.

현재 남아 있는 17세기 매매명문은 8점으로 진주강씨의 봉화 입향 시기의 토지 매매 활동을 확인하기에는 제한적이다. 그럼에도 불구하고 강각과 강찬 부자에 의해 17세기 중엽 이후 봉화 법전을 중심으로 인근 안동 등지의 밭을 사들이고 있었음을 알 수 있다. 그렇게 확보된 토지를 대상으로 이제 진주강씨 강각종가에서는 관청으로부터 입지를 발급받아 소유권을 확보하려는 노력을 기울였다.

4 소유권 확보를 위한 관권, 입지

새로 사들인 혹은 소유한 논과 밭에 대한 소유권을 관청으로부터 확인받음으로써 토지 관리는 물론 재산에 대한 침해를 방지할 필요가 있었다. 토지나 노비에 대한 소유권은 조선 전기까지만 해도 매매 문서와 민원서류를 갖추어 제출하면 관청에서 사실을 확인해 내용을 공증해주는 입안立案 제도를 통해 확보할 수 있었다. 입안을 받기 위해서는 매매가 이루어진 다음 매매 계약 체결에 관련 있는 파는 사람, 사는 사람, 증인 2~3명 그리고 문서 작성자가 모두 관청에 출두해 사실을 진술해야 했다. 그런데 입안 발급 과정에서 일종의 수수료가 남발되면서 원성이 높아지는 문제가 있었다. 이런 폐단을 대체하기 위해 등상한 것이 간략한 입안에 해낭하는 입지立旨였다.

조선 후기부터 입안을 대신해 전답에 대한 소유 여부를 확인해주는 민원서류인 소지所志에 곧바로 사실을 확인해주는 입지 발급이 성행하기 시작했다. 숙종 재위 기간(1674~1720년)부터 구문기를 확보하지 못한데 따른 매매 분쟁에 대비하는 차원에서 입지를 발급받는 관행이 시작되었다. 그러던 것이 1730년(영조 6년) 이후부터 관청의 확인을 받지 않고 문서만 수수하는 백문기白文記 거래가 성행하기까지 했다. 봉화의 버저이 진주강씨 강각종가의 자료 중 그러한 전환기적 상황을 반영한 입지 자료가 있다.

표 2 17세기 봉화 진주강씨가문에서 토지소유권을 확인 받은 문서 입지 현황

번호	서력 (왕력)	신청자	발급처	신청 사연	있는 곳	규모	입지 발급
1	1675 (숙종 1)	종 봉이	봉화현	주인 없는 묵은땅 개간	수천들, 율곡들	54짐 4묶음	발급
2	1690 (숙종 16)	종 봉이	파주목	다시 되찾아 갑을 주도 무름	자곡면 둔전동리	42짐 1묶음 등	발급
3	1690 (숙종 16)	종 봉이	봉화현	개간해서 갈아먹고 있음	수천들 율곡들	54짐 4묶음	발급
4	1697 (숙종 23)	유학 강찬	봉화현	점유해서 얻은 산지	잉고리 마전동	산지	발급
5	1698 (숙종 24)	종 의경	봉화현	다시 무르고 되찾아 경작 중	오연들	12마지기	조사요망
6	1699 (숙종 25)	종 의경	순흥부	수습해서 나중에 확인하기 위해	단파라들	1짐 5묶음	발급

진주강씨 강각종가에 현전하는 자료 중 매득한 혹은 확보한 토지에 대한 소유 증명을 요청한 소지와 확인을 받은 입지가 6건 있다(〈표 2〉 참조). 1675년(숙종 1년)~1699년(숙종 25년)에 이르는 24년 동안 강각종가에서는 매득한 토지가 소재한 고을에 민원을 제기하고 입지를 발급받았다. 이 시기는 제한적이기는 하지만 토지 매매명문의 사례에서 볼 수 있듯이 매매가 이루어진 이후 후속조치가 이루어진 의미가 있다.

입지 또는 입지 발급을 목적으로 소지를 신청한 사람은 진주강씨의 노奴 봉이奉伊와 노 의경儀京 그리고 유학 강찬이었다. 두 명의 종이 강각 소유임을 볼 때, 입지를 발급 받기 위한 노력은 버저이 강씨 중 강각의 아들 강찬이 주도했음이 분명하다.

강찬은 먼저 법전 마을이 있는 봉화현의 토지, 특히 묵밭인 진전陳田의 개간 과정에서 발생한 소유 문제를 해결하고자 했다. 노 봉이가 강찬을 대신해 봉화현에서 발급받은 입지 1번과 3번은 동일한 토지의 진전 문제를 다루고 있다. 1번은 1675년에 강찬이 주인 없는 묵은 밭인 '무주진황전無主陳荒田'에 대해 발급받은 입지이다. 내용은 경상도 봉화현의 서면 금야리金也里 인근의 분묘 아래 묵은 밭이 있었는데, 그것에 대한 소유 사실을 피력하면서 인근의 수천들水泉員과 율곡들栗谷員에 있는 주인 없는 황무지에 대해 개간할 수 있는 권한을 요청한 것이다. 강찬은 『경국대전』에서 '3년이 넘은 묵밭은 다른 사람이 신고한 후 경작할 수 있다'는 조항을 근거로 봉화현감으로부터 입지를 확보했다. 그는 주인 없는 황무지 또는 묵밭에 대한 경작을 허가하는 입지 1번을 발급받아 경작한 후 토지를 확보하려는 계획이었다.

황무지 또는 묵밭에 대한 경작을 허가하는 입지를 받았으나 그 역시 3년이 넘도록 개간하지 않으면서 문제가 되었다. 다른 사람에게 소유 및 경작 허가가 넘어갈 수 있었기 때문이다. 강찬은 노 의경으로 하여금 다시 소지를 올려 입지를 발급 받았다. 1690년(숙종 16년)에 발급된 입지 3번의 내용은 그와 관련되어 있다.

저의 상전은 조상의 묘지가 봉화현 서면의 금야리金也里 백전栢田에 있어 묘지기를 두어 이 묘와 땅을 지키도록 했습니다. 그런데 최근 들어 아주 작은 토지라고 할지라도 너무 귀해서 돈을 주고도 살 길이 없는데다가 생계를 이어가기에도 빠듯해 형편이 말이 아닙니다. …… 상전님의 선대 산소 아래 수천들 개자改字에 등록되어 있는 5등급 땅인 오래 묵은 묵밭 3결結로 34짐 9뭇인 곳과 율곡들의 개자에 올라 있는 6등급의 오래 묵은 묵밭 19짐 5뭇음은 모두 주인 없는 묵은땅입니다. 그런데 모두 갑술년 양안量案에 등록되어 있습니다. 오래 묵은땅은 새로 경작하는 사람을 주인으로 해준다고 하는 법령이 법전에 있으므로 이 두 곳을 개간해서 갈아 먹을 수 있도록 입지를 발급해 주시길 각별히 요청 드립니다.

강찬은 1690년에 3번 입지를 발급받아 15년 전과 동일한 토지에 대해 소유권과 경작권을 확인받았다. 1675년에 주장한 '무주진황지'에 대한 '개간경식'이라는 법전의 근거를 스스로 지키지 못했기 때문이다. 강찬의 지시를 받은 봉이는 상전이 묘지기를 두고 분묘도 수호하면서 지난번에 입지를 받은 토지도 관리할 계획이었음을 강조했다. '관리'라고 쓰고 '개간'이라고 암시했다. 더불어 땅값이 오른 상황에서 개간할 곳도 마땅하지 않자 입지를 받아 놓고도 경작하지 않는 강찬의 상황에 대해 누군가가 이의를 제기했음을 은연중에 알 수 있다. 이런 분란에 대처하는 차원에서 15년 전에 입지를 받아둔 토지에 대해 강찬은 다시 한 번 봉화현에 입지를 요청해 소유를 유지 혹은 강화하려고 했다.

조선 전기에 주인 없는 땅 또는 묵밭으로 주인이 관리하지 않는 토지를 일구어 크게 부를 축적한 부류가 많았다. 대표적 사례가 15세기의 이황 할아버지 이계양李繼陽(1424~1488년)으로, 그는 처가가 있던 예안에서 산간의 주인 없는 땅을 노비를 동원해 개간하고 부를 축적했다. 그것이 결국 이황의 성취에 밑거름으로 작용했다. 17세기 초 봉화의 진주강씨 계열도 매매와 동시에 입지의 사례에서 볼 수 있듯이 유사한 방법으로 단기간에 토지 확보를 시도했다. 그들도 분묘를 중심으로 인근의 산지와 토지를 점유하고 입지를 통해 소유를 확보하고자 했다. 그러한 사례는 1697년(숙종 23년)에 유학 강찬이 봉화현감에게 입지를 요청한 4번 소지에서 확인할 수 있다.

> [저는] 잉을고리芿乙古里와 마전동麻田洞 두 동네 사이에 있는 이 땅을 10여 년 전에 차지해서 얻었습니다. 이 산은 바로 제가 사는 집과 묘지가 있는 곳 맞은편에 있는 산과 서로 아주 가까운 거리입니다. 요즘 혼란한 시절에 주위 사람들의 인심이 좋지 않아 사람들이 남의 땅을 거리를 따지지 않고 함부로 차지하려 합니다. 그러므로 나중에 증빙으로 삼기 위해서 필요하오니 입지를 발급해주십시오.

강찬은 봉화현의 동면에 있는 산지를 1687년 즈음에 경위는 정확히 밝히고 있지 않으나 자기가 차지했다고 강조했다. 그리고 1번과 3번 입지에서 지금의 이 토지가 묘지와 관련이 있음을 암시했다. 또한 입지가 급한 이유도 묘지 인근의 묵은땅을 둘러싸고 경쟁이 촉발되고 있었기 때문이라고 서술하고 있다. 강찬은 입지를 발급받아 선대의 분묘가 있는 곳과 거주지 인근의 토지를 안정적으로 확보할 수 있었다.

주인 없는 땅 또는 묵은땅을 개간하거나 경작하기 위한 목적 외에도 토지 매매를 둘러싼 혼란을 방지하기 위해서도 입지를 발급받았다. 강찬은 1699년(숙종 25년)에 본인이 소유한 순흥의 논과 봉화의 땅을 서로 바꾸었다. 그리고 상환相換 한 매매 결과에 대한 소유를 확실히 하기 위해 입지 6번을 발급받았다. 민원을 신청한 인물은 그의 노 의경이었다.

저의 상전 강찬은 집에 가까우면서 경작이 편리한 땅을 확보하기 위해 땅을 상환했습니다. …… 바꾸어 준 사람은 이웃에 사는 심대구댁沈大丘宅입니다. 그런데 이 과정에서 심대구댁에 판 논 중 북쪽변에 추가로 개간한 논 가답加畓 1짐 5묶음은 대상이 아니었습니다. 그랬는데 심대구댁이 나중에 봉화에 사는 홍생원댁洪生員宅에 이것을 다시 팔면서 혼란이 발생했습니다. 홍생원댁에서는 심대구댁에서 산 토지 중 본디 대상이 아니었던 가답도 산 것으로 간주하고 그것을 확보하려고 했습니다. 그래서 저의 상전이 분명하게 심대구댁과 상환하는 문서에 그 내용이 들어 있지 않음을 말하고 되찾았습니다. 그런데 혹시 이런 일로 인해 나중에 혼란이나 분쟁이 있을 수 있으므로 그것에 대비하기 위해 입지 발급을 요청합니다.

강찬은 순흥부에 있던 논 중 양안에 '위자'가 올라 있는 것 일부를 매매했다. 그런데 나중에 그것을 획득한 심대구댁이 다시 홍생원댁에 되파는 전매를 하게 되면서 강찬은 근심이 늘었다. 그는 단팔라들의 논 중 자기가 개간한 가답은 판 것이 아닌데 홍생원이 자기 것으로 간주하려 한다고 생각했기 때문이다. 자칫 홍생원댁에서 개간한 것이라고 주장하며 입지를 발급받을 수도 있었다. 그러므로 강찬은 상환하는 문서, 즉 상환명문相換明文에 이 땅이 포함되지 않았으므로 그 땅은 여전히 자기 소유임을 주장하고 입지를 확보했다. 이 과정에서 상환명문을 대조 및 확인하는 절차가 있었을 것이다.

묵은 밭이나 황무지 개간 토지에 대한 확보를 목적으로 한 관청의 입지 외에도 토지를 지키기 위해 관의 힘을 동원하기도 했다. 매매 과정의 혼란이나 분재 토지의 관리로 인해 문제가 촉발되는 사례가 있었기 때문이다. 토지 소유권 증명 과정에서 매매명문의 중요성을 보여주는 사례가 있다. 5번은 입지를 요청한 소지이다. 강찬은 외삼촌댁인 홍찰방댁으로부터 분재 받은 토지와 관련한 소유권 혼란에 대해 매매명문을 근거로 해결하려고 했다. 이를 위해 1698년(숙종 24년)에 봉화현에 5번의 소지를 제출했다.

> 봉화현 동면東面의 돌고개乭古介에 있는 오연들吳䜩員의 일자日字 100번 논으로 양안에 올라 있는 8짐 3뭇음과 101번 논인 17짐 등은 저의 상전댁 땅입니다. 그런데 상전의 외삼촌집洪察訪宅이 땅을 파는 문서에는 일찍이 돌고개에 사는 손몽청孫夢淸의 아버지 손몽수孫夢守라는 사람에게 파는 내용을 상세히 살필 수 없었습니다. 처음 매매하기에 앞서 매매 위임장인 패자牌子의 내용에는 100번 논은 아래쪽에 있으면서 4마지기 3짐의 땅이 문서에 기록되어 있었고, 101번 논은 위쪽에 있는 것으로 8마지기 16짐 6뭇음으로 기록되어 있었습니다.
> 사실 매매하고 작성한 문서인 매매명문의 내용에는 8마지기의 논만 기록되어 있을 뿐 4마지기 논은 확인할 길이 없습니다. 이런 까닭으로 4마지기 논에 대해 되돌려 받는 환추還推를 할 생각으로 사실 확인을 위해 손몽수의 자손을 찾아가서 좀 더 알아보았습니다. 그랬더니 손몽수의 손자 손태백孫太白과 손의현孫儀賢 등이 그제야 사실을 말했습니다. 처음 이 논을 살 때 손몽수와 그의 딸이 값을 함께 모아서 샀으며, 딸은 충청도의 영춘 지방에 가서 살다가 걸식하며 떠돌고 있어 어디에 있는지 모른다고 합니다. 그래서 이 논을 살 때 작성한 문서는 지금 어디에 있는지 알 수가 없다고 합니다.
> 과연 사실이 이와 같다면 다섯 달 전에 홍찰방댁의 종이 내려와서 이들에게 이리저리 물을 때 왜 부녀가 함께 땅을 샀다고 말하지 않았는지 의문입니다. 게다가 매매명문의 내용에 두 사람이 나누어 샀다는 분매分買라는 말이 없는지도 이

상합니다. 게다가 손자 손태일 등은 처음 논을 살 때 초안을 잡은 초명문草明文을 본인들 주장을 뒷받침할 증거라고 상전에게 가져와 보였습니다. 그런데 거기에는 4두락과 8두락의 두 논이 모두 게재되어 있었지만 정식으로 최종 작성된 명문인 성명문正明文에는 오직 8두락의 논만 기록되어 있었습니다.

손몽수의 손자 손태일과 손의현 등의 이야기가 앞뒤가 맞지 않고 서로 다릅니다. 게다가 이런 논란에서 중요한 것은 문서에 따르는 것이 당연합니다. 그런데 저들이 갖고 있는 문서에는 내용의 차이가 있거나 잘못된 곳이 많은데다가 분매했다고 하는 문서는 손몽수의 딸이 떠돌게 되면서 찾기 어렵다고 하니, 그 말도 곧이곧대로 믿기가 어렵습니다. 이 8두락의 논은 장차 돈을 내고 다시 무르고, 팔지 않은 4두락의 논은 관에서 입지를 발급해 주시면 다시 되찾아 경작하고자 합니다. 입지를 발급해주십시오.

강찬은 외삼촌댁의 봉화 토지를 차지하고 경작하고 있었다. 분재를 통해 확보했을 것으로 추정되는 이 땅의 일부 소유가 모호한 부분이 있었다. 왜냐하면 외삼촌이 자신에게 분재한 땅을 판 것으로 추정하고 있었기 때문이다. 그러므로 그는 외삼촌이 판 것이 확실시되는 8두락의 논은 값을 주고 물리는 환퇴還退를 실현하고, 매각한 것이 분명하지 않은 4두락 논에 대해서는 순흥부에서 입지를 발급받아 되찾고자 했다.

주장을 뒷받침하기 위해 강찬은 종을 동원해 당사자들을 수소문하는 것은 물론 매매와 직접 관련 있는 문서도 확인했다. 외삼촌댁에서 토지를 판 손몽청과 손몽수 그리고 손몽수의 손자들을 두루 찾아 매매 정황에 대한 정보를 추적했다. 그 결과 매매 참여자가 다수 관련되었다는 사실과 그들 진술의 일관성이 부족하다는 주장을 지속적으로 강조했다. 뿐만 아니라 그렇게 수소문하는 과정에서 확보한 매매 위임장인 패자牌子, 매매 문서 초안인 초명문草明文 그리고 매매가 확정된 정명문正明文을 확보하고 상호 대조했다. 매매에 관여한 사람의 행방을 몰라 분매와 관련한 문서를 확보할 수 없다는 세세한 정황 증거도 낱낱이 기술했다.

문서 확보와 진술을 재구성해 순흥부에 제출한 소지에는 강찬에게 유리한 해석과 정보로 가득하다. 그만큼 이 토지를 확보하고자 했던 그의 강한 의지를 반영하고 있다. 그럼에도 불구하고 그가 가장 중요한 논거로 제시한 것이 바로 토지 매매 당시 작성했다고 주장하는 명문이었다. 그것을 근거로 결국 4두락은 외삼촌과 손몽수 사이의 매매에서 제외된 것이라고 주장할 수 있었다. 그의 적극적 노력에도 불구하고 순흥부에서 입지를 발급해 주지는 않았으나 이 사례는 전답 확보와 관리 과정에서 매매명문의 중요성과 입지의 역할을 잘 보여준다.

분재 과정에서 잘못 매매된 토지를 되찾기 위한 노력이 있었다. 강찬은 봉화 인근 토지에 대한 확보와 관리는 물론 선대의 유업이 남아 있는 파주의 선영과 토지도 수호했다. 2번은 1690년(숙종 16년)에 파주의 선영 인근 토지에 대한 소유를 관청으로부터 확인 받은 입지이다.

파주에 있는 토지는 모두 양반의 종인 돌동乭同이라는 이름으로 양안에 분명히 기록되어 있습니다. 이들 토지 중 일부는 저의 상전댁에서 조상 대대로 분재를 통해 내려오는 것이고 어떤 것은 사서 확보한 것이었습니다. 그러던 중 상전의 일가 중 한명이 내역을 잘 살피지 않고 자기 몫으로 얻어 금득衿得 한 땅으로 알고는 그만 다른 사람에게 파는 토지에 섞어 넣고 말았습니다.
저의 상전님은 먼 영남에 살고 있기 때문에 가끔씩 오고 가기는 했으나 자주 와서 살펴볼 겨를이 없었습니다. 그러다가 이제야 자세한 내용을 알게 되었습니다. 이 논과 밭 중 비록 일가 사이에 분재를 통해 몫을 나누었더라도 상전의 선산 가까운데 있는 땅을 다른 사람에게 함부로 척매斥賣하는 것은 바람직하지 않습니다. 그리고 그럴 경우 비록 팔았더라도 매매값을 주고 다시 무르는 환퇴가 당연히 통용되는 규범입니다.

상전은 영남이 천리가 넘는 먼 길로 이 일에 일일이 대응하기 힘듭니다. 게다가 이처럼 인심이 사나운 시기에 만일 관청의 판결을 제대로 받아놓지 않는다면 반드시 산 사람과 다툼이 벌어질 것입니다. 그러하니 이 논과 밭 중 잘못 판 것은 다시 돌려주는 환추還推 처분을 해주시고 만일 값을 주어야 한다면 값을 주고 환퇴할 수 있도록 입지를 발급해 주십시오.

입지 2번은 파주의 둔전동리 인근에 있는 42짐 이상의 논과 밭에 대해 강찬이 종 운이雲伊를 대행시켜 민원을 제기한 결과이다. 운이는 일단 상전이 영남에 거주하는 관계로 파주 지역의 토지를 면밀히 관리하지 못하는 불리한 상황에 있음을 서술했다. 이 때문에 일가 중 누군가가 실수로 토지를 잘못 팔면서 그것을 되찾기 위해 민원을 제기하게 되었다고 호소했다. 그리고 운이는 그것이 상전 선산이 있는 인근의 토지임을 강조했다. 유교적 관점에서 분묘 관리가 중시되는 사회에서 선산과 관련한 토지는 수호의 관점에서 가치가 부여되었다. 그러한 시대적 분위기에서 상전의 선대 묘역 인근 토지가 잘못 매매되었으므로 값을 주고 다시 무르거나 강제로라도 되찾을 수 있도록 입지를 발급 받을 수 있었다.

진주강씨 강각종가에서는 17세기 전반 봉화에 정착하기 위해 토지를 샀으며, 17세기 후반에는 묵은땅 등에 대해 관청의 입지를 바탕으로 땅을 확보했다. 묵밭의 경우 매매명문과의 관련성이 직접적으로 드러나지 않으나 문서 중에 황무지에 대한 매매가 언급되고 있으므로 강각종가와의 관련성을 알 수 있다. 그리고 입지를 통해 보유한 토지의 소유를 확립하기 위해서도 매매나 분재와 관련한 내용이 중시되었으며, 이 과정에서 매매명문이나 분재기가 동원되었다.

5 논과 밭의 전래 흔적, 분재기

17세기에 경기도에서 봉화로 정착한 진주강씨 일족, 즉 강각을 중심으로 한 일가는 17세기 전반에는 토지 매득 활동 그리고 17세기 후반에는 관으로부터 입지를 발급 받아 땅을 확보했다. 경제 활동으로 봉화 일대의 논과 밭을 확보하기도 했으나 가족관계 속에서 분재를 거쳐 전답을 전수받는 경로가 또한 있었다. 분재기는 그러한 사정을 보여주는 자료이다(〈표 3〉 참조).

표 3 17세기를 전후한 시기의 토지의 분재 내용과 관련한 분재기

번호	서력(왕력)	분재성격	분재재산 출처	분재 받는 사람들	분재 전답이 있는 군현	참고내용
1	1635 (인조13)	화회	파평윤씨 윤필세	파평윤씨 3남매	남부, 안악, 교하, 장단	봉사조 있음
2	1645 (인조23)	별급	어머니 파평윤씨	강각	봉화, 안동	집터와 초가집 있음
3	1662 (현종 3)	화회	어머니 파평윤씨	강각 3남매	교하, 안악	봉사조 있음
4	1662 (현종 3)	화회	강윤조 부부	강각 6남매	배천, 교하, 파주, 안성, 양성, 양주	봉사조 있음, 분재기 초안
5	1663 (현종 4)	화회	홍욱 부부	남양홍씨 6남매	직산, 아차산	봉사조 있음
6	1701 (숙종27)	추가 화회	강윤조 부부	강각 6남매	양주, 교하	1662년 분재 뒤 다시 화회
7	1706 (숙종 32)	화회	강각 부부	강찬 3남매	봉화, 순흥, 교하 양주, 안동, 춘양	묘위토 있음
8	1712 (숙종38)	별급	강재주	장자의 아내	안동, 봉화	

진주강씨 강각종가의 분재기 중 자녀에게 별도로 재산을 나누어 준 별급의 결과물인 별급문기別給文記는 2점이고 나머지는 부모가 돌아가신 뒤

자식들이 재산을 분배한 화회문기이다. 분재 방식과 그것을 반영한 문서의 특징으로 볼 때 분재기는 17세기에 봉화에 정착한 진주강씨의 토지 확보와 전래의 실상을 살필 수 있는 기회를 제공한다.

화회분재기를 대상으로 할 경우 17세기까지 진주강씨의 토지는 강윤조와 강각이 처가 파평윤씨와 남양홍씨로부터 전래 받은 것 중심이다. 그리고 이들 토지는 선대의 기반이 있는 파주와 교하를 중심으로 한 경기도와 황해도 일대에 산재해 있었으며, 그것들을 강윤조 부부가 자녀에게 분재하고 있었다. 그리고 강각과 강찬 부자에 의한 토지 매매와 황무지에 대한 입지를 통해 확보된 것으로 추정되는 토지는 18세기 초에 다시 아들과 손자에게 전수되었다. 이 사실은 각 분재기에 대한 분석과 분재와 관련된 인물 간의 정보에서 확인할 수 있다. 17세기를 전후한 시기 작성된 8점의 분재기와 관련한 인물의 관계를 정리하면 〈그림 3〉과 같다.

그림 3 진주강씨 분재기에 확인되는 인물사이의 관계도

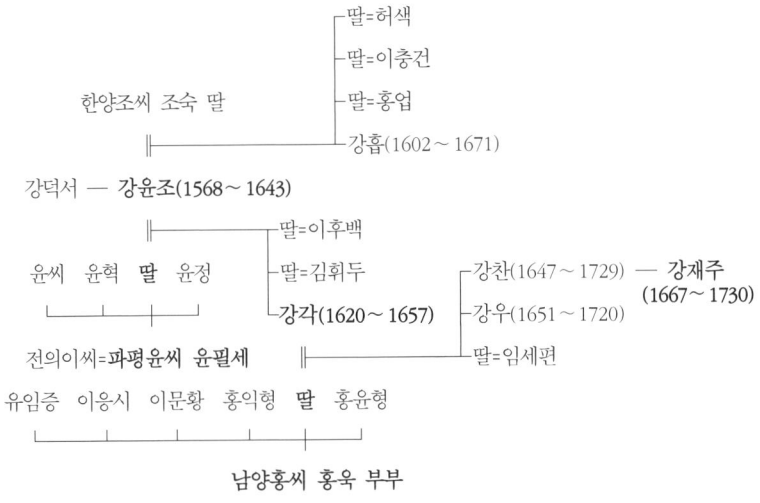

* 진하게 표시한 인물은 재주이다. '='는 혼인관계를 나타낸다.

분재기에 확인되는 인물들 사이의 관계를 염두에 두고 각 분재기를 차근차근 살펴보자. 1번은 진주강씨가 봉화에 내려오기 전에 작성한 자료로, 1635년(인조 13년) 강윤조가 처를 대신해 처가의 화회분재에 참여한 분재기이다. 그는 처가의 장인 파평윤씨 윤필세尹弼世(?~?)와 장모 전의이씨가 세상을 떠나고 이루어진 화회분재에 참여했다. 분재 자리에는 처남 윤정尹娗(1589~1656년)을 비롯한 세 명이 참가했다. 분재 서문에는 당시의 분위기가 잘 담겨 있다.

조상님으로부터 전해서 물려받은 노비와 논과 밭 등과 관련해 제사를 지내기 위해 별도로 설정한 봉사조를 헤아려 제외한 나머지를 각각 나누어 가진다. 그런데 어머니께서 관리하는 노비와 전답은 아직 몫을 나누지 못했다. 그러하니 먼저 가능한 아버지 소유의 노비와 전답에 대해 몫을 각기 의논해 나눈다. 그리고 혹시 빠진 노비인 유루노비遺漏奴婢에 대해서는 나중에 추노해 찾은 추심推尋 결과에 따라 다시 각기 몫을 나누어 가질 일이다.

분재 대상은 조상 대대로 전해 받은 노비와 토지였다. 조상의 범위는 강윤조의 처가인 파평윤씨와 처외가인 전의이씨였다. 서문에서 밝히고 있듯이 전의이씨로부터 유래하는 재산은 이번 분재 대상에서 제외 했고, 장인 파평윤씨 윤필세와 관련한 노비와 토지가 화회분재 대상이었다. 이 경우 윤필세 소유의 재산이더라도 서두에서 전제했듯이 조상으로부터 전해 온 것이므로 윤필세의 자력으로만 형성한 재산은 아니었다. 따라서 분재기 1번의 화회분재 재산은 부변전래를 대상으로 했다. 분재 내용은 다음 쪽의 〈표 4〉와 같다.

윤필세를 비롯한 그의 선대는 파주와 장단 일대에 세거하면서 한양에서 벼슬살이를 했다. 이러한 배경에 따라 한양과 황해도 안악을 비롯해 경

표 4 _ 1635년에 파평윤씨 남매 사이의 화회문기 중 전답 내용

구분	1째, 아들 윤혁				둘째, 딸 강윤조 처 몫		셋째, 아들 윤정 몫		최극장 처 윤씨 몫	합
	제사용		몫							
논밭	밭	논	밭	논	밭	논	밭	논	논	
마지기	-	5	-	14	-	11	-	14	4	논 48두락
결부	-	-	-	-	10부 3속	-	6부 6속	-	-	밭 16부9속
일경	-	-	1.5 +아침 갈이	-	1.5 +아침 갈이	-	1	-	-	밭 4일경 +2아침갈이
기타	집터			-	집터 밭		집터 밭	-	-	집터 밭

 기도 교하와 장단에 있는 전답이 분재 대상이었다. 윤필세의 둘째 딸이자 강윤조의 처가 되는 파평윤씨 부인 몫은 안악과 교하의 논과 밭으로 정했다. 논은 11마지기, 밭 10짐 이상을 비롯해 집터이지만 밭으로 이용 중인 가대전家垈田이 포함되었다. 4남매는 최극장崔克長(?~?)의 처 파평윤씨를 제외한 채 대체로 균등하게 재산을 나누었다. 이처럼 강윤조가 처를 대신해 처가로부터 분재 받은 토지는 안악과 교하의 전답으로, 병자호란을 계기로 봉화에 정착한 이후 관리의 어려움을 겪으며 분쟁이 있기도 했다.

 봉화에 정착한 후 이루어진 분재는 봉화 인근 토지를 대상으로 했다. 1645년(인조 23년)의 분재기 2번은 강각의 어머니 파평윤씨가 아들 강각에게 별급한 분재기이다. 진주강씨 강윤조 일행이 1637년(인조 15년) 정월에 봉화와 인연을 맺은 후 그로부터 7년 뒤에 성사된 분재였다. 그 사이 강윤조가 세상을 떠나고 그의 부인 파평윤씨와 강각 형제가 남았다. 이 시점은 강윤조를 향한 삼년상이 끝날 즈음인 동시에 아들 강각이 남양홍씨를 부인으로 맞이한 때였다. 파평윤씨 부인으로서는 낙남한 초기 남편을 여읜 위기에 며느리를 맞이하게 된 감회에 따라 분재를 실시했다.

 분재기 2번의 별급 대상 토지는 봉화와 안동에 흩어져 있었다. 봉화

동면과 안동 춘양현의 논과 밭을 비롯해 개간한 가전답加田畓도 포함했다. 토지와 가옥은 분재 주체인 파평윤씨가 분재기에 조상으로부터 물려받은 것이 아니라 매득한 것이라고 분명히 밝히고 있다. 분재 대상 토지 중 매매명문 3번 및 4번과 관련한 전답이 있었다. 이 두 토지는 매매명문에 의하면 강각이나 혹은 파평윤씨 부인이 아들과 함께 매득한 것일 수 있다. 분재 대상 토지는 밭이 24짐 이상이며, 논이 약 60마지기 이상의 규모였다. 물론 7칸 초가도 있었다.

진주강씨 강윤조 부부가 봉화에 정착한 즈음이던 17세기 중엽 집안 내에서 이루어진 분재가 있었다. 즉 1662년(현종 3년)에 있은 두 건의 화회분재와 관련한 분재기가 그것이다. 분재기 3번과 4번으로, 이 분재는 강윤조의 처 파평윤씨 부인이 세상을 떠나고 삼년상을 마친 시점에 이루어졌다. 강윤조는 첫째부인 한양조씨(1569~1604년)와의 사이에서 강흡姜恰(1602~1671년) 등의 자녀가 있었고, 둘째부인 파평윤씨(1583~1659년)와의 사이에는 강각을 비롯한 3남매가 있었다. 그러한 상황에 따라 3번 분재기는 파평윤씨 부인이 세상을 떠난 다음 3자녀가 어머니가 소유 및 관리하던 재산을 나눈 화회분재의 결과이다. 그리고 4번은 파평윤씨 부인이 세상을 떠나자 강윤조 부부의 자녀인 이복 6남매가 부모의 유업을 역시 화회분재한 분재기이다.

1662년에 강각 3남매 사이에 화회분재 한 3번은 어머니 파평윤씨의 재산이 대상이었다. 분재기 서문에는 분재물의 성격과 배경을 이렇게 서술하고 있다.

어머니로부터 전래한 노비와 전답에 대해 제사를 받들기 위한 몫인 봉사조와 묘를 지키는 묘지기를 제외하고 남매 둘이 골고루 나누어 가진다. 그런데 두 번째 김진사의 처는 자녀 없이 세상을 떠났으므로 …… 제사를 위해 조금 남겨둔다. 그리고 어머니의 재산 중 미처 파악되지 않아 나누어 갖지 못한 노비는 나중에 확인되면 다시 나누어 갖기로 한다.

파평윤씨 3남매 중 자녀 없이 세상을 떠난 사람에 대해서는 제사를 위한 재산만 조금 남겨두었다. 이들 토지와 노비는 파평윤씨 부인이 친정으로부터 물려받거나 직접 구입한 것으로 밝히고 있다. 토지는 모두 경기도 교하와 파주에 산재한 것이었다. 이 사실로 두 가지를 확인할 수 있다. 먼저 그녀가 구입한 봉화 인근의 토지는 이미 1645년(인조 23년)에 장자 강각에게 별급했으므로 이번 분재에서는 제외되었다. 장자의 봉화 경영을 우선 염두에 둔 것이라 볼 수 있다. 그리고 화회분재는 1635년(인조 13년)에 그녀가 친정으로부터 화회분재 받은 토지 중 나머지를 대상으로 했다. 이 화회분재 토지는 논 17마지기 이상, 밭 8짐 이상의 규모였다. 그것들은 분재기 서문에서도 밝히고 있듯이 어머니로부터 전래된, 엄격히 말하면 외가로부터 유래하는 '모변전래'였다.

8월 12일에 강각 3남매 사이에 분재가 있은 이튿날 강윤조의 이복 6남매가 모여 다시 화회분재를 실시했으며, 이 분재기가 문서 4번이다. 분재기 서문에는 또 이렇게 취지가 설명되어 있다.

> 아버지와 어머니로부터 전해 내려오는 노비와 전답을 동생들과 잘 상의하고 합의해 몫을 나눈다. 분묘 아래 있는 논과 밭은 두 형제가 골고루 나누어 평균분집하고 다른 지역에 있는 전답은 각기 사는 곳과 가깝고 먼 것을 따지지 말고 각기 몫을 나눈다. 이것은 부모님의 남기신 가르침인 유교遺敎가 있었으므로 선조가 남기신 뜻에 따라 실시한다.

강각과 강흡 형제를 비롯한 6남매가 화회분재를 실시한 재산은 아버지와 어머니에게서 기인하는 것이었다. 토지를 대상으로 할 경우 분재물인 논과 밭은 경기도 일대에 있는 것으로, 진주강씨 가계의 조선 전기 거주 기반과 관련되어 있었다. 봉화로 낙남하기 전에 유지하고 있던 재산으로 볼 수 있다. 6남매는 부모가 남겨둔 분재 원칙에 충실하게 재산을 나누었다. 토지를 분재한 현황은 〈표 5〉와 같다.

표 5 _ 1662년에 강흡과 강각 6남매가 화회분재한 전답 현황

구분	묘 아래		첫째, 딸 허색 처		둘째, 딸 이충건 처		셋째, 딸 홍업 처		넷째, 아들 강흡		다섯째, 딸 이후백 처		여섯째, 아들 강각	
논밭	밭	논	밭	논	밭	논	밭	논	밭	논	밭	논	밭	논
두락	-	6	-	15	18		25		-	29	15		-	23
일경	0.5	-	1	-	-		-		1.5	-	-		1.75	-
소재	교하		배천		안성, 양성		배천, 양주		교하		파주		교하	

분재 대상 토지 중 부모 분묘가 교하의 아동면衙洞面(후에는 파주군으로 행정구역이 바뀌었다)에 있음에 따라 분묘 수호를 위해 논과 밭을 설정했다. 그리고 분재기 서문에 따라 두 아들에게는 교하의 토지를 우선 분배함으로써 선대 유업의 수호를 염두에 두었다. 강윤조 부부가 남긴 재산은 모두 논이 131마지기 이상으로 논의 비중이 절대로 높고 밭은 4일경 정도였다.

1662년(현종 3년)에 강각 6남매의 화회분재가 있은 뒤 18세기 초 이들 6남매에 의해 다시 분재가 이루어졌다. 이른바 추화회追和會가 있었다. 1701년(숙종 27년)에 강각 6남매의 아들과 손자는 물론 증손자까지 참여해 실시된 이 분재가 문서 6번이다. 이처럼 다시 분재하게 되는 취지가 서문에 언급되어 있다.

임인년, 즉 1662년에 화회해 분재할 때 고조부모와 증조부모 등 다섯 묘를 위해 묘지기를 설정했다. 그런데 이들 묘지기 노비들이 자녀도 없이 모두 세상을

떠났다. 게다가 두 아들의 후손은 영남이라는 아주 먼 곳에 살고 있어 비록 조상의 묘를 수호하는 사람이 있더라도 늘 불안했다. …… 임인년에 화회분재하고 난 뒤 다섯 분의 기제사는 조부모, 형제분 두 집에서 돌아가면서 실시했고, 사계절별 묘제는 조부의 여자형제들 네 집이 역시 돌아가면서 지내기로 합의했다. 그런데 그 뒤로 몇 해가 지나지 않아 돌아가면서 제사와 묘제를 지내는 것이 폐지되어 시행되지 않고 종가에서 모두 감당하게 되면서 아주 미안한 일이 되고 말았다. 그러하니 이제 다시 제사를 위해 토지와 노비를 새로이 정해 계속 이어갈 수 있도록 한다. …… 교하의 선산 아래 있는 논과 밭 중 지난번 분재에서 빠진 것이 있어 예전의 유지에 따라 아들 자손 두 집안에서 나누어 가진다.

분재기 작성을 담당한 필집筆執은 강재필姜再弼(1667~1730년)로 강각의 손자였다. 분재기 서문의 문장도 그를 주어로 상정하고 서술했다. 지난 1662년에 화회분재에서 강윤조와 강덕서 내외의 분묘에 대한 묘지기와 묘위토가 설정되어 있었음을 알 수 있다. 그리고 17세기 분재의 일반적 특징에 따라 자녀가 균등하게 재산을 나누는 균분상속을 실시하고 그에 대한 반대급부로 돌아가며 제사와 묘사를 받드는 윤회봉사를 실현하고자 했다. 그런데 나중에 장자에게 제사의 의무가 가중됨에 따라 지난번에 전제된 분재 원칙이 무너진 것으로 간주하고 다시 분재하게 되었으며, 그것이 바로 추회회의 배경이었다. 그에 따라 노비에 대해 다시 아들과 장자 중심으로 재편하고 새로 확인된 토지를 묘지를 지키는 몫으로 상정했다.

진주강씨 강각종가에 현재 남아 전하는 분재기로 한정할 경우 17세기까지 실시된 화회분재는 경기도 일원의 전답을 대상으로 하고 있다. 1663년에는 강각이 외가인 남양홍씨로부터 어머니를 대신해 화회분재를 받았다. 5번 분재기이다.

모여서 재산을 나누는 본래의 의미는 친척들이 돈독하고 화목하자는 데 의미가 있다. 이번 화회는 그런 점에서 슬프고 애통한 부분이 있다. 그것은 우리 남매들이 부모님 세상 떠나고 이런 저런 사고가 많아서 오랫동안이나 함께 모일 수 없었기 때문이다. 부모님이 남겨 주신 얼마 안 되는 토지와 노비를 이제 바야흐로 남매 사이에 나누어 정하게 되었다. 강각의 처와 막내 동생 홍윤형이 일찍 세상을 떠나 함께할 수 없어 아주 슬프다. 그렇지만 강찬이 멀리 있으면서 와서 참석하고 이문황의 처 홍씨도 함께 모였다. 이제 모두가 제사를 위한 봉사조를 별도로 상의해 정한 다음 나머지 재산에 대해 각기 골고루 나누어 가진다.

남양홍씨 6남매 사이에 이루어진 화회분재기 서문에는 부모님이 세상을 떠난 뒤 형제자매 사이에 연이은 사고와 지방에 거주하는 등의 사연으로 함께 모일 수 없었던 저간의 사정이 서술되어 있다. 서문에서와 같이 강각과 처 남양홍씨가 세상을 떠나면서 그녀의 아들 강찬이 어머니를 대신해 화회분재에 참여하게 되었다. 그리고 봉사조를 마련하고 토지와 노비를 분재했다.

표 6 _ 1663년에 남양홍씨 남매 사이에 성사된 분재 중 전답 내용

구분	제사용		첫째, 딸 유임증 처		둘째, 딸 이응시 처		셋째, 딸 이문황 처		넷째, 아들 홍익형		다섯째,딸 강각 처		여섯째,아들 홍윤형	
전답	밭	논	밭	논	밭	논	밭	논	밭	논	밭	논	밭	논
두락	-	4.7	-	4.5	-	5	-	4	-	4	-	4.5	-	4.5
일경	1	-	0.5	-	1	-	1	-	1	-	1	-	1	-

남양홍씨 부부가 남긴 재산은 노비 중심이지만 토지도 대상이었다. 여섯 남매는 논 4두락 내외, 밭 1일경 정도를 절충해 균등하게 분재했다. 토지는 주로 충청도 직산과 경기도 아차산 일대에 있었다. 강찬은 어머니를 대신해 아차산 인근의 논 4마지기 5되지기와 밭 하루갈이를 분재 받았다.

이후 그가 이들 토지와 노비를 동생들과 다시 분재한 기록은 확인할 수 없다. 다만 이후의 분재기에서 이들 토지가 확인되지 않고 있어 자손들에게 전수하지 않고 팔아 봉화 인근 토지를 매득하는데 사용했을 가능성을 생각해 볼 수 있다.

17세기에 진주강씨 일족은 봉화에 입향 후, 지역사회에 정착하기 위한 노력의 일환으로 토지 확보를 도모했다. 토지는 매매와 입지를 통해 다양한 경로로 확충하였으며, 중심인물은 강윤조와 강각 부자였다. 분재기의 사례에서는 분재기 2번에서 어머니 파평윤씨가 아들 강각에게 별급한 내용에서 봉화와 안동의 토지가 확인된다. 17세기에 확보된 봉화 인근 토지에 대한 내역은 18세기 초에 강각 부부의 재산을 분재한 분재기 7번에서 알 수 있다.

1706년(숙종 32년)에 강찬 3남매가 강각 부부의 유업을 화회분재한 내용이 분재기 7번이다. 분재기 서문에는 부모가 이룩한 재산은 물론 조상으로부터 전해 내려오는 토지와 관련한 분재 규칙이 서술되어 있다.

> 부모님께서 남겨 주신 조금의 땅과 노비가 있었지만 경황이 없어 분재하는 것을 자꾸 미루다가 오늘까지 왔다. 이제 비로소 각각의 몫을 나누면서 부모님의 제사를 위해 별도로 떼어 놓고 나머지를 남매들 사이에 각기 나누어 가진다. 그리고 경기도 교하에 있는 선영 아래 논과 밭은 원래 조금밖에 되지 않으니 외손들에게는 주지 말 것이다. 분재에는 선대에 관련한 지시가 있으므로 여기에 당연히 따라서 실시한다. 그리고 부모님께서 남기신 전답 중 빠진 것이 있다면 나중에 되찾아서 다시 골고루 나눈다.

분재기 서문은 3남매 사이에 분재를 실시하게 된 정황에 대한 설명과 함께 제사를 위한 재산을 별도로 설정해야 하는 전제조건을 먼저 적고 있다. 그리고 교하에 소재한 전답은 선대의 분묘를 수호하기 위한 목적이며, 규모가 미약하지만 엄밀히 말해 장자에게 전해져야 한다는 사실을 확인하고 있다. 그러한 분재 원칙이 바로 선대의 유교라는 점도 강조하고 있다. 그러한 원칙에 따른 분재 현황은 표와 같다.

표 7 _ 1706년에 강찬 3남매가 분재한 토지 내용

구분	묘사용	제사용		첫째, 아들 강찬		둘째, 아들 강우		셋째, 딸 임세편		합	
논밭	밭	밭	논	밭	논	밭	논	밭	논	밭	논
두락	-	4.5	12	31	35	28	41.5	25	15	88.5	103.5
결부	134부 8속	-	-	6부 4속	-	-	-	-	-	141부 2속	-
일경	-	-	-	1.75	-	1.5	-	-	-	3.25	-

　　18세기 초에 이루어진 분재 내용이지만 사실상 17세기에 진주강씨 종가의 경제 활동 결과를 반영하고 있다. 그에 따르면 당시 전체 논은 100마지기 이상에 밭도 88마지기와 141부 이상의 규모였다. 강각 부부를 위한 묘사와 제사를 위한 토지는 모두 봉화와 순흥 일대의 논과 밭이었다. 이들을 제외하고 분재한 내용에서 나누어 가진 토지는 딸보다 아들이 더 많았으며, 아들의 경우도 장자는 교하와 양주에 있는 토지의 비중이 높았다. 이와 관련해 1712년(숙종 38년)의 분재기 8번에서 강재주가 며느리에게 별급한 분재기에서 그가 직접 사들인 안동과 봉화의 논과 밭을 분재 대상으로 하고 있는 점을 참고할 필요가 있다. 아들과 며느리에게 우선 인근의 토지를 분재했다. 분재기 2번도 별급을 통해 봉화 인근의 토지를 장자에게 별급하고 있다. 별급에서 장자 또는 아들에게 거주지 인근의 토지를 우선 분재한 것과 마찬가지로 분재기 7번과 같이 선영이 있는 교하 일대의 토지도 장자에게 우선 분재했다.

6 　 매매와 입지 그리고 분재기의 의미

조선시대에 가장 중요한 재산 중 한 축을 형성한 것은 뭐니 뭐니 해도 부동의 자산인 부동산, 즉 토지였다. 조선시대의 분재기를 읽고 분석하기 위한 사례로 봉화에 조선 후기 대대로 거주한 진주강씨, 특히 강각종가에 남겨진 고문서를 선정했다. 17세기에 집중적으로 작성되어 무사히 오늘까지 전하는 자료를 대상으로 했기 때문에 미처 남겨지지 못하고 사라진 자료가 있다. 이런 제약으로 이 사례 내용을 일반화하는 데는 일정한 한계가 있을 것이다. 그럼에도 불구하고 세 가지 사실을 확인할 수 있다. 첫째, 진주강씨가 경기도에서 봉화로 정착하게 된 배경, 둘째, 봉화에서의 토지 매매와 소유 토지의 소유 확인을 통한 토지 경영을 알 수 있다. 그리고 이들 토지를 대상으로 아들, 손자들에게 토지를 분재함으로써 의도한 기대효과에 대한 의미가 그것이다.

첫째 입향과 관련한 내용을 분재기와 관련해 알 수 있다. 진주강씨는 대대로 경기도 파주, 장단 등지에 기반을 확보하고 있던 경기도 양반이었다. 적어도 조선 전기에는 그랬다. 그런데 1636년(인조 14년)에 병자호란을 계기로 이듬해 지역적 연고가 있던 봉화로 왔다. 이를 결행한 인물이 강윤조와 강각 부자였다. 17세기 후반에 그들의 노력으로 봉화에 안정적으로 정착했음에도 경기도 일원의 토지는 그대로 그들 소유로 남아 있었다. 경기도에 있는 토지는 매매 활동보다 분재를 통해 확보했으며, 입지 2번의 사례에서 볼 수 있듯이 파주, 교하에 있는 선대 묘역과 관련해 토지를 지키고 또 확보하려고 했다. 뿐만 아니라 분재기 1번, 3번, 4번, 5번, 6번에서와 같이 조선 전기에 경기도에서 맺은 여러 인연 — 혈연, 학연 — 으로 인해 처가나 외가로부터 여전히 파주 등지의 토지를 분재 받고 있었다. 따라서 명문, 입지 그리고 분재기는 진주강씨의 내력에 대한 이해와 관련해 해석할 수 있을 것이다.

둘째, 봉화에서의 매매 활동과 토지수호 노력을 알 수 있다. 1637년(인조 15년)에 봉화로 낙남한 진주강씨는 주변 토지를 매매를 통해 확보했다. 현재 남아 있는 토지 매매명문 중에는 진주강씨 일족이 봉화에 내려오기 전에 작성된 것도 있지만 그것 또한 후대에 강찬 등이 토지를 확보하면서 딸려온 옛날 문서인 구문기일 가능성이 높다. 1644년(인조 22년)에 작성한 매매명문 3과 4는 강각이 20대 나이에 혼자 매매했다기보다 어머니 파평윤씨 주관으로 실행되었을 가능성이 높다. 이 점은 그녀가 이듬해 아들 강각에게 별급한 분재기 2번에 이들 토지가 포함되어 있는 점에서 보다 확실하다. 이와 같이 매매명문에서 분재기로 이어지는 관계는 전답 확보와 전수의 흐름을 사실적으로 보여준다.

입지를 발급받아 토지를 수호하고 확충하려는 노력은 17세기 후반에 강찬에 의해 주도되었다. 강찬은 주로 법전을 근거로 주인 없이 버려진 땅인 무주진황전에 대한 개간을 봉화나 안동으로부터 허가받는 입지를 확보하는 데 주력했다. 뿐만 아니라 선대의 유업이 있는 파주나 장단의 토지에 대해서도 분재기 4번과 같이 부모로부터 전수받은 내역을 근거로 소유를 확인받는 입지를 발급받기도 했다.

셋째, 분재는 자손들에 대한 경제적 안정과 동시에 그에 대한 수호의 의무 부여라는 의미를 담고 있었다. 분재기에는 명문, 입지 등을 통해 구입하거나 확정한 토지 정보가 집적되어 있었다. 이와 관련해 매매명문에서 주목되는 서술이 있다. 그것은 매매 대상이 되는 토지의 유래와 관련한 내용이다. 명문에는 통상 사서 얻었다는 매득買得 외에도 아버지와 어머니로부터 물려받았다는 전래傳來 그리고 분재를 통해 확보했다는 금득衿得 등과 같은 식의 표현이 있다. 매득을 제외하고는 모두 분재기와 일정한 연관성을 갖고 있음을 암시하고 있다. 진주강씨 강각의 분재기에서도 그러한 점을 확인할 수 있다.

매매명문 3과 4는 파평윤씨 부인이 큰아들 강각에게 재산을 별급하는 과정에 포함되면서 분재기 2번으로 이어졌다. 그리고 강각에게 별급된 이 전답은 1706년(숙종 32년)에 자녀들 사이의 화회분재의 결과인 분재기 7번을 통해 자녀들에게 이어졌다. 입지 4번의 내용은 분재기 7번과 관련되어 있다. 분재기 7에는 선대가 남긴 가산에 대한 수호 의지가 담겨 있다.

> 부모님 분묘가 봉화현 서면의 소야리라는 곳에 있는데 아직 묘를 지키는 묘지기를 두지 않아서 마음이 불안했다. 분묘가 있는 산 주변에 1634년에 작성된 양안을 확인하니 주인 없이 황무지인 곳과 묵밭인 곳을 발견했다. 이 땅들은 관청에서 관리하는 곳이라 함부로 개간하기에는 어려움이 있었지만 나중에 입지를 발급받아 경작하려고 했다. 그런데 숙종 21년[1695년]에 큰 흉년이 들어 주변의 걸인들이 나무껍질을 벗겨 먹어 나무들이 죽어 갔다. 이처럼 선산의 나무들을 지켜 내기가 힘들었다. 그래서 관으로부터 입지를 발급받아 사람들을 모아서 개간하고 갈아먹고자 했다.

봉화현으로부터 선산 인근의 산지에 대한 입지를 발급받은 입지 4번과 관련한 내역을 분재기에 일일이 밝혀 적었다. 그러한 노고를 잊지 말고 잘 전수하고 관리할 것을 분재를 통해 다짐하기도 했다.

분재는 토지 매득과 관련한 사유, 입지를 통한 권리 확보 과정에 대한 내용을 밝힘으로써 단순히 재산을 나눈다는 의미 외에도 선대의 노력을 되새기고 유업을 지켜나가고자 하는 다짐의 장이 되기도 했다. 그 결과물인 분재기는 진주강씨 가문의 봉화 정착 내력과 지역에서의 매매 활동과 수호 노력 그리고 분재를 통해 달성하고자 했던 목표를 담고 있다. 그러한 사연이 분재기와 매매명문 그리고 입지 자료를 종횡으로 살펴본 결과 밝혀졌다.

참고 문헌

『大典會通』.
鄭士龍, 『湖陰雜稿』 卷上, 碑誌.
晉州姜氏 博士公派大宗會, 『晉州姜氏 博士公派 大同譜』, 2009.
한국국학진흥원, 『진주강씨 법전문중 도은종택 및 석당공』, 2017.

文叔子, 「조선시대의 재산상속과 가족」, 景仁文化社, 2004.
朴秉濠, 『韓國法制史攷』 法文社, 1974.
李樹健, 『嶺南學派의 形成과 展開』, 一潮閣, 1995.
진주강씨 법전문중지발간위원회, 『晉州姜氏 法田門中誌』, 2015.

강제훈, 「조선초기 家系繼承 논의를 통해 본 姜希孟家의 정치적 성장」, 『朝鮮時代史學報』 42, 朝鮮時代史學會, 2007.
김건태, 「경자양전 시기 가경전과 진전 파악 실태」, 『조선 후기 경자양전 연구』, 혜안, 2008.
김영나, 「朝鮮後期 光山金氏 禮安派의 田畓賣買 實態」, 『大丘史學』 89, 대구사학회, 2007.
김정미, 「진주강씨 법전문중 도은종택 및 석당공 기탁자료에 대해」, 『진주강씨 법전문중 도은종택 및 석당공』, 한국국학진흥원, 2017.
文叔子, 「16~17세기 常民層 재산 소유와 상속사례 - 상민 賣主·財主의 賣買文記와 分財記로부터」, 『古文書硏究』 39, 2008.
文叔子, 「17~18세기 海南尹氏의 토지 확장 방식과 사회·경제적 지향」, 『古文書硏究』 40, 韓國古文書學會, 2012.
申斗煥, 「心齋 姜澣의 館閣生活 聯句」, 『南冥學硏究』 50, 남명학연구소, 2017.
오인택, 「17세기 후반 '남해현용동궁양안'을 통해서 본 갑술양안의 성격」, 『역사와 경계』 81, 부산경남사학회, 2011.
오인택, 「조선 후기 量案과 토지문서」, 『조선 후기 경자양전 연구』, 혜안, 2008.
이세영, 「조선시대의 진전 개간과 토지소유권」, 『한국문화』 52, 2010.
정수환, 「18세기 玄風 道東書院 院位田 경영의 '中正'한 가치 추구」, 『민족문화논총』 67, 영남대학교 민족문화연구소, 2017.

정수환, 「왜란과 호란기 매매와 분재 그리고 家計운영 - 평산신씨 申礏 宗家 고문서 사례」, 『歷史와 實學』 66, 歷史實學會, 2018.
정수환·이헌창, 「조선 후기 求禮 文化柳氏加의 土地賣買明文에 관한 연구」, 『古文書硏究』 33, 韓國古文書學會, 2008.
崔淵波, 「朝鮮時代 立案에 관한 硏究」, 韓國學大學院 博士學位論文, 2005.
한충희, 「朝鮮前期 晉州姜氏 啓庸派 家系硏究」, 『朝鮮史硏究』 12, 2003.

3장

균분상속의 균열, 그 이후

문숙자

1 　 들어가면서

　　조선시대의 재산상속의 특징을 들라면 '균분상속'이라는 말을 무엇보다 먼저 떠올릴 수 있다. 자식들이 재산을 공평하게 혹은 균등하게 상속했다는 뜻이다. 아들, 딸 구별 않고 그리고 장남이든 차남이든 상관없이 동등하게 재산을 분할했다. 고려시대부터 균분상속을 추정할 만한 단서가 여러 기록에서 발견되고 있으니 균분상속은 역사가 비교적 길다. 나아가 균분상속의 출발은 고려 이전까지 거슬러 올라갈 가능성까지 있다고 할 수 있다.

　　균분상속은 흔히 생각하는 조선시대 가족, 즉 장남이 부모를 모시고 거주하다가 부모가 사망하면 재산을 물려받고 가계를 계승하는 모습과는 잘 어울리지 않는다. 균분상속을 행하던 시기에는 사위가 처가에 와서 거주하거나, 장남뿐만 아니라 차남이나 사위까지 조상의 제사를 돌아가며 모시는 관습이 일반적이었다. 그렇게 아들이나 사위, 장남이나 다른 형제들의 역할에 큰 차이가 없었으니 균분상속을 하는 것은 어떤 의미에서는 매우 자연스러운 일이었다. 이와 같이 재산상속에 대해 이야기하려면 재산상속 하나로 끝날 수 없다. 시집가는 혼인인지 장가가는 혼인인지, 혼인한 자녀는 어디에 거주할 것인지, 부모가 돌아가시면 제사는 누가 지낼 것인지, 아들이 없으면 양자를 들여야 하는지 등등 가족제 전반과 밀접한 관련을 맺고 진행되는, 가계 운영의 메커니즘 중 하나가 재산상속이라고 할 수 있다.

재산상속에 대해서는 양반의 후손가에 남아 있는 고문서가 많은 정보를 제공해왔다. 그중 재산상속문서를 흔히 '분재기'라고 부르는데, 말 그대로 '재산을 분할하면서 작성한 문서'라는 뜻이다. 1936년에 조선총독부 중추원이 간행한 『이조의 재산상속법李朝の財産相續法』이라는 책에서 이미 분재기 몇 점을 소개하고 있는 것을 보면 분재기가 오래전부터 재산상속 연구에 활용되어 왔음을 알 수 있다. 본격적으로는 규장각이 수집한 분재기 120여건을 분석해 조선시대 상속 관행을 밝힌 연구 논문이 1970년대 초반에 발표되면서 분재기를 통한 상속제 연구가 활발해지기 시작했다. 이후 수백 점의 분재기가 분석되면서 이제는 재산상속뿐만 아니라 제사승계 등 친족제 운영과 관련한 여러 가지 논의가 함께 이루어지고 있다. 그밖에도 1980년대 후반부터는 영남지역을 비롯해 여러 지역 명문 양반가의 고문서가 소개되면서 재산상속에 관한 가문별 또는 가계별 사례 연구가 쏟아져 나왔다. 이 과정에서 재산상속 내용뿐만 아니라 각 가계의 지역사회 정착 과정과 사회경제적 기반, 주요 인물과 통혼권 등 다양한 사실이 밝혀지기도 했다.

양적·질적으로 연구 성과가 풍성하게 쌓인 결과 재산상속에 관해 대체로 다음과 같은 그림이 그려졌다. 첫째, 아들과 딸 모두에 대한 균분상속 관행은 조선조에 견고하게 유지되다가 17세기 중·후반에 와서 균분상속으로부터 딸을 제외하는 현상이 나타나면서 균열이 발생했다. 둘째, 균분상속은 조상의 제사를 모든 자녀가 돌아가면서 지내는 윤회봉사와 함께 이루어졌으나 균분상속에서 소외되기 시작한 딸은 윤회봉사에서도 빠지게 되었다. 셋째, 균분상속의 균열과 함께 혼례에서 반친영半親迎이 도입되고 처가살이가 사라지는 등 혼인방식, 거주 관행 등에서 변화가 동시에 나타났다.

17세기까지의 상속제에 대해 대체로 합의된 내용들은 위와 같다. 하지만 재산상속에 대한 논의를 여기서 그쳐서는 안 된다. 17세기에 균분상속에 균열이 생긴 이후에도 상속제는 계속 변화해왔기 때문이다. 17세기부터 이후의 재산상속에 대한 이야기를 꺼내는 이유가 여기 있다.

2   재산상속의 관점에서 본 17세기

1) 처가로부터 거리를 두는 사위들

16세기 후반인 1572년(선조 5년), 경상도 영해 재령이씨 집안의 이애李璦라는 사람의 사위 황윤관黃允寬은 처남인 이은보李殷輔에게 전답을 무상으로 바치는 문서를 작성한다. 황윤관이 사망해 상속에 대신 참여한 아들 황빈黃蘋이 작성한 것이지만 내용은 이애의 사위 황윤관이 처가로부터 상속한 재산 중 일부를 이애의 장남인 이은보에게 반납하는 것이다.

융경6년(1572년) 임신 6월 17일, 삼촌숙 이은보께 명문한다.
이 명문을 작성하는 것은, 조부모님 단오제, 기제 등을 멀리 서울에 살므로 제 때 지내지 못할까 민망하고 걱정되기 때문에 영해 복대卜大의 논 7마지기를 세사조祭祀條로 영영 바치니, 만일 자손들이 다른 구실로 서로 싸우는 경우가 있거든 이 문기로써 관에 고해 바로잡을 일이다. (후략)

이 문서는 균분상속이 견고하게 시행되던 16세기 것이지만 다가올 17세기의 변화를 예고하는 것으로 읽힌다. 사위들은 16세기까지 처가에서 그 집안 아들과 똑같이 재산상의 권리와 제시에 대한 의무를 가졌다. 그러나 16세기 중반 이후 일부 가문에서 사위에 의한 재산의 자진 반납 현상이 위와 같이 나타난다. 즉 처가로부터 처남과 동등하게 재산을 상속받은 사위가 상속 직후 일부 재산을 반납하고 있는 것이다. 재산을 반납하는 명분은 처가의 봉사奉祀를 사양하기 위한 것이었다. 처가에 대한 사위의 거리두기 현상이라 볼 수 있다. 같은 집안에 비슷한 내용의 17세기 문서도 전하고 있다.

> 숭정10년(1637년) 정축 윤4월 일, 처형 이신일에게 명문한다.
> 이 명문을 작성하는 것은, 내가 불행히도 상처喪妻했고 거주하는 곳이 또한 멀어 처가의 제사를 마련해 지내기가 형세상 어려우므로 몫으로 받은 비婢 애선(12세, 을축생)과 군자君字 논 9마지기를 제사조로 의논해 정하니, 위 비가 만일 이후에 소생을 낳거든 이와 아울러 영원히 사환하고 제사를 지내도록 하되 나중에 자손들이 만일 잡담하거든 이 문기로써 바로잡을 일이다.

이 문서는 이은보의 아들인 이시청李時淸과 그의 자식들 이야기이다. 이시청의 맏사위 김이성金爾聲이 처가의 제사를 지내기 어렵다면서 처남 이신일李莘逸에게 노비 1명과 논 9마지기를 제사조로 준다는 내용이다. 제사조는 제사를 지내는 데 소요되는 비용을 마련하기 위해 따로 마련한 재산을 말한다. 이 문서가 작성되기 1년 전에 김이성은 처가로부터 재산을 상속받았다. 그리고 그중 일부를 1년 만에 다시 처가에 반납한 것이다. 재산의 반납에는 아내의 사망이 큰 요인으로 작용한 것으로 보인다. 아내가 사망한 상황에서 처가의 제사를 지내는 것은 정리상으로 의미가 없었던 모양이다.

사위들이 자진해 처가와 거리를 두는 현상은 영남지역 양반가에만 나타나는 것은 아니다. 같은 시기 호남지역에서 전래한 문서에도 비슷한 내용이 나온다.

> 만력 37년[1609년] 기유 3월 초10일, 처남 신응망에게 명문한다.
> 이 명문을 작성하는 것은, 처가의 기일과 사명절 제사를 일일이 거행하기 어려우므로 처변비 신덕申德 1소생 깃득노 난이(1세, 무신생)를 기한동안 허급하니, 뒤에 잡담하거든 이 문기로써 관에 고해 바로잡을 일이다.

이 문서는 전라도 영광에 있는 영월신씨 신응망辛應望 집안의 사례이다. 이 집안에는 1608년(선조 41년)에 정식 재산상속이 있었다. 상속받은 지 1년 만에 매부 정제원丁濟園이 처남에게 처가로부터 받은 재산을 반납하면서 처가의 제사를 거행하지 않겠다는 뜻을 밝히고 있다. 같은 해 1월에도 다른 매부로부터 반납된 재산이 있었음을 문서로 확인할 수 있다. 즉 사위들이 점차 처가살이로부터 벗어나 먼 곳에 거주하고, 처가의 제사로부터 멀어지려는 경향이 드러나고 있다. 즉 16세기부터 이미 사위들은 처가로부터 물리적·심리적 거리를 두기 시작했다.

2) 균분상속의 균열이 표면으로 드러나는 17세기

조선시대의 재산상속은 고려시대부터 이어져온 자녀 간 균분상속을 특징으로 했다. 아들과 딸을 구분하지 않고, 출생 순서를 가리지 않고 동등하게 재산을 분할한 것이다. 그런 관행이 17세기 중·후반에 가서 변했다. 16세기에 사위들이 은밀하게 처가와 거리를 두려고 시도한 것과는 다르게 처가에서 분명하게 아들과 딸, 또는 아들과 사위를 구분하기 시작한 것이다.

(전략) 딸은 다른 고장에 살아 선대 제사를 돌아가며 지내기 어려우므로, 노비는 이전과 같이 분급하더라도 전답은 액수를 줄여서 나눠 주니 너희들은 내 뜻을 각별히 영원토록 따르라. (후략)

인용문은 1688년(숙종 14년)에 재령이씨 집안에서 작성한 분재기 서문 중 일부이다. 짧은 인용문이지만 몇 가지 중요한 사실을 포함하고 있다. 첫째, 딸이 다른 고장에 살기 때문에 제사를 지내기 어렵다고 한 점이다. 대부분의 분재기가 차등상속의 이유로 내세우는 것은 제사의 봉행 여부이다. 그리고 딸들이 제사를 지낼 수 없게 된 이유를 대체로 원거리에 거주하는 것 때문이라 밝히고 있다. 그것은 처가살이를 하거나 처향妻鄕에 정착하던 거주 관행이 이미 변했음을 의미한다. 둘째, 상속재산의 일부에 한해 딸을 제외한다는 사실이다. 즉 균분상속이 깨졌다고는 하나 자녀 간 균분상속에서 딸만 빠지게 된 것이다. 아들 간에는 여전히 균분상속이 이루어지고, 딸 역시 균분은 아니지만 부모 재산을 상속받고 있었다. 따라서 균분상속의 해체가 아니며 균열이 발생하기 시작한 정도로 볼 수 있다.

그런데 딸이 제사를 받들 수 없는 것이 과연 거주 관행의 변화 때문만이었을까? 전라도 부안에 전래하는 부안김씨 집안의 아래 문서는 그런 현실적인 이유보다는 매우 관념적인 이유를 제시하며 균분상속에서 딸을 배제하고 있다.

(전략) 우리나라 종가의 법은 해이해진 지 이미 오래되어 제사를 아들 사이에 돌려 지내는 것이 사대부 집안 모두의 굳어진 규례가 되어 있으니 그것은 바꿀

수 없으나 딸은 출가하면 다른 가문 사람이 되어 남편을 따르는 의를 중시하기 때문에 성인聖人의 예제에도 출가한 딸의 등급을 낮추어 정情과 의義를 모두 가볍게 여겼다. 그런데도 세간에서는 사대부가의 제사를 사위에게까지 지내게 하는 경우가 흔한데, 다른 집 사위나 외손 등을 보면 서로 미루다가 제사를 빠뜨리는 경우가 많다. 비록 지낸다 하더라도 제물이 정결하지 않고 정성과 공경이 없으니 차라리 지내지 않은 만 못할 정도이다. 우리 집안은 일찍이 이 일을 선인들께 아뢰어 우리 형제들이 제사의 기본 방침을 정한 지 오래되었고, 사위와 외손 집에는 제사를 윤행하지 않는 것을 정식으로 삼아 대대로 그것을 따르도록 했다. 부자간의 정리로 보면 아들과 딸이 차이가 없으나 [딸은] 살아서는 봉양할 이치가 없고, 죽어서는 제사지내는 예가 없으니 어찌 재산에서만 아들과 똑같이 나눌 수 있겠는가. 딸은 1/3만 주어도 정의에 비추어보면 조금도 불가할 것이 없으니 딸과 외손들이 어찌 감히 그것을 어기고 서로 다툴 마음이 생기겠는가. (후략)

인용문은 1669년에 부안김씨 집안의 김명열金命說이 '후손에게 전하는 문서傳後文書'라는 제목으로 남긴 내용이다. 앞으로의 재산상속 방침을 후손에게 당부한 일종의 유서라고 할 수 있는데, 실제 이 집안에서는 이 방침에 따라 재산상속이 이루어졌다. 여기서도 딸을 균분상속에서 배제한 이유는 제사에 있었다. 딸은 출가외인이므로 남편의 가문을 따르는 의리를 중시하게 된다는 것인데, 거주지가 멀다는 등의 현실적 이유보다는 예법과 의리를 이유로 내세운 점이 눈에 띈다. 뿐만 아니라 그것을 입증이라도 하듯 사위나 외손 등이 처가의 제사를 빠뜨려 지내지 않거나, 제수를 정결하게 하지 않는 등 무성의한 제사를 지내는 경우가 있다는 말을 덧붙였다. 결국 딸을 가리켜 부모가 살아있을 때 봉양하지 않고, 죽은 다음에는 제사를 지내지 않는다고 묘사함으로써 아들과 명확히 다른 존재로 보았다. 하지만 이런 논리 역시 딸에 대해 아들 몫의 1/3의 재산만 상속하는 명분으로 쓰인 것이다. 제사봉행의 의무와 균등한 재산상속, 어느 쪽이 원인이고 어느 쪽이 결과인지 알 수 없지만 한쪽에 균열이 생기자 다른 한쪽도 따라서 반응하는 현상이 도처에서 이렇게 일어나게 되었다.

이와 같이 균분상속에서 딸을 제외하는 것은 상속제 변화의 제1단계로, 17세기 중·후반의 분재기에 많이 나타나는 특징이다. 17세기에 그런 변화가 나타나 18세기까지 이어진 가문도 있고, 다른 집안보다는 늦은 18세기에 새삼스럽게 1단계의 변화가 시작된 집안도 있었다. 하지만 약간의 시간차가 있을 뿐 양반가 대다수가 균분상속의 균열을 보인 점에서 그것은 조선 후기 상속제 전체를 이해하는 데 매우 중요한 사건으로 볼 수 있다.

3) 균열을 바라보는 관점과 이후의 전망

17세기의 위와 같은 변화를 상속제 연구자들은 대부분 과도기적 현상으로 이해하고 있다. 전반적으로 균분상속에 균열이 생기기 시작했지만 일부 양반가는 자녀 간 균분상속을 아직 여전히 이어가고 있었기 때문이다. 또 균분상속 대상에서 딸을 제외하기 시작한 가문에도 아들 간에는 균분상속이 그대로 남아 있고, 딸 역시 균분상속은 받지 못했지만 상속에서 제외되지 않았기 때문이다. 그리고 짧은 과도기를 지나 17세기 후반이 되면 장남우대가 대량으로 출현하는 것으로 보고 있다. 장남우대는 장남에게 상속분을 많이 지급하기보다는 재산의 상당 부분을 조상제사에 쓸 봉사조로 설정하고 그것을 종가에만 전래하게 하는 방식으로 이루어진 것을 말한다. 일부에서는 과도기가 18세기 초까지 이어지다가 이후 장남우대와 남녀차별 상속으로 기울어졌다는 견해를 보인다. 하지만 17세기 후반으로 볼 것인지 아니면 18세기 초반으로 볼 것인지의 차이가 있을 뿐 딸에 대한 차등상속, 그리고 아들 간에 지속된 균분상속을 상속제 변화의 종착점이 아닌 과도기로 보는 점에서는 동일하다.

한편 균분상속의 균열을 설명하려면 봉사의 변화 역시 함께 논의하지 않을 수 없다. 앞에서 사위들이 처가에서 상속받은 재산을 반납하면서 이유로 내세운 것이 '제사를 돌아가며 지내는 것'이 어렵다는 것이었다. 제사를 돌아가며 지내는 것을 가리켜 흔히 '윤회봉사'라고 하고, 제사를 '윤행' 한다고도 말한다. 균분상속에는 윤회봉사가 수반되는 경향이 컸는데, 균분상속에 균열이 생겼다면 윤회봉사에도 변화가 불가피했다는 뜻이다.

봉사의 변화에 대해서는 대체로 두 가지 견해가 존재한다. 하나는 봉사의 변화 과정을 3단계로 다음과 같이 풀이한다. 즉 17세기 중엽까지는 장자봉사와 자녀윤회봉사의 두 가지 형태가 나타난 시기, 그때부터 18세기 초까지는 자녀윤회에서 장자봉사로 이행하는 시기, 그리고 18세기 초부터는 봉사조의 증가 현상을 토대로 장자봉사로 굳어지는 시기로 보는 것이다. 다른 하나는 균분상속과 함께 자녀윤회봉사가 시행된 시기, 자녀윤회봉사와 제자諸子윤회봉사가 동시에 나타난 17세기, 자녀차등상속제와 함께 다량의 봉사조가 적장자에게 관장되어 종가 재산이 격증하면서 점차 적장자단독봉사제가 확립되는 17세기 후반부터의 시기로 보는 것이 그것이다. 여기서 제자윤회봉사란 딸을 포함한 자녀윤회봉사와 달리 아들만 윤회봉사에 동참하는 것을 말한다. 이때에는 기제忌祭만 윤회하고 시제時祭는 종가에서 봉행하는 방식을 비롯해 봉사가 다양한 방식으로 실행되었다고 했다.

두 견해 모두 17세기를 가리켜 자녀윤회봉사가 그대로 유지되는 가계와, 일부 제사를 장남이 맡아서 지내는 가계, 윤회봉사에서 딸이 제외된 가운데 아들 사이에서는 윤회봉사가 지속되는 가계 등이 혼재된 과도기로 보고 있다. 과도기를 거친 후 장자단독봉사제가 확립되었다고 보는 것도 동일하다.

그런데 재산상속에 대해서는 모두 17세기 후반 이후를 '종가의 재산 격증'이나 '적장자우대' 정도로 표현하면서 종착지에 대해서는 다소 입장을 유보하고 있다. 반면 봉사에 대해서는 17세기 후반 또는 18세기 초반을 '장자단독봉사제의 확립' 또는 '장자봉사로의 이행'기로 언급함으로써 결말을 명확히 한 차이가 있다. 재산은 '적장자우대상속', 봉사는 '장자단독봉사'가 종착점이 된 것이다. 하지만 분재기에 제시된 균분상속의 와해 원인이 '제사의 불윤행'인 데서도 알 수 있듯이 재산상속과 봉사는 불가분의 관계가 있었다. 장자단독봉사를 종착지로 보았다면 그것을 장자단독상속과 함께 실현된 것으로 보는 것이 자연스럽다. 그럼에도 불구하고 상속 사례는 개별적 특성이 다양하므로 그것을 일반화해 장자단독상속으로 단정하는 데는 어려움이 따른다. 그리고 뒤에 설명하겠지만 종착점을 사실로 입증해 줄 분재기 자체가 그리 많지 않다. 장남단독봉사와 달리 장남 '위주'의 재산상속 등의 유보적 용어가 등장한 배경이다.

그런데 문제는 유보적으로 표현되던 상속제 변화에 관한 주장들이 후학들에 의해 다소 단정적으로 인용되고 재생산되는 점이다. '장자 위주' 또는 '적장자우대'라고 한 과거의 연구들은 '장자단독상속'으로 인용되었고, 그와 함께 '장자단독봉사'는 의심의 여지 없는 17세기 이후의 제사 방식으로 명기되었다. 초기의 연구들이 변화 시기와 방식을 설명할 때 비교적 다양한 가능성을 제시하고 유보적으로 설명한 것은 분재기에 나타나는 가계별 차이를 무시하고 변화 양상을 도식화하기 어려웠기 때문이다. 하지만 본격적인 상속제 연구가 아니라 친족이나 공동체, 조선 후기의 지배계층에 관한 논의에서는 과거의 연구 성과가 도식화되었다. 상속과 봉사를 본격적으로 연구한 것이 아니므로 특수성을 사상시킨 것으로 생각된다. 그렇지만 '17세기 이후 장자단독상속, 장자단독봉사는 과연 실현되었는가'라는 질문을 다시 던진다면 그렇다고 흔쾌히 대답하기는 어렵다. 이런 질문에 대답할 단서를 찾기 위해 균분상속의 균열 이후를 다시 한 번 살펴보자.

3 17세기 이후의 상속 사례, 난고蘭皐 후손 가계

1) 17~19세기의 난고종택의 분재기

17세기 이후의 상속 사례로 난고종택의 예를 살펴보자. 경상북도 영덕군 영해면에 세거한 영양남씨 난고蘭皐 남경훈南慶薰(1571~1612년)의 후손 가계의 사례이다. 이 가계를 사례로 고른 이유는 17세기 중엽부터 19세기 초까지 7대에 걸쳐 분재기가 전래하고 있기 때문이다. 17세기 이후 이렇게 연속적으로 분재기가 남아 있는 가계는 매우 드물다. 현재 고문서 전래 현황을 보면, 분재기는 16~17세기의 것이 거의 80%에 가까운 다수를 점하는 반면 18세기 이후 것은 약 15% 정도밖에 되지 않는다. 뿐만 아니라 18세기부터는 분재기 중 별급문기의 비중이 커지므로, 실제 재산의 상속 양상을 전체적으로 파악할 수 있는 화회문기, 허여문기, 분급문기 등의 분재기는 18세기 이후 급감했다고 할 수 있다. 때문에 어느 한 가문에서 균분상속으로부터 딸이 소외되기 시작하는 지점은 명확하나 이후 상속 관행이 어떻게 흐르는지를 분재기로 입증하기는 어려웠다. 하지만 분재기의 꾸준한 발굴에 힘입어 18세기 이후의 양상을 관찰할 단서가 마련되고 있다. 그중에서도 난고종택처럼 19세기 초까지 이어진 사례는 많지 않다. 안동의 한국국학진흥원에 있는 자료군에서 찾은 난고종택 분재기 중 분석 대상 자료는 다음 〈표 1〉과 같다.

표 1 _ 17~19세기 난고 후손가의 분재기

번호	명칭	작성 연대	재주財主	상속인	피상속인-상속인 관계
1	〈남길 처 신씨 분급문기〉	1668	南佶妻申氏	2남1녀	모자
2	〈남상주 자녀 화회문기〉	1691(추정)	南老明 외	4남1녀	남매
3	〈남노명 분급문기〉	1720	남노명	1남3녀, 서1남1녀	부자
4	〈남국시 처 류씨 분급문기〉	1737	南國蓍妻柳氏	3남1녀	모자
5	〈남이만 분급문기〉	1751	南履萬	2남2녀	부자
6	〈남경복 자녀 화회문기〉	1784	南斗陽 외	3남2녀	남매
7	〈남두양 분급문기〉	1811	南斗陽	2남	부자

〈표 1〉에서 볼 수 있는 대로 분석할 분재기의 작성 연대는 1668년(현종 9년)부터 1811년(순조 11년)까지이다. 재산상속과 제사봉행에 변화가 나타나는 17세기 중엽부터 150여 년간의 상속 양상을 파악할 수 있는 점에서 매우 유용한 사례라고 할 수 있다.

〈표 1〉에서 분재기의 명칭은 피상속인을 중심으로 붙였다. 예컨대 첫 번째 분재기의 경우 피상속인인 남길의 처 신씨가 자신의 3남매에게 재산을 분할해준 것이므로 분재기명을 〈남길 처 신씨 분급문기〉라고 했다. 화회문기의 경우 재주財主 사후에 작성되므로 분재기 명칭에는 화회 당사자의 아버지 이름을 넣었다. 일반적으로 고문서 자료집은 대부분 화회문기 명칭을 화회 당사자 이름을 넣어 'ㅇㅇㅇ남매 화회문기'로 명명해왔다. 하지만 그러한 경우 장남 이름을 넣을지, 분재기 소장처를 중심으로 이름을 넣을지에 대한 논의가 분분하다. 따라서 여기서는 '화회'라는 상속 형

태가 부모 재산을 분할하는 것인 점에 착안해 부모 이름을 넣어 명명해보았다. 그러나 재주는 분할상속 당사자인 자녀로 했다. 예컨대 두 번째 분재기의 경우 남상주 사후에 작성된 것으로 〈남상주 자녀 화회문기〉라 명명했으나 재주는 실제 재산을 분할한 남상주의 자녀 이름인 남노명 외 5인으로 써넣었다. 그렇게 명칭을 부여하고 재주를 파악하면 재주를 중심으로 볼 때 남길부터 남두양까지 7대의 재산상속 양상을 파악할 수 있다.

분재기에 등장하는 인물을 중심으로 7대와 그 전후의 세계를 가계도로 그려보면 다음과 같다.

도 1 _ 17~19세기 영양남씨 난고 후손 가계

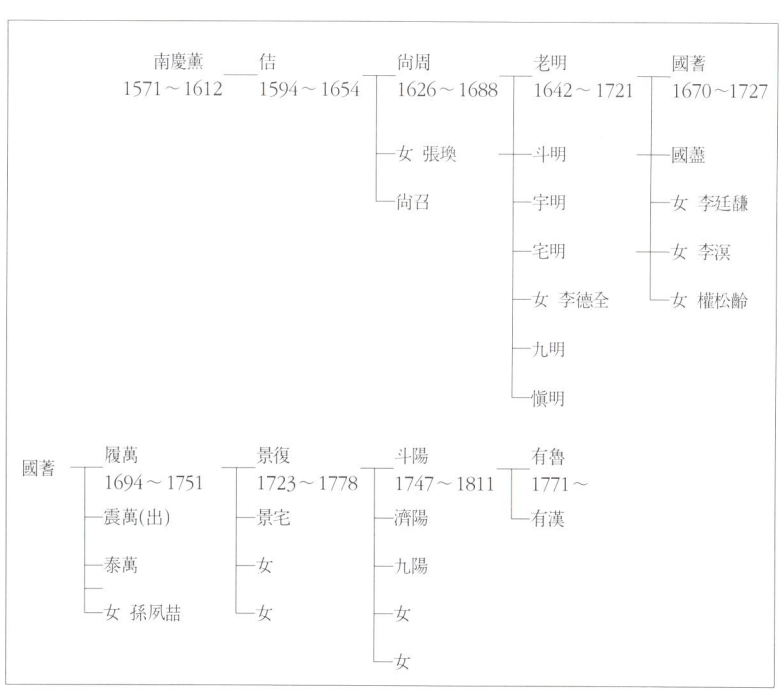

① 〈남길 처 신씨 분급문기〉(1668년)

첫 번째 분재기인 〈남길 처 신씨 분급문기〉는 남길(1594~1654년)이 사망한 후 처 신씨가 자식들에게 재산을 나눠준 것이다. 작성 연대를 구체적으로 밝히지 않았고 무신년戊申年이라는 간지만 쓰여 있는데, 3남매에게 주는 '허여문기초許與文記草'라고 쓴 것으로 보아 분재기 초문기인 것으로 추정된다. 서문에 남편의 사망으로 부득이 본인이 전답과 노비를 분할해준다는 내용이 있는 것으로 보아 남편 사망 후인 무신년에 작성된 것으로 보인다. 그 외에도 증인들의 생몰년 등으로 문서 작성 연대를 추정할 수 있지만 무엇보다 필집으로 참여한 '생원 백세홍白世興'을 통해서도 그것을 명확히 할 수 있다. 남편인 남길의 표질表姪로서 필집으로 서명한 백세홍(1630~1699년)은 1675년에 문과에 급제한 인물이다. 그런데 이 문기에는 아직 생원 칭호를 쓰고 있으므로 문과 급제 이전인 무신년 1668년에 작성된 문서임을 알 수 있다.

이 분재기 서문에는 균분상속이나 차등상속 여부, 윤회봉사를 시행하는지의 여부 등 이 집안의 상속 방침을 구체적으로 제시한 내용은 나와 있지 않다. 초문기다 보니 제사조와 각 몫을 구분해 처리한다는 간략한 내용만 있다. 하지만 재산 분할 내역을 면밀히 검토해보면 아들과 딸에게 동등하게 재산을 분할해주었음이 확인된다.

② 〈남상주 자녀 화회문기〉(1691년)

두 번째 분재기인 〈남상주 자녀 화회문기〉는 서문에 마멸된 부분이 많고 첫 행이 보이지 않아 정확한 작성 연대를 알 수 없다. 하지만 상속인 5명과 증인의 서압署押이 있고, 그들 이름 앞에 학유學諭, 진사 등의 직역이 있어 생몰년와 벼슬, 소과 입격 시기 등을 토대로 작성 연대를 추정할 수 있다. 우선 남상주의 졸년卒年이 1688년(숙종 14년)이고, 부모 사후 삼년상을 마치고 작성되는 화회문기의 속성을 고려해 작성 연대를 파악할 수 있다. 또 장남 남노명이 학유라는 직함을 쓰고 서압을 했는데, 그가 학유 벼슬을 지낸 시기가 1691년(숙종 17년)이므로 그때 작성된 문서로 추정할 수 있다. 그 외에도 상속인과 증인의 이름과 직역, 생몰년 등을 고려해 이 문기의 작성 연대를 추정할 수 있는 단서가 여러 가지 있다.

이 분재기는 서문에서 부모가 생전에 허여許與한 것이 있으므로 그 내용을 화회문기에 반영하고, 나머지 재산은 남매가 평균분집한다고 밝히고 있다. 그러나 딸은 윤회봉사에 참여하지 않으므로 신비新婢 1구만 지급한다고 해 균분상속과는 거리가 먼 재산 분할 내용을 제시하고 있다. 신비란 흔히 신노비라고 부르는 노비 중 계집종인 비婢를 의미하는데, 혼인할 때 지급해주는 노비를 가리킨다. 따라서 딸이 혼인할 때 신노비를 지급했고, 이미 지급한 신노비만 인정하고 추가로 재산을 나눠주지 않겠다는 뜻으로 풀이된다. 그리고 실제 상속 내역에서 사위 이덕전李德全에게는 노비 1구만 지급한 것을 확인할 수 있다.

여기서 눈여겨볼 것은 바로 앞의 문서인 1668년의 분재기에서 '아들과 딸에 대한 균분' 상속이 시행된 이 집안의 상속 방침이 1691년의 이번 분재기에서는 '아들 간의 균분'으로 바뀌고 있는 사실이다. 즉 이 집안의 균분상속에 균열이 생기기 시작한 것은 1691년임을 확인할 수 있다. 그리고 다음 분재기부터는 균분상속의 균열 이후를 보여준다고 할 수 있다.

③ 〈남노명 분급문기〉(1720년)

세 번째 분재기는 1720년(숙종 46년)에 남노명이 자식들에게 재산을 분할해준 문서이다. 이 분재기 서문에는 몇 가지 상속 지침이 제시되어 있는데, 대체로 아래와 같이 요약할 수 있다.

첫째, 대진代盡한 제위조祭位條를 종가에 속하게 한다.

둘째, 딸은 앞으로 본종本宗 제사를 거론하지 말라.

셋째, 국전國典에 따라 적서嫡庶의 차등을 둔다.

순서를 거꾸로 해 셋째 조항부터 살펴보자. 재산상속에서 적서의 차등은 자녀 간 균분상속이 철저히 지켜지던 조선초기부터 『경국대전』에 규정되어 있던 것으로, 전혀 새삼스러운 조항이 아니다. 『경국대전』에는 적자녀 사이에는 균분을 규정해 놓았지만 서자녀庶子女의 경우 적자녀 1인 몫의 1/7, 얼자녀孼子女는 1/10을 상속분으로 규정해 놓았다. 하지만 양반가의 분재기에서는 적자녀 사이의 균분상속은 철저히 지키면서도 서얼에게는 규정보다 턱없이 적게 주거나 아니면 생계를 위해 상당 부분 우대한 사례가 자주 드러난다. 즉 법전 규정에 크게 얽매이지 않고 각 가계의 상황에 따라 융통성을 발휘해 서얼 자녀에게 재산을 상속했음을 알 수 있다. 따라서 이 분재기에 언급된 적서차등의 내용은 지금까지 시행해온 관행의 지속을 의미하는 것으로 생각된다.

둘째 조항은 딸을 제사 윤행에서 제외한다는 것이다. 흔히 본족, 처족, 외족과의 관계를 토대로 친족제의 성격을 파악하곤 한다. 17세기까지는 윤회봉사를 시행했으므로 차례가 되면 사위나 외손자가 제사를 봉행해왔다. 본족 외에 처족이나 외족과의 관계 역시 중요했다는 방증일 것이다. 하지만 앞으로 딸은 본종 즉 친정 제사에 대해 거론하지 말라고 분재기 서문에 명시함으로써 본족 위주의 가계 운영으로 분위기가 전환됨을 알 수 있다. 하지만 이는 새삼스러운 것은 아니고, 1691년에 작성된 바로 앞 분재기에서 딸을 균분상속에서 제외했기 때문에 그에 상응하는 조치로 풀이된다.

가장 주목할 만한 것은 대진한 제위조를 종가에 속하게 한 첫 번째 항목이다. 봉사조를 설정하고 운영하는 방식은 가문마다 차이가 있었다. 봉사하는 대수代數나 제사 종류와 관계없이 봉사조를 한 가지 항목으로 모아 설정한 경우가 많다. 또 고조부모, 증조부모, 조부모 등 대수별로 각각의 봉사조를 설정한 경우도 있었다. 난고 후손 가계의 경우 봉사조가 대수별로 설정되어 있던 것처럼 보인다. 그리고 가장 윗대가 대진해 제사를 마무리하게 되면 역할을 다한 봉사조를 종가에 속하게 한 것이다. 대수가 다해 앞으로 기제사는 지내지 않지만 묘제나 시제 등 대수가 먼 조상을 대상으로 한 제사가 남아 있기 때문에 그를 대비한 봉사조로 전환한다는 의미로 추측된다. 그러므로 대수가 다한 봉사조를 종가에 속하게 한 데는 묘제나 시제 등 일부 제사를 점차 종가가 담당하게 되는 제사 봉행의 변화가 동반되었을 것이다. 일부 제사에서 윤회봉사가 사라지는 것은 다른 가문에도 종종 나타나는 현상이었다.

④ 〈남국시 처 류씨 분급문기〉(1737년)

네 번째 분재기는 1737년(영조 13년)에 작성된 것으로, 남국시의 사망으로 처 류씨가 자식 4남매에게 재산을 분할한 것이다. 이 분재기 서문에는 제사조에 관한 언급 외에 출계出系한 차남 몫에 대한 언급이 있다. 차남은 출계해 다른 형제의 양자로 들어갔고, 스스로 약간의 전답을 마련했으므로 장남에 비해 적은 재산을 나눠준다는 내용이었다.

⑤ 〈남이만 분급문기〉(1751년)

다섯 번째 분재기는 남이만(1694~1751년)이 자식 4남매에게 재산을 분급한 분재기이다. 이 분재기는 첫 행에 '건륭 16년에 신미辛未 5월 일 자녀 허여문기'라는 제목이 있으나 서문은 따로 없고 바로 분재 내역으로 이어지는 문서이다. 건륭 16년은 1751년(영조 27년)으로 피상속인 남이만이 세상을 떠난 해이다. 하지만 서문 대신 문기 말미에 첨부된 내용을 통해 문기 작성에 얽힌 복잡한 과정을 파악할 수 있다. 남이만의 막내아들 남경택이 쓴 것으로 그 개요는 다음과 같다.

남이만은 만년에 병을 앓았으므로 직접 분재기를 작성하지 못하고 아우를 시켜 분재기 초고를 작성해두었다. 남경택이 그를 '중부仲父'로 표현한 것을 보아 위의 〈도 1〉 가계도를 참고해보면 남태만으로 추측된다. 그러나 수십 년 동안 분재기 초고를 정서해 정식문서로 만들지 못했다. 그러는 중에 남이만의 장남인 남경복(1723~1778년)까지 사망하고, 결국 남경복의 기제를 지내기 위해 친지들이 한자리에 모이자 분재기를 정서하게 되었다는 것이다. 분재기를 정서한 것은 1784년(정조 12년)이지만 30여 년 전에 초문기를 작성할 당시의 분재 원칙이 그대로 적용된 것으로 볼 수 있다.

⑥ 〈남경복 자녀 화회문기〉(1784년)

여섯 번째 분재기는 1784년에 작성되었는데, 남경복의 자녀들이 부모 재산을 분할상속한 화회문기이다. 1784년은 앞의 분재기가 30여 년 전에 작성된 초문기를 토대로 정서된 해이기도 하다. 서문에서 '아버님이 돌아가신 날 계부季父 및 여러 친족과 상의해' 분재기를 작성한다는 내용이 있다. 즉 앞의 분재기에도 남경복의 기제를 지내기 위해 친지들이 모인 자리에서 문서를 정서한다는 내용이 있었으므로, 두 분재기는 같은 날 작성된 것으로 추정된다.

⑦ 〈남두양 분급문기〉(1811년)

마지막은 1811년(순조 11년)에 작성된 것으로, 남두양이 두 아들에게 재산을 분할해준 분재기이다. 이 분재기에는 서문이 생략되어 있고, 분할한 재산 역시 노비는 없고 전답만 기록되어 있다. 바로 앞 분재기까지도 노비와 전답이 모두 수록되어 있었으므로 이 집안 분재기에서 노비가 사라진 것은 이번이 처음이다. 19세기로 접어들다 보니 재산이 영세해진 것인지 전답 규모 역시 보잘것없는 수준이다. 그런데 한국국학진흥원 웹사이트에서 소개하고 있는 난고종택 고문서를 일별해보니 남두양의 호구단자가 여러 점 확인되었다. 남두양의 호구단자에는 그의 나이 40대, 50대까지 수십 명의 노비가 수록되어 있다. 이 시기의 호적에 수록된 노비에 도망노비가 상당수 포함되어 있음을 감안하더라도 자식들에게 재산을 분할해 주는 분재기에 노비가 한 명도 올라 있지 않은 것은 놀랍다. 노비가 없어졌을 뿐만 아니라 전답 역시 규모가 영세해질 대로 영세해져 있다. 상속인은 두 아들로 기록되어 있는데, 딸이 있는데도 상속인에서 제외된 것인지 원래 두 형제밖에 없었는지는 알 수 없다. 두 형제가 재산을 나누었는데 장남보다 차남 몫이 크지만 이유도 설명되어 있지 않다.

2) 난고 후손 가계의 재산상속

위의 7점의 분재기에 수록된 7대에 걸친 남씨 가계의 재산의 총량과 그것을 자식들에게 분할한 방식을 살펴보자. 재산의 총량을 살피는 이유는 이 가계의 경제적 상황과 변화 양상을 살필 수 있기 때문이다. 또 균분상속이 지속되면 점차 재산이 영세해져 결국 균분상속이 와해되는 지경에 이른다는 것이 일반적 의견이기도 하므로 이 집안 사례도 그에 해당되는지 살펴볼 수 있다. 이 집안의 분재기에는 서문이 없거나 간략한 경우가 있고, 서문에 균분상속을 표방했으나 실제로는 딸을 제외한 경우도 있었다. 그러므로 재산의 총량과 상속 방식은 본문에 나열된 재산 분할 내역을 토대로 검토했다.

① 재산 분할 내역

7점의 분재기는 7대 동안 1대도 거르지 않았고, 작성의 시간 간격도 20~30년에 정도로 거의 일정하다. 그러므로 17세기 후반 이후 140여 년에 걸친 남씨 집안의 소유재산 규모와 이력을 비교적 안정적으로 관찰할 수 있다.

표 2 _ 각 분재기별 수록 재산 내역

번호	작성 연대(년)	상속인	분재총량(노비: 口)	분재 총량(토지)
1	1668	2남 1녀	29	414.5두락지+4곳
2	1691(추정)	6남 1녀	13	187두락지+7곳
3	1720	2남 3녀, 庶1남 1녀	63	793.3卜+2곳
4	1737	3남 1녀	11	291.1卜
5	1751	2남 2녀	8	217.1卜
6	1784	3남 2녀	5	118.1卜
7	1811	2남		105.2卜

〈표 2〉를 보면 1668년부터 18세기 말까지 노비와 토지가 상속되었음을 알 수 있다. 1811년에는 노비가 사라지고 토지만 상속했으나 바로 윗대의 상속에서 이미 5구의 노비밖에 남아 있지 않은 상황이었다. 노비의 감소는 균분상속에 따른 결과도 있겠지만 사노비 감소 추세가 사회 전반에 이어져 노비제가 유명무실화되어가는 상황과도 관련이 있었다. 토지는 전답을 모두 합산한 것이고, 단위 역시 두락과 결부가 혼합되어 있으므로 정확한 비교보다는 대체적 추이를 살펴보는 정도로 그칠 수밖에 없다. 게다가 앞의 세 점의 분재기는 일부 마멸된 부분이 있거나 토지의 단위가 생략된 부분도 발견된다. 하지만 전반적인 양상은 노비에 비해 급격한 감소 없이 일정 수준의 재산을 유지하고 있었음을 알 수 있다.

  특히 두 번째 재산상속인 1691년에 7남매가 재산을 상속했는데, 그로부터 30년에 후인 1720년에 노비와 토지 모두 3배 이상의 증가를 보인다. 분할상속의 결과 자녀 수에 비례해 재산이 빠른 속도로 축소된다는 것이 일반적 인식임에 비추어 볼 때 매우 특이한 현상이 나타난 것이다.

② 상속 방식의 변화 과정

각 분재기의 재산 분할 내역을 통해 상속 방식을 추려 보면 다음과 같다.

표 3 상속 방식

번호	작성 연대(년)	상속인	재산
1	1668	2남 1녀	子女균분
2	1691(추정)	6남 1녀	子女차등, 諸子균분
3	1720	2남 3녀, 서1남 1녀	子女차등, 諸子균분 ※ 子〉庶子〉女〉庶女
4	1737	3남 1녀	子女차등, 諸子균분
5	1751	2남 2녀	子女차등, 諸子균분
6	1784	3남 2녀	子女차등, 諸子균분 ※ 토지분급에서 딸 제외
7	1811	2남	李兒〉伯兒

〈표 3〉을 살펴보면, 1668년과 1691년의 재산상속 사이에 큰 변화가 생겼음을 알 수 있다. 즉 모든 자녀에 대한 균분상속으로부터 딸을 제외한 아들만의 균분상속으로 바뀐 것이다. 이를 '자녀 간 균분상속' 또는 '제자녀諸子女균분상속'에서 '제자諸子균분상속'으로의 변화로 표현할 수 있을 것이다. 1691년의 분재기의 경우, 서문에 밝힌 대로 사위 이덕전에게 노비 1구만 지급했다. 그것은 균분상속의 균열 정도를 넘어서 딸을 상속에서 완전히 배제한 것이나 다름없는, 차등상속의 시작으로서는 파격적인 상속 내용이라고 할 수 있다. 이 집안의 딸에 대한 차등상속은 지속되었지

만 이처럼 노비 1구만 지급한 것은 그때 외에는 없었다.

제자균분상속은 상속제 변화에 대한 기존 연구에서 과도기로 인식되던 방식이다. 난고 후손 가계의 경우 균분상속의 균열 이후 제자균분상속은 비교적 장기간 이어졌다. 1691년에 시작되어 1720~1784년까지 3건의 분재기도 같은 내용으로 상속이 이루어졌음을 입증하고 있다. 1720~1751년까지의 3회 상속에서 딸은 노비와 토지 모두 아들 몫의 약 1/4~1/3 수준으로 분할받았다. 1784년이 되자 딸은 노비만 받고 토지 상속에서 아예 제외되었는데, 재산의 총량 자체가 매우 적어진 후의 일이었다. 보통 다른 집안의 경우 딸은 토지의 1/3분을 감한다거나 토지를 아들의 1/3만 준다는 내용이 자주 등장한다. 이에 비하면 남씨 가계의 딸에 대한 상속분은 매우 적은 편이다. 특시 서자에 대한 상속 내용이 유일하게 수록되어 있는 1720년의 분재기의 경우, 상속분이 '아들-서자-딸-서녀庶女' 순으로 나타나고 있어 적녀嫡女가 서자보다 적은 상속분을 받았다. 상속할 재산이 축소되었다고는 하나 서자가 적녀를 앞선 것은 매우 이례적인 일로 여겨진다. 1811년의 분재기의 경우 서문이 없어 상속 방침을 알 수 없다. 그리고 두 아들 간에 차등상속이 이루어졌으나 장남이 아니라 차남이 우대상속했으나 이유를 알 수 없어 18세기의 상속 방식의 지속 여부는 단정하기 어렵다.

〈표 3〉을 토대로 난고종택의 상속 양상을 요약하자면, 17세기 후반에 자녀 간 차등상속이 시작되어 18세기 후반까지 약 1세기 정도 제자균분상속 형태가 유지되었다. 즉 균분상속에서 딸이 소외된 이후에는 추가적 변화가 별로 보이지 않는다. 기존 연구에서 17세기 후반 전후까지 존재한다고 본 과도기적 상속 형태가 18세기 말까지 지속되었다. 이 시기에 장자 단독상속이나 장자 위주의 재산상속 분위기는 나타나지 않았다.

③ 봉사조의 변화

1691년의 분재기에서는 딸을 균분상속에서 제외한 원인으로 '먼 곳에 살기 때문에 제사를 윤행할 수 없다'는 사실을 들었다. 결국 '윤회봉사에 따른 균분상속'이 시행되어 왔고 '윤회봉사 해소에 따른 차등상속'으로 바뀌었음을 알 수 있다. 그때 제사를 윤행하지 않는 사람은 딸이므로 아들 사이에서는 제사가 그대로 윤행되었음을 알 수 있기도 하다.

기존 연구에서는 장자단독봉사나 장자 위주의 재산상속이 봉사조를 확대해 장자에게 속하게 하는 방식으로 진행되었다고 주장해왔다. 따라서 난고종택 사례에서 나타나는 봉사조의 변화 양상을 살펴보지 않을 수 없다. 하지만 봉사조의 내역을 살펴보기 전에 우선 확인해둘 사항이 있다. 즉 앞의 7점의 분재기 모두 봉사조를 장남 몫 아래 쓰지 않고, 서문이 끝난 위치에 독립적 항목으로 써놓았다. 문서 구성상 '서문-봉사조-장남 몫-차남 몫' 등의 순으로 되어 있다. 문서에서 봉사조의 위치는 제사 봉행 방식이나 재산상속 방식과 직접적 연관 관계가 없을지도 모른다. 다만 기존 연구에서 봉사조가 분재기 본문 중 맨 앞에 나오는 경우, 뒤에 나오는 경우 그리고 장남 몫 아래에 쓰인 경우 등으로 나누어 시기적 흐름을 파악한 사례가 있다. 또 조선 후기로 갈수록 봉사조를 장남 몫 아래 쓰는 경향이 커진다는 견해가 많고, 그것을 봉사조의 행사 권한이 장남에게 있거나 심지어 장남에게 상속된 것처럼 해석하려는 사례도 있다. 따라서 난고종택의 분재기는 18세기 말까지도 봉사조를 장남 몫 아래 쓰지 않았다는 점을 언급해둔다.

〈표 4〉는 위의 7대의 분재기에서 봉사조의 내역만 살펴본 것이다. 먼저 봉사조라는 명칭을 살펴볼 필요가 있다. 이 집안은 봉사조를 주로 '세사조' 또는 '제위조祭位條'나 '제위'로 쓰고 있다. 제사 봉행에 소요되는

표 4 _ 봉사조의 내역

번호	작성 연대(년)	봉사조 명칭	봉사조 내역
1	1668	제사조	노비 2구 畓 9.5두락지+△ (마멸분1년) 田 11.5두락지
2	1691(추정)	제사조(추정)	노비 1~2구(마멸분 포함) 畓 약 10두락지
3	1720	선세제위조	노비 16구 畓 85卜 田 49.9卜 代田 17.6卜
3	1720	신제위조	6구 畓 16.4卜
4	1737	신제위조	노비 2구 畓 14卜 田 13.8卜
5	1751	제위	노비 2구 畓 14.6負 田 35.3負
6	1784	제위조	노비 1구 畓 14.4負 田 4.3負
7	1811	자기제위조	답 14負

비용을 충당하기 위해 마련해두는 항목을 주로 봉사조라고 하므로, 제위조나 제사조 역시 같은 의미로 볼 수 있다. 다만 두 번째 분재기인 1691년의 분재기의 경우, 전반부에 결락이 있어 작성 연대도 추정을 통해 밝힐 수밖에 없고, 봉사조의 항목명이 어떻게 쓰여 있는지도 확인이 어렵다.

〈표 4〉에서 확인되는 바와 같이 봉사조를 설정한 방식은 두 가지였다. 하나는 '제사조'나 '제위조'가 단일 항목으로 구성된 경우이다. 또 다른 하나는 '선세제위조先世祭位條'와 '신제위조新祭位條'로 구분된 경우이다. 그 외에 단일 항목이지만 '자기제위조自己祭位條'라는 이름으로 설정된 사례도 있다. 그중 신제위조와 자기제위조는 동일한 것으로 추정된다. 즉 분재기를 작성하는 당대에 부모를 위해 새로 마련한 제위조였다. 분급문기의

경우 본인이 제위조를 설정하고 나머지 재산을 자식에게 나눠준다는 의미에서 그것을 '자기제위조'로도 칭할 수 있었다. 반면 선세제위조는 당대에 새로 설정한 봉사조가 아니라 이전에 봉사조로 설정되어 전해 내려온 것을 말한다.

하지만 '제위'나 '제위조'라는 명칭으로 단일 항목에 올라 있는 봉사조가 선세제위조와 신제위조를 합한 통합된 봉사조 액수를 말하는 것인지 아니면 당대에 새로 설정된 신제위조를 일컫는 것인지는 정확히 단정하기 어렵다. 그것은 봉사조의 분량이나 그것의 증감을 논할 때 유의해야 할 부분이기도 하다. 하지만 적어도 남씨가의 경우 그냥 '제위'나 '제위조', '제사조'로 표기한 것이 '신제위조'일 가능성이 크다. 〈표 4〉를 보면 신제위조나 자기제위조가 아니라 그냥 제위조로 표기한 1, 2, 5, 6번 분재기의 제위조가 다른 세 건 분재기에 나오는 신제위조와 액수가 비슷하고, 상속인 1인 몫의 절반도 되지 않는 액수여서 선세제위조를 모두 합한 봉사조로 보기에는 다소 무리가 있다.

봉사조는 처음에 '제사조'라는 단일 항목으로 되어 있었다. 그러다가 1720년에 와서 '선세' 제위조와 '신' 제위조로 구분되었다. 1720년의 분재기 서문에는 "고조위高祖位의 대진代盡한 제사조를 구처區處해야 하나 그 이하의 제사조가 적으므로 종가에 속하게 한다"고 되어 있다. '구처'란 '분별 또는 구분해 처리'함을 의미하는 일반적인 용어이나 분재기에서는 대체로 '분재'라는 의미로 쓰여 왔다. 따라서 대진한 제사조를 상속분으로 돌려 분할해주어야 하지만 그것을 종가에 귀속하겠다는 의미이다. 그리고 용도는 부족한 제사조를 보충하는 데 있었다. 그러나 이후에도 그러한 조처가 지속되었는지는 알 수 없다.

〈표 4〉를 통해 7대 동안 남씨 가계가 상속을 시행할 때마다 새로 설정한 제위조 액수를 살펴보면, 노비는 대체로 2구 내외이다. 답畓은 10두락

지 또는 15부負 내외이며, 전田은 전혀 설정되지 않은 경우부터 30부負 이상까지 편차가 큰 편이다. 분할상속에도 불구하고 재산이 갑자기 증가한 1720년의 경우 재산 증가에 비례해 새로 설정한 제위조도 증가했다. 그 외에 봉사조는 재산의 총량에 비례해 증감을 반복하고 있을 뿐 증가 일변도라고 할 수는 없다. 그리고 여기서 숫자 제시는 생략하겠지만 위 7점의 분재기에서 봉사조가 상속인 1인의 상속분을 초과한 적은 한 차례도 없었다.

 1720년의 분재기에만 수록된 선세제위조는 같은 해에 설정된 신제위조와 비교했을 때 노비는 약 2.7배이며, 토지는 절대 비교는 어렵지만 대략 9배 이상이 되는 면적이다. 구조상 선세제위조는 조부모, 증조부모, 고조부모를 제사하기 위한 것이고, 신제위조는 부모를 제사하기 위한 것이었다. 한 대수代數가 경과하면 체천된 고조부모의 제사조는 특별한 사유가 없는 한 상속분으로 환원되고 다시 새로운 신제위조가 형성된다. 따라서 제위조의 총량은 신제위조의 변동에 연동될 뿐 무한대로 증가하지는 않는다. 하지만 이 집안은 전술한 바와 같이 1720년 당시에 대진한 제위조를 종가에 속하게 해 봉사조가 부족해지는 상황에 대비하게 한 바 있다. 이후의 분재기에서도 만약 동일한 방식으로 선세제위조를 축적했다면 제위조 총액은 증가했을 가능성이 있으나, 정확한 봉사조의 운용 방식은 알 수 없다. 대수가 거듭될수록 확대되었을 가능성이 있다. 다만 대진한 제위조가 일반적 제위조와 함께 동일한 방식으로 운용되었는지의 여부는 알 수 없다.

 ④ 봉사조의 비중

 〈표 5〉는 분재된 재산의 총량 대비 봉사조의 비중을 파악하기 위해 작성한 것이다. 1720년까지 노비는 분재 총량의 1/10 미만에 해당되는 분량이 제위조로 설정되었다. 1737년에 분재기부터는 1/5~1/4 분량으로 비중이 증가하나, 전체적으로 이 집안 노비가 거의 소멸 단계에 와 있

으므로 비중을 논의하는 것 자체가 무의미하다고 여겨진다. 토지는 전답을 합산했기 때문에 정확하다고 보기는 어렵지만 17세기 후반에는 1/10 미만이었다. 18세기 들어서 약 1/10~1/5에 이르기까지 다양한 분포를 보이면서도 17세기에 비해서는 조금 증가한 것으로 볼 수 있다. 하지만 봉사조로 할당되는 노비가 축소되다 보니 조금 증가된 토지 분량에서 그것을 상쇄하고 있는 측면도 있다. 선세제위조와 제위조 양쪽을 모두 기록한 1720년의 경우 두 가지를 합하면 노비는 전 재산의 30% 내외, 토지는 20% 내외 정도가 된다.

표 5 _ 봉사조의 비중

번호	작성 연대(년)	제위조 (노비: 口)	제위조 (토지)	분재총량 (노비: 口)	분재총량 (토지)
1	1668	2	13두락지+△ (마멸분1년)	29	414.5두락지+4곳
2	1691(추정)	1~2 (마멸분 포함)	약 10두락지	13	187두락지+7곳
3	1720	선세제위조: 16 제위조: 6	선세제위조: 152.5卜 제위조: 16.4卜	63	793.3卜+2곳
4	1737	2	27.8卜	11	291.1卜
5	1751	2	49.9負	8	217.1卜
6	1784	1	18.7負	5	118.1卜
7	1811	0	14負		105.2卜

앞에서 난고 후손 가계의 재산상속 양상이 18세기 말까지도 장자단독상속이나 장자 위주의 재산상속은 보여주지 않은 채 제자균분상속 단계에 장시간 머물러 있음을 확인한 바 있다. 난고 후손 가계는 재산상속 시 봉사조 설정에서 재산이 일정 분량 이상일 때는 분재 총량의 1/10 정도, 재산이 적을 때는 봉사라는 예禮의 수행을 위해 1/5 내외로 가변적으로 봉

사조의 편성을 유지했다. 1720년에 선제제위조와 신제위조를 합한 봉사조 총액 역시 전 재산의 20~30%를 초과하지 않았다. 봉사조 총량은 봉사조 운용 방식에 따라 이후에도 지속적으로 증가했을 가능성이 없지 않다. 하지만 17세기 후반 또는 18세기 초반이라는 시기를 재산 대부분이 봉사조로 전환되어 장자단독봉사가 실행된 시기로 보는 견해들은 재고의 여지가 있음이 명확해진다. 적어도 그에 도달하는 시기를 1세기 이상 늦추거나 아니면 실제로 장자단독상속으로 이행했는지에 대해 근원적 질문을 던져볼 필요가 있다.

4 또 다른 사례들

난고종택 사례는 17세기 후반 이후의 재산상속이나 봉사가 기존에 논의되어 온 대로 장자단독이나 장자 위주의 상속과 봉사로 나아갔는지를 재검토할 필요가 있음을 보여주는 사례이다. 하지만 이 사례가 조선 후기의 사회 관행을 대변한다고 할 수는 없으므로 다른 사례를 좀 더 살펴볼 필요가 있다. 먼저 같은 영남지역, 비슷한 문화권으로 추정되는 양반가의 18세기 이후의 사례를 살펴보자. 다음은 한국국학진흥원이 조사해 보유 중인 분재기 중의 하나이다.

[사례 1] 울산 월진 학성이씨
〈이시강모李時綱母 안씨安氏 분급문기〉(1697년): 장자우대, 다른 자녀는 균분
〈이여규모李汝圭母 정씨鄭氏 분급문기〉(1764년): 아들 균분, 딸 차등.

[사례 2] 예천 안동권씨 춘우재

〈화회문기〉(1732년): 아들 균분, 딸 차등(균분상속 표방).

[사례 1]은 울산의 학성이씨 사례로, 어머니가 자식 3남 1녀에게 재산을 분할해준 분재기이다. 1697년(숙종 23년)에 작성된 이 분재기의 재주는 안씨 부인이며, 상속인은 맏아들 시강時綱, 둘째 아들 시찬時纘, 셋째 아들 시진時縉과 사위 서행원徐行遠이다. 남편의 사망으로 대신 재산을 분할한 안씨 부인은 장자우대상속을 실현했다. 하지만 서문에서 밝힌 사유에 따르면 일반적인 장자우대상속과는 달랐다. 즉 둘째 아들 시찬은 삼촌 후사로 입양되었고, 셋째 아들 시진도 작은 아버지 후사가 되었는데 두 집안이 모두 곤궁하지는 않았다. 따라서 장남에게 우대해준 것인데, 그렇게 차등을 두는 이유는 어느 아들을 사랑하고 어느 아들을 미워해서가 아니라 빈부의 수준을 비슷하게 하려는 뜻이라는 것이었다. 그런 이유로 장남을 우대하는 재산 분할을 실시했고, 둘째와 셋째 아들과 사위는 비슷한 양의 재산을 상속분으로 받게 되었다. 즉 장남에게 우대상속을 했지만 사유가 명백하므로 내용적으로는 오히려 균분상속에 가깝다고 할 수 있다. 더욱이 딸은 차남과 차별 없이 재산을 분할받았다.

같은 집안에서 60여 년 후인 1764년(영조 40년)에 이여규李汝圭의 어머니 정씨 부인이 자식인 3남 3녀에게 재산을 나눠주었다. 그때에는 오히려 장남 이여규와 차남 이여돈李汝敦, 3남 李汝基의 상속분이 유사하고 장남 우대는 없었다. 그리고 딸은 균분상속에서 제외되어 아들보다 상속분이 적었다. 단 세 딸 사이에는 유사한 분량의 재산이 분할되었다. 즉 상속분의 적용이 '장남=차남=3남〉장녀=2녀=3녀'와 같이 이루어진 것이다.

결국 1697년에는 장남우대가 시행되었지만 다른 아들들이 출후出后했기 때문이라는 특별한 상황이 반영된 결과였다. 그리고 차남 이하의 아들과 딸이 동일한 상속분을 받았다는 점에서 오히려 균분상속의 의도가 반영된 것으로 볼 수 있다. 오히려 18세기에 와서야 딸에 대한 차등상속이 나타나고, 아직 장남 우대는 나타나지 않은 전형적인 과도기적 재산상속 양상이 유지된 셈이다.

[사례 2]는 예천의 안동권씨 사례로 매우 흥미로운 내용을 보여준다. 장남 권완權悗을 포함한 4남 2녀가 재산을 상속하면서 그들 간에 상속분을 유사하게 가져가고, 딸에게는 차등을 둔 사례이다. 하지만 이 분재기 서문은 '평균분집平均分執'을 상속 방식으로 표방하고 있다. 다만 평균분집을 표방한 뒤 현재 가진 전답과 사환하고 있는 노비는 화회 대상에 넣지 않는다는 단서 조항이 있다. 그리고 재산이 매우 적어 딸에게는 신비만 지급한다는 내용이 명시되어 있다.

거기에 몇 가지 중요한 조선시대 상속 방식이 숨어있다. 첫째, 분재기 작성은 재산상속의 완결일 뿐이며, 재산은 전에 이미 여러 차례 분할되어 점유 또는 사용되고 있었다는 점이다. 예를 들어 혼인할 때 신노비를 받았다. 별급도 여러 차례 시행했다. 그리고 필요에 따라 생계에 필요한 재산을 분할받기도 했다. 그렇게 수시로 받은 재산은 재산상속 시 분재기에 고스란히 수록되었다. 분재기 작성 후에도 빠진 것이 있거나 도망한 노비를 추쇄했거나 하면 다시 유루분에 대한 추가 분재가 이루어졌다. 따라서 권씨 집안의 이 사례는 현재 부리는 노비와 경작 중인 토지를 다시 합산해 균분상속을 시행하지 않고, 새로 분할하는 재산에 대해서만 균분을 시행했음을 의미한다. 특히 두 딸은 신비만 준다고 했으나 그중 둘째 딸인 이민오처의 상속분에는 논 10마지기도 들어 있다. 그것은 둘째사위 이민오가 상속 이전에 경작하던 처가의 재산이었던 것이다.

둘째, 아무리 차등상속이 이루어져도 신노비는 공평하게 받는 경향이 있었다. 자식들이 혼인하는 시기가 다 다르므로 신노비 지급 시기 역시 다 달랐다. 그럼에도 불구하고 모두 동일한 수의 신노비를 받았다. 그리고 처가와 의절한 사위라든지 다른 이유로 상속인에서 제외할 때도 신노비만은 그대로 지급하는 경우가 있었다. 그것은 혼인할 때 이미 지급된 것이므로 되돌려 받지 않겠다는 의미에 불과했다. 새로 상속하는 것이라면 고려의 대상이 되겠지만 이미 혼인 시 지급된 것이므로 그것을 번복하지 않는다는 의미가 컸다.

균분을 표방하되 이미 사용 중인 것은 거론하지 않는다는 원칙에도 불구하고 상속 결과 아들 간에는 균분상속에서 크게 벗어나지 않을 만큼 비슷한 정도의 재산이 분할되었다. 그에 비해 딸은 현저히 적은 재산만 상속받을 수 있었다. 결론적으로는 딸에 대한 차등상속이고 아들 간에는 균분상속에서 크게 벗어나지는 않는 재산 분할이 이루어졌다. 그 외에도 18세기의 분재기 중에는 서문에 표방한 상속 원칙과 실제 재산 분할 내용이 다른 경우가 또 있다. 안동 고성이씨 임청각의 분재기 중 〈이시성남매 화회문기(1713년)〉의 경우, 서문에는 모든 자녀에 대한 평균분급을 천명하고 있지만 실제 상속 내용은 아들과 딸 사이에 차등분급이 이루어졌다. 순흥안씨 집안의 분재기인 〈안태국처 이씨 분급문기(1745년)〉도 비슷한 사례이다.

현재까지 남겨진 분재기에는 그처럼 18세기까지도 딸에 대한 차등상속은 확인되지만 아직 장자우대가 나타나는 경우는 별로 없다. 하지만 일부에서는 균분상속에서 딸을 제외하기 전에 장남과 차남에 대한 차등이 먼저 나타나기도 하고, 드물지만 '장남-중자衆子-딸' 순서로 상속이 서열화하는 경우도 나타났다. 또 재산상속은 사적으로 행해졌기 때문에 장남우대가 나타날 수도 있고, 시대를 역행해 19세기까지 균분상속이 나타날 수도 있었다.

분재기를 많이 접할수록 특이한 사례가 더 많이 발견된다고 느껴질 만큼 재산상속 양상은 다양하다. 전반적 경향으로 말하자면, 17세기 중후반에 자녀 간 균분상속에 균열이 생긴 이래 다양한 상속 관행이 혼재한 상태의 과도기가 시작되었다. 그리고 그러한 과도기는 예상을 깨고 오랜 시간 지속되어 종착지로 여겨진 장자 '단독' 상속과 봉사 관행은 18세기 말 또는 19세기 초까지 아직 열리지 못했다.

5   장자단독상속, 단독봉사는 과연 이루어졌는가?

몇몇 사례에 불과하지만 분재기가 보여주는 17세기 후반 이후의 재산상속과 제사는 균분상속이 균열된 직후의 과도기적 모습에서 크게 나아가지 못한 모습이다. 선행 연구에서 주장하는 장자 위주의 재산상속이나 장자단독봉사는 적어도 앞에서 살펴본 사례에서는 18세기까지 나타나지 않는다. 장자 위주의 재산상속이 나타나는 시기를 19세기 중반 이후로 늦춰 잡거나, 전근대 시기에 과연 장자단독상속과 봉사가 실재했는지 하는 의문을 근본적 차원에서 가져볼 필요가 있다. 그런 의문을 갖게 된 이유를 분재기라는 사료 자체 그리고 분재기를 활용한 연구 방향과 관련해 몇 가지 제시할 수 있을 듯하다.

첫째, 18세기 이후의 상속 관행에 관한 연구는 16~17세기의 상속 관행에 비해 연구 방법에서 분재기 활용이 상대적으로 매우 부족하다. 앞에서도 언급한 바 있듯이 분재기의 분포상 17세기 이후로는 전래 비율이 급감했기 때문이다. 재산상속에 관한 가계별 사례 연구는 균분상속에서 딸을 제외하는 17세기까지 분재기를 매우 상세하게 분석하고 있다. 하지만 많은 가문에서 균분에 균열이 생기는 분재기를 끝으로 이후 상황을 묘사한 상속문서가 남아 있지 않은 경우가 많다. 따라서 딸이 균분상속에서 소외된 이후의 과정에 대해서는 분재기에 대한 실제 분석보다는 어떻게 변화하리라는 추론이 상당 부분 가미되어 발표되었다.

둘째, 지금까지 분재기를 활용해온 방법을 재검토할 필요가 있다. 분재기를 시계열적으로 배열해 재산상속의 시간적 변화를 추적하면 상속제의 흐름이 도식적으로 그려질 수 있다. 전반적 경향성에 주목하게 되기 때문이다. 분재기는 개별 가문에서 필요에 의해 작성한 사문서이다. 따라서 다수결에 가까운 경향성뿐만 아니라 소수 견해로 보이는 개별성에 관심을 갖고 특이한 현상이 나타나는 배경에 관심을 기울여야 한다. 예를 들면 16세기에도 장남우대상속이 시행된 사례가 있고, 반대로 18세기까지 균분상속에 균열이 나타나지 않고 강력하게 유지되는 사례가 있다. 어떤 가문은 17세기에 균분상속을 깨고 차등상속으로 갔다가 다음 대에 균분상속으로 다시 돌아오기도 한다. 이런 특별한 현상 뒤에는 각 가계가 처한 특별한 상황과 합리적 명분이 도사리고 있다. 앞서 예로 든 울산의 학성이씨의 경우 장남을 우대했지만 실제로는 장남을 우대한 것이 아니라 다른 자식들의 상속분을 축소했기 때문에 결과적으로 장남 우대가 된 사례였다. 즉 다른 가닥을 잇기 위해 양자로 나간 아들과, 가계가 넉넉한 아들에 대한 재산의 감급減給이 원인이 되어 형제간 상속분이 달라진 것이다. 상속분을 일괄적으로 통계 처리하면 장남 우대지만 균분상속에 가까운 이런 특수한 사례가 합리적으로 해석되지 않는다. 가계에 따라 상속제의 변화 시기나 원인, 방법이 모두 다르므로 특정 가계를 지속적으로 관찰하는 방식이 병행되어야 하는 이유이다.

이번에는 분재기라는 자료의 관점이 아니라 사회 현상으로서의 상속제 변화, 장남우대상속과 장자단독봉사에 대한 전망에 대해 생각해보자. 17세기의 상속제 변화의 원인으로는 대표적으로 두 가지가 거론되어 왔다. 하나는 관념적 요인이며, 다른 하나는 사회적 요인이라고 할 수 있다. 관념적 요인이란 상속제의 변화를 이끈 친족제 전반의 변화 원인을 '종법적 가족질서의 정착'으로 보는 관점이다. 종법이 전반적인 가족제 분야에 영향을 미친 결과 가부장적 가족제도가 정착하게 되며, 그에 따라 재산상속과 제사봉행 역시 가부장 역할을 하는 장남에게 집중된다는 논리이다. 예를 들면 종법이 정착된 사회이므로 부계 친족집단의 결합도가 강해지고, 외손봉사가 사라지는 대신 입양을 통한 가계 계승이 일반화된다고 보는 것이다. 처가살이가 사라져 거주지에는 성손姓孫이 집결하며, 장남 위주의 가계 경영이 본격화하는데, 대표적인 사례를 장남단독상속과 단독봉사로 보는 것이다. 하지만 그것은 종법의 어떤 부분이 어떻게 영향을 미쳤는지에 대한 구체적 설명이 부족한 상태에서 결과만 나열하는 듯한 인상을 지우기 어렵다.

그러나 초기 연구에서는 종법을 말하면서도 조선 후기 사회에서만 나타나는 특징이 함께 언급되면서 다소 유보적으로 그것을 이해하려는 노력이 있었다. 즉 종법적 원리에 따른 친영례가 조선사회에는 끝끝내 정착하지 못하고 반친영 성격에 오랫동안 머무른 사실, 봉사조가 장남에게 집중되었으나 개인 재산이 아니라 공동 자산 성격을 지녔던 점 등이 고려되었다. 그런데 초기 연구를 활용한 최근 연구는 종법에 대한 논의를 단순 인용하고 도식화해 재생산하는 경향이 있다. 종법적 가족제의 특징을 '가족 내 재산과 권력의 적장자계승'으로 보고 조선 후기 가족을 그것과 동일시하는 경향으로 흐르게 된 것이다. 그래서 언제부터인가 17세기 이후 조선의 양반가를 장자단독상속과 단독봉사를 실현한 가부장적 가족의 전형으로 묘사한 글이 곳곳에 발표되었다.

그런데 앞 장까지 살펴본 조선 후기의 양반가에서는 재산과 제사의 상속 방식에서 딸의 지분과 역할이 축소되었지만 아들 사이에는 상속과 봉사 비중이 18세기 후반까지 균등하게 이어져 왔다. 또 종법적 가계 계승의 전형으로 거론되는 적장자 가계 계승이 조선 후기 가계의 이상이었는지도 의문이다. 일본의 한 연구자는 조선 후기의 가계 계승을 가리켜 장남 가계를 우선하지만 차남 이하 가계도 끊어지지 않도록 승계해 전 가계를 존속시키려는 경향이 강했다고 설명한다.

또 기본적으로 분봉分封에 기초해 성립된 종법이라는 규범 체계는 권력 분할을 속성으로 한다고 해석할 수 있다. 즉 종법을 대종 위주로 해석하기보다는 소종의 끊임없는 분화와 계승이라는 관점에서 그리고 종법의 조선적 변용이라는 관점에 대해 열린 논의가 필요한 상황이다.

상속제의 변화에 대해 사회적 요인으로 거론된 것은 인구학적 발전, 농업기술의 향상 그리고 제사에 대한 인식의 제고 등이다. 그러한 다양한 요인이 복합적으로 작용하면서 상속 관행의 수정을 필수적인 것으로 만들었으며, 경제적으로 장자 상속권 이념의 확립을 촉진했다는 것이다. 하지만 그러한 견해들은 오히려 조선 후기 사회가 유교적인 거대한 변환을 맞이했다는 틀을 설정하고 논의를 전개하는 경향이 있다. 즉 유교의 정착을 원인으로 전제하고, 그와 함께 다양한 사회적 요인의 복합적 작용을 원인으로 들고 있다.

그 외에도 장시場市와 시장경제 그리고 벌열의 등장이라는 사회적 환경의 변화 때문에 적장자 상속을 수용할 수밖에 없었다는 정치사회사적 분석도 있다. 장시의 발달 같은 사회 현상, 벌열의 등장 같은 지배세력의 재편 과정이 조선 후기에 나타난 것은 부인할 수 없는 사실이다. 하지만 그러한 변화 때문에 적장자 상속을 수용할 수밖에 없었다는 주장인데, 이전에 적장자 상속이 실제로 존재했는지, 존재했다면 어떤 과정을 거쳐 구체화되었는지를 밝혀야 하지 않을까.

적장자단독봉사와 단독상속을 주장하는 견해들이 '종법'이나 '제사에 대한 인식의 제고' 등의 담론만 갖고 추상적 논의를 전개하는 것은 아니다. 구체적으로 장남에게 재산과 제사가 집중되는 과정을 언급하기도 한다. 도이힐러Martina Deuchler도 그중 한 명이다. 그는 17세기 이후의 상속재산을 조상 전래 재산과 당대에 매득한 재산으로 나누고, 전자는 주로 봉사조로 전래되고 후자는 상속분으로 쓰였다고 한다. 그리고 조상 전래 재산이 아닌 부모 재산은 대부분 장남에게 상속되었다는 설명을 덧붙인다. 하지만 그가 분재기를 구체적으로 분석하는 방식으로 그런 주장을 하는 것은 아니다. 그렇다면 분재기 외에 무엇을 갖고 그렇게 구체적인 주장을 전개할 수 있는지 궁금하다.

　분재기는 가문마다 작성 방식에 차이가 있다. 조상 전래 재산과 매득 재산을 구분해 기록한 것도 있고, 더 나아가 부변에서 전래했는지 모변에서 전래했는지를 구분한 것도 물론 있다. 하지만 이런 전통이 한 가계에서 지속적으로 계승되지도 않으며, 일부 재산만 취득 경위를 밝히기도 한다. 게다가 재산의 이력을 낱낱이 밝히는 친절한 분재기 서술은 17세기로 들어서면 점차 줄어들고 만다. 대부분의 고문서가 16세기에는 매우 상세하고 전형적인 기법으로 서술되다가 17세기 이후 형식이 흐트러지고 약식화되는 경향이 있기 때문이다. 요약하건대, 전래 재산이 봉사조로 전환되고, 당대의 매득재산은 상속분으로 쓰이거나 장남에게 대부분 상속되는 등의 현상을 분재기에서 관찰하기는 어렵다. 그리고 봉사조가 증가하더라도 그것은 장남이 처분권을 가질 수 있는 재산이 아니라 공동자산의 의미가 있으므로 장자단독상속으로 보기도 어렵다. 또 제사 역시 일부 제사가 장남에게 집중될 뿐 모든 제사를 장남이 혼자 담당하는 일은 적어도 분재기에서는 거의 확인되지 않는다.

6 　마치며

　　조선시대의 재산상속제 연구에는 상속 내역을 상세히 기록한 양반가의 상속문서 즉 분재기가 활용되어 왔다. 분재기 서문에서 표방된 각 가계의 상속 관념과 본문에 나열된 재산 분할의 내용은 재산상속의 실제가 어떠했는지 상세히 보여준다. 뿐만 아니라 재산상속이 봉사를 비롯해 가족 공동체 내의 다양한 관행과 연관되어 있으며, 다양한 관행이 연동하며 변화한다는 사실도 알 수 있다. 하지만 이런 연구를 실증적 차원에서 가능하게 해준 분재기는 17세기 후반부터 눈에 띄게 감소한다. 다른 유형의 고문서들이 18~19세기로 올수록 전래 양이 비약적으로 증가하는 것과는 대조적인 현상이다.

　　15~17세기까지 재산상속은 분재기를 통해 매우 치밀하게 연구되었고, 조선시대의 재산상속의 특징을 자녀 간 균분상속으로 규정하게 되었다. 또 가문마다 17세기에 오면 균분상속에 균열이 생기는 생생한 장면이 분재기에서 포착되었다. 하지만 같은 방식으로 18세기 이후 또는 17세기 후반 이후의 상황을 밝힐 만한 분재기가 별로 없는 문제가 있다. 그럼에도 불구하고 상속제 연구 결과는 17세기 후반 또는 18세기 초반에 장남 위주의 재산상속, 그리고 장남단독봉사가 시행되었다고 누구나 믿게 만들었다. 어떻게 그러한 결론이 나왔을까. 어디까지가 분재기 분석에 기초한 사실이고, 어디부터가 이론에 입각한 추론과 해석인지 구분이 모호한 채 스테레오타입화된 결론이 재생산되어온 것은 아닐까?

　　본고는 꾸준히 발굴되고 있는 17세기 후반 이후의 분재기를 갖고 그러한 의문을 풀어 보고자 몇몇 사례를 검토해보았다. 특히 출처와 관계없이 연대순으로 분재기를 배열하고 재산상속의 시기적 양상과 변화를 살피는 방식이 아니라 특정 가계에 연속적으로 분포하는 분재기 내에서 17세기 후반 이후의 변화를 살펴보는데 주력했다. 경상도 영해에 세거해온 영양남씨 난고 후손 가계의 분재기가 주요 분석 대상이 되었다. 그리고 그 밖의 사례도 일부 활용했다.

난고종택을 비롯한 몇몇 사례는 균분상속의 균열 직후 '아들 간의 균분'과 '딸에 대한 일부 배제' 관행이 18세기, 경우에 따라서는 19세기 초반까지 반복되고 있음을 보여준다. 그것은 지금까지의 연구에서는 짧은 과도기적 현상으로 인식된 관행이었다. 본고에서 따로 예시하지는 않았지만 필자는 분석 범위를 넓혀 전국의 17세기 후반 이후 분재기 수십 점을 살펴본 경험이 있다. 당시의 분석 결과 역시 그러한 과도기적 관행이 가장 많고, 소수 사례에서 장남이 우대되어 장남-차남 이하 아들들[衆子]-딸의 세 단계로 상속분의 차등이 있는 경우도 발견되었다. 하지만 장남과 차남의 차이가 크지 않아 장남 위주의 상속이라고 할 수는 없었다. 일부는 장남 위주로 일찍이 이행했다가 다시 균분상속으로 돌아오기도 했다. 즉 과도기적 관행은 가계에 따라 다양한 모습을 보이기도 했다.

한편 장남 위주 상속이 나타나는 방식으로 '봉사조가 증대'하는 형태가 일반적이라는 주장도 있으나 난고종택 등의 사례에서는 봉사조 증가가 매우 점진적으로 나타나거나 증가 일변도라고 볼만한 근거가 부족했다. 이 역시 전국으로 범위를 확대해도 마찬가지 현상이 나타난다. 다만 모집단이 커지면 봉사조가 전 재산의 70% 이상을 차지한 사례도 있고, 반대로 5% 미만인 사례도 있어 역시 그로부터 특정한 경향을 추론하기에는 무리가 있었다.

상속 관행의 변화에 대해 원인을 17세기 전후에 정착된 '종법적 가족질서'로 본 후, 18~19세기에는 종법적 질서 정착에 따른 이상적 변화 패턴으로 이행했을 것으로 단정하는 경향이 존재한다. 하지만 실제 분재기가 보여주는 상속제 변화 양상에는 종법이 가리키는 이상적 상속 형태가 아직 나타나지 않는 것이 현실이다. 적어도 상속제 변화의 궁극적 도달점으로 여겨진 장자단독상속과 단독봉사는 19세기 초반까지는 명확히 도달했다고 할 근거를 찾기 어렵다. 이후의 구체적 상속 관행에 대해서는 다양한 사회 변화와 더불어 다른 요인을 적극적으로 검토할 필요가 있다. 덧붙여 장남의 가계 계승이나 가부장적 가족 체제로의 변화를 19세기 말 또는 20세기 초의 현상으로 볼 수는 없을지 문제제기를 해본다. 그렇게 볼 수 있다면 지금까지 말한 변화들을 종법제 실현에 따른 조선조의 유제遺制로만 볼 것이 아니라 근대일본의 가부장적 가제도家制度의 유입과 관련되는 것으로 볼 수도 있지 않을까? 하지만 이는 하나의 가능성일 뿐이고 일단 앞의 문제제기가 받아들여진 후에나 차분하게 논의해 볼 수 있을 것이다.

참고 문헌

이수건 편, 『경북지방고문서집성』, 영남대학교 출판부, 1982.
朝鮮總督府中樞院, 『李朝의 財産相續法』, 1936.
마르티나 도이힐러 저, 이훈상 역, 『한국사회의 유교적 변환』, 아카넷, 2003.
문숙자, 『조선시대의 재산상속과 가족』, 경인문화사, 2004.
김용만 「조선시대 균분상속제에 관한 일 연구 – 그 변화요인의 역사적 성격을 중심으로」, 『대구사학』 23, 1983, 1~47쪽.
박훈탁, 「조선 후기 적장자 상속의 역사적 기원: 시장과 벌열의 정치경제」, 『대한정치학회보』 10집 2호, 2002.
李樹健, 「朝鮮前期의 社會變動과 相續制度」, 『歷史學報』 129, 1991, 23~76쪽.
이창기, 「성리학의 도입과 한국가족제도의 변화-종법제도의 정착과 부계혈연집단의 조직화 과정」, 『민족문화논총』 46, 영남대학교 민족문화연구소, 2010.
정긍식, 「16세기 奉祀財産의 실태」, 『고문서연구』 9·10합집, 1996.
崔在錫, 「朝鮮時代의 相續制에 관한 硏究 – 分財記의 分析에 依한 接近」, 『歷史學報』 53·54 합집, 1972, 99~150쪽.
服部 民夫, 「朝鮮時代後期의 養子收養에 관한 연구 – 東萊鄭氏派譜의 분석」, 『韓國學報』 11,

1978, 111~154쪽.

宮澤 千尋, 「前近代ベトナム女性の財産權と祭祀相續-忌田を中心に-」, 『アジア・アフリカ地域研究』第15-2号, 2016년 3월, 208~233쪽.

4장

특정인에 대한 재산 증여, '별급' 분재의 사유와 변화

손계영

1 　머리말

　　조선시대에는 재산을 나누는 경우 '분재기'라는 문서를 작성해 재산 소유권이 증여 또는 상속되었음을 분명히 기록했다. 재산의 증여와 상속 과정에서 생산된 분재기는 크게 두 가지로 구분된다. 재산을 나누어 주는 주체인 '재주財主'가 있는 경우와 없는 경우이다. 즉 재주가 살아 있을 때의 재산 나눔인지 사후 재산 나눔인지에 따라 구분되었다. 재주가 없는 분재기란 부모가 미처 재산을 상속하지 못하고 사망하게 되면 상속 대상자들이 모두 모여 서로의 합의하에 재산을 나누고 분재기를 작성하는 경우이며, 이때 작성되는 분재기를 '화회문기'라고 했다. 재주가 있는 분재기란 부모가 생전에 직접 재산을 나누어 주면서 작성하는 경우를 말한다. 자녀 모두에게 재주의 전체 재산을 증여할 경우 '분급문기'를 작성했으며, 특정 인물에게 재산의 일부를 증여할 경우에는 '별급문기'를 삭성했다. 조선시대의 별급문기의 '별급'은 과거에 급제하거나 관직에 제수되는 등 특별한 사유가 있는 경우 특정인에게 재산의 일부를 나누어 주는 행위를 가리켰다. 이때 재산을 주는 이와 받는 이의 범위는 부모, 조부모 등이 자녀 또는 배우자(며느리, 사위), 손자녀 등에게 별급하는 것이 가장 일반적이었으며, 그 외에도 동생, 첩의 자녀, 증손자녀, 사촌형제, 조카 등에게 별급하는 사례까지 다양하게 나타난다.

분재기 중 현존하는 별급문기의 비중은 전체의 40% 정도를 차지할 만큼 상당히 많은 수의 자료가 전해진다. 이를테면 분재기를 광범위하게 조사한 문숙자의 연구(2004년)에서 별급문기는 전체 분재기의 46.9%를 차지했고, 한국국학진흥원 소장 분재기에서는 별급문기가 전체 분재기의 36.3%를 차지한다. 그러나 현존하는 별급문기의 양에 비해 별급에 대한 연구는 매우 부족한 편이다. 별급문기가 특정인에게 재산 일부를 주는 단편적 성격이 강하고, 현존하는 별급문기의 상호 연관성을 찾기가 쉽지 않기 때문이다. 또한 특정 인물 중심의 별급문기가 다수 존재하더라도 그것이 해당 인물이 받은 별급의 전체인지 알 수 없어 연구 자료로 활용하기에는 제한적이다.

그럼에도 불구하고 현재까지 별급문기를 이용한 대표적인 연구로는 이문현의 연구와 문숙자의 연구가 있다. 이문현(1998년)은 창원황씨 황신黃愼 가문의 별급문기 18건을 베껴 둔 「고사가귀古事可貴」라는 자료를 중심으로 16세기의 별급 관행에 대해 연구했다. 황신이라는 인물은 이전 세대까지는 재산이 많지 않았지만 사마시 합격 및 알성시 장원급제 등을 통해 친가, 외가, 처가로부터 재산을 별급받았고, 그것이 황신의 재산 형성에서 중요한 부분을 차지했다. 즉 한 가문을 중심으로 별급이 재산상속 방식 전체를 좌우할 수 있음을 보여준다. 문숙자의 연구에서는 당시 공간公刊된 별급문기 253건을 대상으로 별급 방식과 의미, 비중 등을 다루며 별급을 균분 원칙을 벗어나 재주 의사대로 분재를 행할 수 있는 하나의 장치로 보고 있다. 이상의 연구를 통해 별급으로 인한 재산상속 방식과 별급의 기

표 1 한국국학진흥원 소장 별급문기의 가문별, 시기별 현황

	시기 구분 가문 구분	15세기		16세기		17세기		18세기		19세기	미상	합계
		전반	후반	전반	후반	전반	후반	전반	후반	전반		
1	개성고씨 월봉종택				1	1						2
2	고성이씨 탑동종가				1	1	2		1			5
3	광산김씨 설월당종가				1						1	2
4	광산김씨 탁청정종가				1							1
5	광산김씨 후조당종택			9	5	2		5				21
6	벽진이씨 이동엽가					1						1
7	성산이씨 응와종택							1				1
8	수원김씨 건덕재문중			2	1							3
9	안동권씨 보백당종택			1								1
10	안동권씨 춘우재고택					1	8	11				20
11	영양남씨 난고종택					1						1
12	영일정씨 매산종택					1						1
13	울진장씨 고산성파								1			1
14	의성김씨 오우당공파							1				1
15	의성김씨 제산종택							2				2
16	의성김씨 평장사공파 삼대종택					1	1				1	3
17	재령이씨 영해파종중			2	3	14	8	4	1			32
18	재령이씨 우계종택					2					3	5
19	재령이씨 존재파 면운재							1	1			2
20	전주류씨 수곡파 대야고택										1	1
21	전주류씨 함벽당종가						1					1
22	진성이씨 의인파 은졸재고택					2	2	2			2	8
23	진성이씨 초초암종택							1				1
24	진주강씨 법전 도은종택					1	1	1	1			4
25	진주하씨 충렬공파	1		1								2
26	창녕조씨 지산종택		1									1
27	풍산김씨 노봉문중							1			2	3
28	풍양조씨 입재공파 종택						1					1
29	학성이씨 월진문회 이휴정 주손						4	2				6
30	흥해배씨 임연재종택					1	1		1		1	4
		1	1	15	16	27	29	30	6	1	11	137

능을 다각도로 살펴볼 수 있는 계기가 마련되었다. 그러나 2004년 이후에도 각 기관과 가문에 소장된 별급문기가 계속 발굴, 수집, 공개된 반면 선행 연구 이외의 연구는 전무하며, 분야별 연구에서 별급문기가 사용된 경우도 상당히 저조한 상황이다.

그동안 한국국학진흥원에서는 오랫동안 경북 지역의 고문서를 조사, 수집한 결과 380여 건의 화회문기, 분급문기, 별급문기, 유서 등의 분재기류를 정리했는데, 그중 별급문기는 분재기의 40%에 육박할 만큼 많은 비중을 차지하고 있다. 필자의 조사에 의하면 한국국학진흥원에서 발굴, 수집한 별급문기는 총 137건으로, 그에 대한 가문별, 시기별 현황을 살펴보면 〈표 1〉과 같다.

문숙자의 연구에서는 현존 분재기의 존재 양태가 다른 고문서와 다르다는 점이 지적된 바 있다. 일반 고문서의 경우 조선 후기로 갈수록 현존 수량이 증가하는 것이 일반적이지만 분재기의 경우 특정 시기에 집중되는 현상을 보인다. 분재기는 16～17세기의 것이 집중적으로 전해지며, 18세기부터는 수량이 감소해 19세기 중반 이후에는 거의 찾기 어려운 양상을 보인다는 것이다. 그것은 한국국학진흥원 소장 분재기에서도 확인되는 바이다. 그러나 별급문기만 따로 살펴보면 양상이 조금 다르게 나타난다. 〈그림 1〉을 살펴보면 한국국학진흥원 소장 별급문기는 16세기보다는 17～18세기 전반에 집중되어 있으며, 18세기 후반과 19세기에는 감소하는 양상을 보인다. 즉 분급과 화회의 분재 방식이 16～17세기에 집중된 반면 별급의 분재 방식은 17～18세기에 보다 활성화되었을 가능성이 있음을 의미한다. 따라서 그러한 현상이 조선시대 상속 방식에서 어떤 의미를 갖는지에 대한 면밀한 해석이 필요하다.

이 글은 이와 같이 조선시대의 별급 방식의 분재에 주목해 일반적인 재산상속에서 별급 방식의 분재가 어떤 의미를 갖는지를 살펴보기 위한

그림 1 분급·화회문기 및 별급문기의 시기별 현존 건수

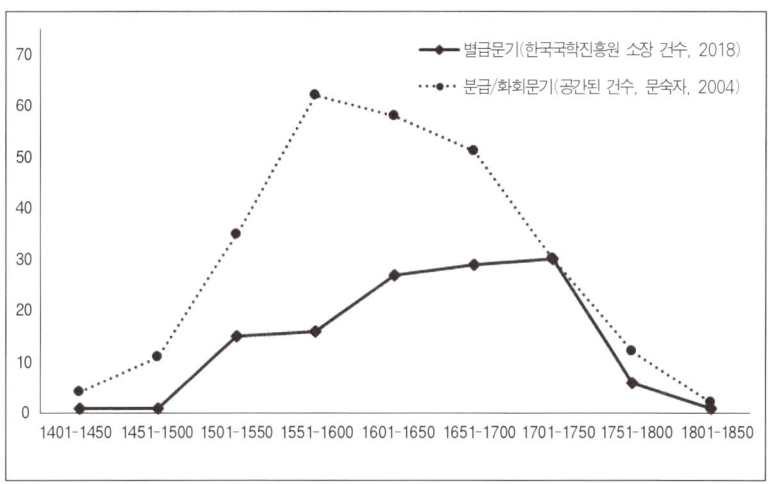

사전 단계로 시작되었으며, 한국국학진흥원 소장 별급문기 중 작성 시기를 알 수 없는 11건을 제외한 126건을 연구 대상으로 삼았다. 우선 별급의 의미와 개념을 재정리하고, 126건의 별급 사유를 크게 4가지 유형으로 구분해 그것을 사례별로 소개하고자 한다. 또한 126건의 별급문기를 통해 별급 분재와 관련된 각각의 시기별 변화와 특징을 살펴보고자 한다. 특히 재산을 증여하는 재주와 재산을 받는 수취인에 주목해 시기별 변화 양상을 관찰하고자 한다. 아울러 시기별로 증인의 유무 및 증인 수의 변화를 살펴보고, 증인 수의 변화가 의미하는 사회적 의미에 대해 살펴보고자 한다.

2   별급: 용어와 의미

기존 연구에서 별급을 어떻게 정의했는지 살펴보고, 별급의 의미와 범위를 구체적으로 재정리해보자. 별급과 관련된 기존 연구로는 이문현의

연구와 문숙자의 연구가 대표적이다. 전자의 연구에서는 별급에 대해 별도로 정의하지 않았지만 다음과 같이 설명하고 있다. 분재기라고 말하는 문서 중에는 별급문기라고 해서, 재산을 상속해주는 재주가 특정인에게 일정한 재산을 나누어 주면서 작성한 것이 있는데, 별급은 과거급제나 득남, 관직 제수 등 특별한 사유가 있을 때 다양한 관계의 사람으로부터 일정한 재산을 받는 것이 일반적이었다고 설명하고 있다(이문현, 1998, 33쪽). 후자의 연구에서는 별급을 다음과 같이 정의했다. 즉 별급이란 정식 재산 상속과 관계없이 특정인에 대한 경제적 우대조처로 시행되는 현대적 의미의 증여에 해당되며, '특정인에게 일정한 재산을 특별한 사유에 의해 지급한다'는 의미로 보고 있다(문숙자, 2004, 25쪽). 이상의 기존 연구에서뿐만 아니라 한국학자료센터 '고문서자료관(archive.aks.ac.kr)' 및 '영남권역센터(yn.ugyo.net)'의 고문서 해제에서도 별급의 '별' 자에 대해 다양하게 해석하고 있는데, 별급을 '따로 준다', '특별히 나누어 준다', '특별한 사유가 있을 때 준다' 등으로 해석하고 있다.

이상의 내용을 종합적으로 정리하자면 별급이란 특별한 사유가 있을 때 특정인에게 재산의 일부를 주는 사전 증여라고 할 수 있다. 때문에 별급 방식의 분재는 일반적으로 재주 1인이 특정 관계에 있는 특정인 1인에게 재산을 주는 1:1 개념으로 인식되었으며, 현존하는 별급문기도 재주와 수취인이 1:1인 경우가 대부분을 차지한다. 하지만 1:1이 아닌 예외의 사례도 다양하게 나타난다. 즉 재산을 증여하는 재주가 2인 이상이거나 재산을 받는 수취인이 2인 이상인 사례를 종종 볼 수 있다. 그러한 대표적인 사례를 살펴보면 다음과 같다.

a-1) 아들 치당致唐과 치우致虞 등에게 성문成文 별급하는 일은 다음과 같다. …… 매번 다섯 명의 자식을 생각하노라면 장자 치당은 오래도록 공부해 비록

늦었지만 다행히 연방連榜에 급제했고, 치우는 이미 연방에 급제하고 또 과거에 급제했으니, 오늘날 한원翰苑의 선비로서 가문을 영화롭게 한 효도에 대해 상주지 않을 수 없다. 치당 몫으로 …… 치우 몫으로 …… 을 별급하니 …… 자손에게 대대로 물려주며 오래오래 사용하며 경작할 일이다.1)

a-2) 두 딸 및 손녀 무가은無加隱 등에게 허여하는 명문을 다음과 같이 작성한다. 남편의 생시 유언에 따라 평균분깃[平均分衿]하되 그중 손녀[무가은]는 남편을 마음 편히 효도로 봉양했으므로 딸과 똑같이 **별급분깃[別給分衿]**하니 뒤에 자손 중 만약 잡담하거든 이 문기를 갖고 관에 고해 변별해 바로잡을 일이다.2)

a-3) 얼자孼子인 석惜, 덕상德上, 긍석矜石, 사석士石 등에게 나누어 성문하는 일은 다음과 같다. 섬계剡溪 한 구역은 비록 매득한 것이긴 하나 전답 약간을 제외하고는 너희들이 사람을 사서 개간하거나 혹 직접 수고해 모두 개척해놓은 것으로 거의 20여 마지기가 넘는다. 땅이 비록 비옥하진 않지만 만일 구별해놓지 않으면 혼잡해 다툼의 빌미가 생길 수 있다. 그러므로 너희 이름을 아래에 나란히 기록하고 **평균별급**平均別給하는 것이니 이후에 잡담이 있거든 이 문서로 변증할 일이다.3)

이상은 수취인이 2인 이상인 대표적인 사례이다. a-1)은 1496년에

---

1) "子致唐·致虞等亦中 成文別給爲臥乎事叱段 …… 每以爲有子伍人焉 長子致唐 桑楡雖晩 幸登連榜 致虞 旣挑連榜 又登科第 今爲翰苑之士 家門榮孝 不可不賞 致唐衿 …… 致虞衿 …… 庫爲等如 別給爲去乎 …… 子孫傳持鎭長使用耕作爲乎事是亦在"(창녕조씨 지산종택, 1496년).
2) "二女息及女孫無加隱等亦中許與成明 右明文事段 家夫生時 流言尊良 平均分衿爲乎矣 其中無加隱段 家夫安心孝養乙仍于 亦爲女息一体 別給分衿爲去乎 後次良中子孫中 如有雜談爲去等持 此文記告官卞正事"(해남윤씨 녹우당종택, 1645년).
3) "孼子惜德上矜石士石等處 分置成文爲臥乎事段 剡溪一區 雖曰買得是乎乃 田畓若干外 汝等或傭塾 或手劇 盡爲開拓 將過廿餘斗落只 土地雖瘠 若不區別 似有混雜爭鬪之端乙仍于 汝矣名乙 列書下 平均別給是去乎 後此雜談是去等 用卞正事"(안동권씨 춘우재, 1717년).

조말손曺末孫과 부인 김씨 부부가 두 아들의 과거시험 합격을 축하하며 별급한 문서이다. 사마시에 합격한 장남 조치당에게는 노비 2구를, 사마시와 대과에 합격한 둘째 아들 조치우에게는 노비 3구와 광주의 전답을 별급했다. 즉 하나의 문서에 두 아들에 대한 별급 사항이 함께 기록된 사례이며, 재주인 부모 2인이 수취인인 아들 2인에게 발급한 별급문기이다.

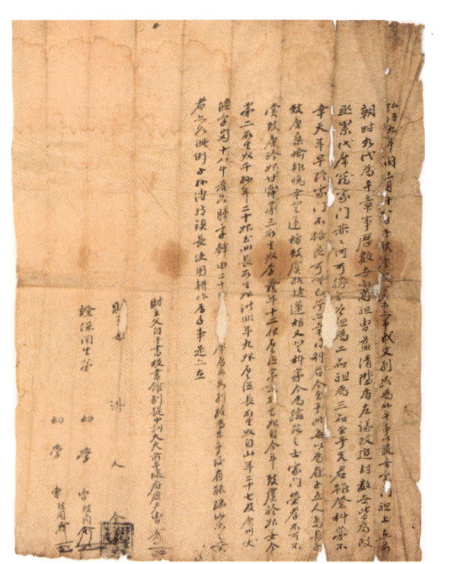

그림 2 2명의 아들에게 분재한 별급문기
(창녕조씨 지산종택, 1496년, a-1의 사례)

a-2)는 1645년에 해남 지역에서 김우성의 첩 윤조이尹召史가 죽은 남편의 유언에 따라 2인의 딸과 1인의 손녀, 총 3인에게 재산을 증여한 분재기이다. 장녀에게는 전답 11마지기, 차녀에게는 전답 15마지기, 손녀에게는 전답 4마지기 등으로 몫을 나누어 별급한다[別給分衿]고 했다. 이 또한 3인의 수취인에게 재산을 증여한 내역이 하나의 문서에 작성된 사례이다. a-3)은 1717년에 아버지가 얼자 아들 4명에게 영주 무섬마을의 전답을 균등하게 나누어 준다는 내용의 별급문기이다. 별급한 전답은 얼자 아들들의 노력에 의해 개척된 땅이며, 차후의 다툼을 방지하기 위해 각자의 몫을 '평균별급平均別給'한다고 했는데, 실제로 4명의 아들에게 전답 8마지기씩을 균등하게 별급했다.

이상의 사례들은 모두 수취인이 2인 이상인 경우이다. 재주 1인이 특정인 1인에게 따로 주는 것이 별급의 일반적 사례이지만 이처럼 2인 이상의 재주에 의해 또는 2인 이상의 수취인을 대상으로 별급이 이루어진 경우도 다수 확인된다.

a-2)에서는 '별급분깃'이 그리고 a-3)에서는 '평균별급'이라는 표현이 사용되었는데, 이때의 '분깃'과 '평균'의 의미는 '별급'이라는 용어와 함께

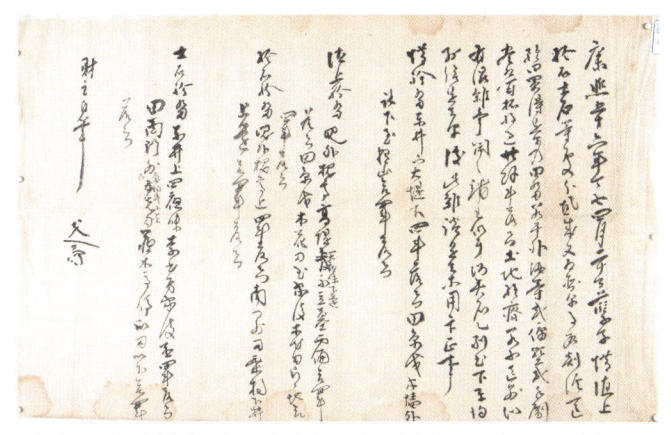

그림 3 _ 4명의 얼자에게 분재한 별급문기(안동권씨 춘우재, 1717년, a-3의 사례)

사용하기에는 다소 어색한 면이 있다. 기존 연구에서 별급은 재주의 의지에 따라 특정인에게 따로 주는 재산이며, 그것은 평균분급이라는 당시의 사회적 원칙을 초월해 재주의 의사대로 분재할 수 있는 재산상속 방법으로 보았고(이문현, 1998년), 균분 원칙에서 벗어나 특정인에 대한 경제적 우대조처로 해석되었다(문숙자, 2004년). 그러나 별급해 몫을 나눈다는 '별급분깃'과 균등하게 나누어 별급한다는 '평균별급'의 의미는 특정인에게 따로 준다는 별급의 의미보다 더 넓게 해석되어야 할 것으로 보이며, 기존 연구에서 정의한 범위보다 확대된 별급 개념이 요구된다. 이와 관련해 별급에 대해 새로운 해석을 보여주는 또 다른 사례를 살펴보면 다음과 같다.

b) 장녀의 사위 문상주文尚周에게 성문해 만들어두는 일은 다음과 같다. 왜적에게 분탕焚蕩 당해 3~4년 동안 여러 곳으로 떠돌아다니느라 농사를 짓지 못해 끼니를 이을 길이 없으므로 온 집안이 굶주리고 있다. 뿐만 아니라 전염병으로 1남 2녀가 한꺼번에 죽고 장녀만 생존했기 때문에 은애恩愛하는 마음이 더욱 중하게 되었는데 달리 별급할 게 없다. 그러므로 노비 …… 등을 후소생과 아

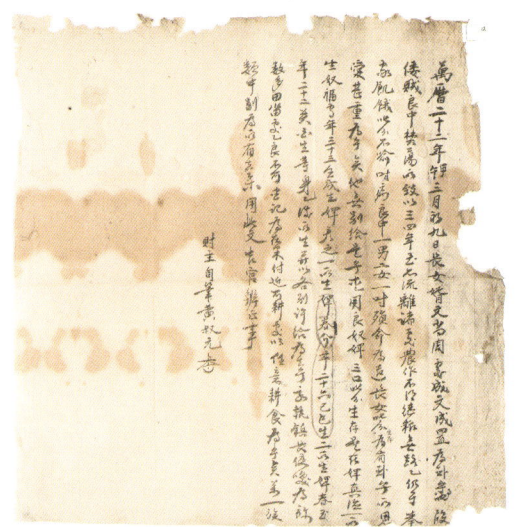

그림 4 황숙원이 사위 문상주에게 분재한 별급문기
(재령이씨 영해파, 1594년, b의 사례)

울러 **각별허급各別許給**하니 오래도록 간직하고 대대로 물려주어 사환하며 …… 4)

b)의 사례는 1594년에 황숙원黃叔元이 사위 문상주에게 별급한 것이다. 1594년에 왜적의 분탕으로 양식 마련이 어려워지자 온 집안이 기아에 허덕이게 되었고, 자녀 중 3명이 일시에 사망해 장녀만 생존하게 되었다. 따라서 앞날의 대비로 남아 있는 노비 3구를 장녀와 큰사위에게 '각별히 허급한다各別許給'고 한 것이다. 별급문기에서는 '영영별급永永別給', '영위별급永爲別給', '특위별급特爲別給', '각별별급各別別給', '각별허급各別許給' 등의 문구가 자주 사용되는데,5) 그것은 '영원히 준다', '특별히 준다', '각별히 준다'는 의미이며, b)의 사례도 이와 유사한 맥락으로 해석될 수 있다. 즉 별급 개념에는 재주가 각별하고 특별한 마음으로 재산을 준다는 의미가 내포되어 있었다. 따라서 별급은 수취인에게 '따로 준다', '별도로 준다'는 의미보다는 '각별히 준다', '특별히 준다'는 의미로

---

4) "長女婿文尙周處 成文成置爲臥乎事叱段 倭賊良中 焚蕩所致以 三四年至亦 流離諸處 農作不得 繼粮無路乙仍于 擧家飢餓哛不喩 時病良中 一男二女 一時殞命爲遣 長女哛 生存爲有臥乎所 恩愛甚重爲乎矣 他無別給是乎等乙用良 …… 等身乙 後所生幷以 各別許給爲去乎 永執鎭長使喚爲旀 ……"(재령이씨 영해파, 1594년).

5) "玆將若干田民永永別給爲去乎"(학성이씨 이휴정 주손, 1697년); "後所生 幷以 永爲許與爲去乎"(벽진이씨 이동엽가, 1691년); "所餘田畓乙 特爲別給爲去乎"(고성이씨 탑종종가, 1667년); "情意可憐乙仍于 各別別給爲在果"(안동 주촌 진성이씨 경류정, 1561년).

보는 것이 더 포괄적일 것으로 보인다. 이처럼 광의적 의미로 별급을 해석한다면 2명 이상의 수취인을 대상으로 별급이 이루어진 상황이나 몫을 나누어 별급한다는 '별급분깃' 및 균등하게 나누어 별급한다는 '평균별급'의 표현도 충분히 포괄할 수 있다. 따라서 '별급'은 보다 넓은 의미의 개념으로 재정립되어야 할 것으로 생각된다.

별급 행위는 과거급제나 득남, 관직 제수 등 특별한 사유가 있을 때 이루어졌는데, 간혹 특별한 사유를 문서의 앞부분 또는 중간에 헤드라인 방식으로 표기하기도 했다. 별급 사유를 하나의 명칭으로 사용한 대표적 사례를 살펴보면 다음과 같다.

c-1) 장남 석문碩文에게 **등과별급登科別給** 성문함. 그것을 별급하는 일은 다음과 같다. 어버이를 기쁘게 하는 것으로는 과거에 합격하는 경사보다 더한 것이 없다. 지금 내가 네가 어린 나이에 과거에 합격한 것을 보니, 너를 어여삐 여기는 부모의 심정에 기쁘고 경사스러움을 금할 길 없다. 이에 …… 등을 특별히 별급하니 오래도록 경식耕食해 사환할 일이다.6)

c-2) 사제舍弟 경시敬時에게 **문과별급文科別給** 성문함. …… 불행히도 무진년에 [아버님이] 갑자기 세상을 떠나시니 우리의 망극해 의지할 데 없는 애통함이 응당 어떠했겠느냐. 쓸쓸히 남은 이 몸이 구차히 목숨만 연장하다가 네가 오늘날 과거에 급제하는 경사를 보게 되었다. …… 기쁜 마음에 뜻을 표하는 일이 없을 수 없다. …… 삼가 아버님이 구처區處하실 때 남기신 뜻을 받들어 이전의 어머님의 봉사노奉祀奴 …… 등을 허여성문許與成文하는 바이다.7)

---

6) "長男碩文 登科別給文 右別給事 悅親無過於科慶 今見汝之妙年登第 止慈之情 不勝慶喜 玆以 …… 等物 特爲別給 鎭長耕食使喚事"(성산이씨 응와종택, 1739년).

7) "舍弟敬時 文科別給(文) …… 不幸戊辰之歲 奄忽違背 吾等罔極無依之慟 當復如何 孤露餘生 苟延喘息 得見汝今日登科之慶 …… 喜幸之心 不可無標情之事 …… 謹體大父主區處時遺意 以前大母主奉祀奴 …… 身 許與成文事"(전주류씨 함벽당, 1694년).

c-3) 종손 형진衡鐄의 처 김씨에게 **초알일별급**初謁日別給 성문함. 별급하는 일은 다음과 같다. 우리 집은 대대로 종가이다. 종손 형진이 장성해 취처娶妻해 초알初謁하게 되었으니 우리 집안의 경사가 이보다 큰 것이 뭐 있겠는가. 약간의 전토를 득별히 후록後錄해 영원히 허급許給하는 깃이니, 일후에 자손 중에 잡담의 폐단이 있거든 이 문서를 갖고 변증할 일이다.8)

c-4) 장자 은보殷輔에게 허여하는 일은 다음과 같다. 본래 [내가] 풍증이 있어 행보하기가 어렵다가 전신에 중풍이 들어 너를 거둘 수 없게 되었다. 장자로서 승중承重이 우선하므로 그 관계에 대해 김성주金城主에게 물었더니 지극히 당연하다는 말을 들었다. 그러므로 부변에 전해 내려온 [전민 ……] 등을 우선 **봉사별급**奉祀別給하니 자손들이 대대로 물려주며 오래도록 사용하도록 하되 ……9)

c-1)은 성주의 성산이씨의 장남 이석문李碩文이 1739년에 무과 정시庭試에 합격하자 부친이 과거급제를 축하하며 노비 2구와 전답 19마지기를 별급한 문기이다. 이때 문서의 첫 줄에 '등과별급'이라는 명칭을 넣어 별급 사유를 명확히 했다. c-2)는 1694년에 전주류씨 함벽당 유경시가 문과에 급제하자 그의 형 유정시가 동생에게 증여한 별급문기이다. 유경시가 인현황후 민씨 복위를 계기로 실시한 별시문과에 급제하자 큰형 유정시가 노비 2구를 증여한 사례이다. 별급문기에 '문과별급'이라는 명칭을 사용함으로써 별급 사유를 분명히 하는 것과 동시에 의미를 부여했다.

8) "從孫衡鐄妻金氏 初謁日別給文. 右別給事段 吳家以累代宗家 宗孫衡鐄年長娶妻 而初謁則吳家之慶 敦大於此 若干田土別給後錄 永爲許給爲去乎 日後子孫中雜談之弊是去等 持此文卞正事"(제주 어도내산 진주강씨가, 1804년).

9) "長子殷輔許與 右許與爲臥乎事叱段 本是風訂以 難以行步爲如可 得中風全身 不收汝矣身 長子以乎等用良 承重爲先 至爲關係 問於金城主 至極可當云 故父邊傳來 …… 等乙 先可奉祀別給爲去乎 子孫傳持鐄長使用爲乎矣 ……"(재령이씨 영해파종중, 1543년).

c-3)은 1804년에 재주인 종조부가 종손 강진형의 처 김씨金氏에게 별급한 것이다. 재주는 종손 강진형이 나이 들어 장가를 가게 되고, 신부가 시댁에 처음 인사 올리는 날인 초알일初謁日이 되자 신부 김씨에게 암소 1마리와 밭 33마지기를 별급했다. 해당 별급문기의 앞부분에는 '초알일별급문初謁日別給文'이라는 표현을 사용함으로써 신부가 시댁에 초알하고 혼인이 성사됨을 축하하며 별급한 것임을 강조했다.

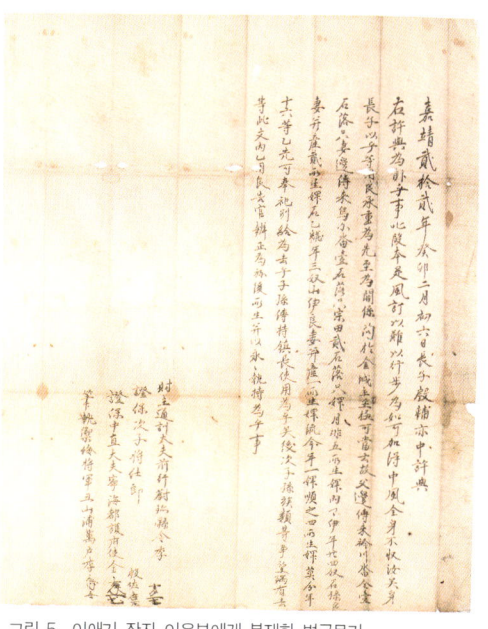

그림 5 이애가 장자 이은보에게 분재한 별급문기
(재령이씨 영해파, 1543년, c-4의 사례)

마지막의 c-4)는 1543년에 재령이씨 이애李璦가 승중, 즉 장손으로서 조상의 제사를 받드는 일을 우선시 여겨 맏아들 이은보에게 봉사조로 토지와 노비를 별급한 문기이다. 장자를 우선시하는 재산상속과 증여가 일반화되지 않았던 시기였기 때문에 재주 이애는 고을 수령이던 영해부사 김한일金漢軼에게 별급 문제를 상의했고, 승중 우선의 별급이 지극히 당연하다는 답변을 받자 그러한 사실을 별급문기에 기록해 두었다. 이애는 맏아들에게 전답 4섬지기와 노비 4구를 증여하며 장자로서 승중을 위한 별급임을 강조하기 위해 '봉사별급'이라는 표현을 사용했다. 이 또한 별급 사유와 의미에 해당되는 핵심어를 문구로 표현한 사례라고 볼 수 있다.

3   별급 사유의 유형

이상에서 살펴본 바와 같이 '등과별급', '문과별급', '초알일별급', '봉사별급' 등의 표현을 통해 문서 앞부분 또는 중간에 헤드라인 방식으로 별급 사유를 표기함으로써 강조했음을 볼 수 있다. 별급 사유를 첫 줄 또는 중간에 강조해 표기한 경우도 있지만 대부분의 경우는 그렇지 않으며 별급 사유를 서술하는 방식으로 기록했다. 한국국학진흥원 소장 별급문기 126건을 대상으로 별급 사유를 조사, 분석해 유형별로 분류한 결과는 〈표 2〉와 같다. 별급 사유를 크게 ① 봉사와 시봉, ② 경사에 대한 축하, ③ 우환에 대한 걱정과 위로, ④ 기타 등으로 구분해 각각의 사례를 살펴보면 〈표 2〉와 같다.

1) 봉사와 승중 및 시봉과 효도에 대한 별급

〈표 2〉에서 볼 수 있는 대로 한국국학진흥원 소장 별급문기 126건 중 조상에 대한 봉사와 승중으로 인해 재산을 별급 받은 사례 그리고 장자와 장손이기에 별급 받은 사례가 15건, 부모 또는 조부모가 자신을 정성껏 시봉하고 공양하거나 구병 또는 효도한 자녀와 손자녀 등에게 별급한 사례가 11건으로 조사되었다. 대표적인 사례를 살펴보면 다음과 같다.

> d-1) 장손 여숭汝崧에게 별급하는 일은 다음과 같다. 네가 선조를 승중하는 손자로, 달리 마음을 표할 물건이 없으므로 …… 등 5구를 후소생과 함께 영영 허여하니 오래도록 사환해 공역을 받되 자손 중 만일 잡담하는 자가 있거든 이 문서로 변증할 일이다.10)

10) "長孫汝崧處 別給. 右文爲別給事 汝亦 祖先承重孫以 他無表情之物乙仍于 …… 等 伍口乙 後所生 幷以 永爲許與爲去乎 鑛長使喚收貢爲乎矣 子孫如有雜談爲在乙等用 此文辨正者"(벽진이씨 이동엽가,

표 2 한국국학진흥원 소장 별급문기의 시기별 별급 사유 현황(건)

별급 사유		15세기 전	15세기 후	16세기 전	16세기 후	17세기 전	17세기 후	18세기 전	18세기 후	19세기 전	합계
봉사와 시봉	봉사, 승중, 장자, 장손			2	3	2	7	1			15
	시봉, 효도, 구병				1	2	3	4	1		11
축하	등과, 관직제수	1	1	8	2	5	6	5	3		31
	득남, 탄생, 혼인				1	4	4	5			14
	중병쾌차					1	1	2	1		5
걱정과 위로	궁곤, 빈궁, 기아				3	2	1	4			10
	서얼자庶孽子와 첩에 대한 배려				1			4		1	6
	가족의 죽음				1			2			3
기타	양육, 장성, 표정表情, 총애			2	4	7	2	1			16
	환보還報, 채무변제						2	1			3
	노비의 대급代給, 추득推得, 기상記上					1	2				3
	그 외			3		1	2	2	1		9
합 계		1	1	15	16	27	29	30	6	1	126

d-2) 장녀, 조영원趙榮遠 처 이씨에게 성문하는 일은 다음과 같다. 늙은 이 몸이 불행히도 명이 박해 이른 나이에 홀로 되었다. 게다가 아들이 없어 외롭고 쓸쓸히 홀로 지내다 너의 집에 와서 의탁해 목숨을 부지한 지가 이미 오래되었다. …… 네가 장녀이기 때문에 제사 받드는 일을 법으로 응당 너에게 맡겨야 하는데, 약간의 전민마저 거의 남지 않고 없어져 버릴 지경이다. 그러므로 비婢

1691년).

……를 후소생과 함께 사위조祀位條로 허급한다. 그리고 춘양春陽에 있는 약간의 전답도 남편의 분묘가 있는 땅도 다른 외손에게 나누어 줄 수 없으니, 네가 소유한 바에 따라 잘 거둬들여 분묘에 제사를 지내도록 하라. …… 너의 자손 중 한 사람을 시켜 대대로 잘 소유하고 제사를 받게 하라. …… 11)

d-3) 둘째 딸, 유학 김광계金光繼의 처에게 명문을 작성하는 일은 다음과 같다. 내가 심각한 종기 때문에 반년이나 신고辛苦를 겪었는데, 네가 정성과 힘을 다해 밤낮으로 나를 돌보느라 집에도 돌아가지 못했다. 뿐만 아니라 김생원[김광계]도 여러 달 동안 너를 보내왔기에 네가 안심하고 병구완을 할 수 있었다. 그 고마운 마음은 죽어도 잊지 못할 것이다. 달리 보답할 게 없으므로 노奴 …… 를 너에게 영원히 별급한다.12)

d-4) 적손 하철민河徹岷 씨께 성문해 허상許上하는 일은 다음과 같습니다. 가옹께서 노비를 저에게 성문해 허급하셨는데, 4남매 중 효도를 분간해서 분급하라고 유서를 남기셨습니다. 그런데 적사 하사홍河自洪 씨는 후사가 없이 죽었고, 다른 나머지 자식들께서는 먼 곳에 살고 있으므로 돌볼 수 없었습니다. 철민 씨는 같은 곳에 살고 있어 조석으로 마음을 편하게 해 효도할 뿐만 아니라 모든 제사 때도 하나밖에 없는 손자로서 진심으로 제사를 받드므로 더욱 가련한 바이기 때문에 …… 13)

---

11) "長女趙榮遠李氏處成文 右成文爲臥乎事段 老身不幸命薄 早歲寡居 且無男子 零丁孤苦 來托汝家 相依爲命者已久 …… 汝亦係是長女 奉祀一事 法當托於汝身 而些少田民殆見失乙仍于 婢 …… 身乙 後所生 幷以 祀位條 許給爲遺 春陽伏在 若干田畓段置 家翁墳墓所在之地亦 不可分析他外孫處, 汝亦 隨所有 推得收探 奠掃墳墓爲旀 …… 汝矣子孫中一人使之 世世執持奉祀爲如可 ……"(풍양조씨 입재공파, 1603년).
12) "第二女幼學 金光繼妻處成文. 右明文事段 我得重腫 半年辛苦 汝亦盡誠竭力 晝夜不歸分叱不喩 同金生員亦 屢月送來 安心救病 感謝之意. 抵死不忘. 無以答之乙仍干 奴 …… 身乙 汝矣處 永永別給爲去乎"(광산김씨 후조당, 1612년).
13) "嫡孫河徹岷氏前 成文許上爲臥乎事叱段 家翁敎是 奴婢乙 女矣亦中 成文許給敎是矣 四娚妹中 孝道分揀分給亦 遺書爲有在果 嫡子河自洪氏無後身死 他餘子息主敎是 遠處居生乙仍于 不能顧恤 徹岷氏段 同處居生 朝夕安心孝道叱分不喩 凡矣祭祀良中置 唯一單孫 以盡心敬行爲臥乎段 加于可憐爲乎等用

d-1)은 1691년에 조부 고상익高尚益이 장손 여숭에게 승중손이라는 사유로 노비 5구를 별급한 것이다. 이 외에도 승중, 장손이라는 사유로 별급한 사례가 다수 확인된다.14) d-2)는 모친인 이숭李嵩의 처 배씨가 장녀인 조영원의 처 이씨에게 별급한 분재기이다. 어머니 배씨는 아들이 없기에 집안의 봉사를 장녀에게 부탁했고, 장녀의 자손에게도 대대로 봉사를 유지해줄 것을 부탁하며 사위조로 노비와 토지를 별급했다. 이와 같이 집안의 제사와 묘위를 부탁하거나 죽은 형제의 제사를 부탁하며 별급한 경우가 별급 사유의 대표적인 사례로 확인된다.

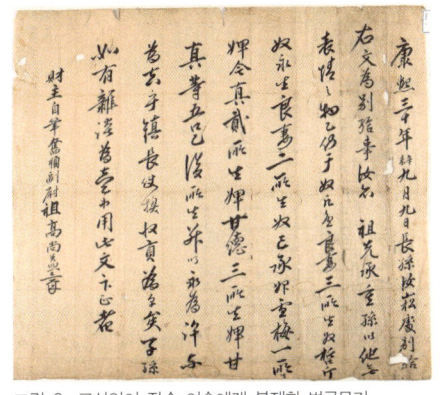
그림 6 고상익이 장손 여숭에게 분재한 별급문기
(벽진이씨 이동엽가, 1691년, d-1의 사례)

d-3)은 1612년에 이선악李仙岳의 처 곽씨가 반년이나 심한 종기로 고생했는데, 둘째 딸인 김광계의 처 이씨가 모친 곁을 지키며 밤낮으로 병간호를 했다. 또한 사위인 김광계는

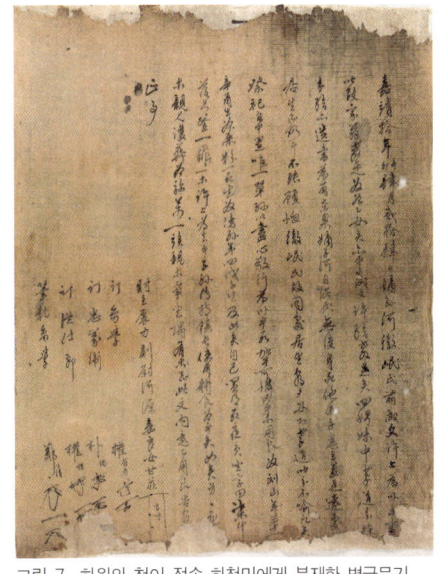
그림 7 하원의 첩이 적손 하철민에게 분재한 별급문기
(진주하씨 충렬공파, 1531년, d-4의 사례)

장모의 병간호를 위해 아내를 수개월 동안 친정에 보내주었으므로 둘째

良 ……"(진주하씨 충렬공파, 1531년).
14) "長子以乎等用良 承重爲先"(재령이씨 영해파, 1543년); "汝矣身亦長孫 以情義深重爲乎等用良"(광산김씨 탁청정, 1578년); "子光玉躬冠身死 其妻未爲家婦 故元承重奴婢田畓乙 得後幷以 依大典內皃如 傳於汝 不輕耕作使喚 永傳子孫事"(재령이씨 영해파, 1579년); "汝矣身長子長孫是乎等用良"(재령이씨 영해파, 1626년) 등과 같은 사례들이 확인된다.

딸의 병간호를 고마워하며 사내종 1구를 별급한 것이다. 그것은 시집간 딸이 병으로 고생하는 친정어머니를 오랫동안 병간호했다는 사유로 별급이 이루어진 사례이다. d-4)는 하원의 첩 감장甘粧이 하원의 적자녀 4남매에게 재산을 분급하라는 가옹 하원의 유서에 따라 1531년에 적손 하철민에게 노비와 전답을 별급한 문기이다. 하원은 4남매의 효도 정도에 따라 첩 감장의 재산을 분급하라는 유서를 남겼는데, 1531년 당시 딸들은 혼인 후 먼 지역에 거주했고, 적자 하자홍은 후사 없이 사망했다. 또 다른 아들 하자징도 사망했으나 그의 아들 하철민이 같은 지역에 거주하며 첩 감장에게 조석으로 효도했기에 적손 하철민에게 노비 2구와 전답 7마지기 등 재산을 허상15)해 별급한 것이다. 이처럼 효도와 병구완, 봉사와 시봉 등을 사유로 별급한 사례가 다수를 차지한다.

2) 경사에 대한 축하 별급

126건의 별급문기 중 가장 많이 나타나는 별급 사유는 경사를 축하하기 위한 것이었다. 예를 들어 아들 또는 손자 등이 과거에 급제하거나 관직에 제수된 경우, 자녀와 손자녀가 태어났거나 득남했을 경우, 자녀와 손자녀가 혼인한 경우, 중병을 앓다가 쾌차한 경우 등 뭔가 축하할 일이 생기면 그것을 기념으로 재산을 별급하는 행위가 이루어졌다. 대표적인 사례를 살펴보면 다음과 같다.

e-1) 사위 하소지河紹地에게 허여하는 일은 다음과 같다. 가문이 오래도록 쇠

---

15) '허상許上'은 주는 자의 위치가 아랫사람이고 받는 자가 위인 경우에 쓰이며, 가족 관계뿐만 아니라 적서, 노주 관계에서 서자가 적자에게 재산을 바치거나 노비가 상전에게 재산을 바칠 때도 사용되었다(문숙자, 2004, 28쪽). 해당 분재기에서는 첩이 가옹의 적통 자손에게 별급했기 때문에 '씨氏'라는 호칭을 사용했다.

락했거늘 새로 생원시에 합격해 천지가 진동한다. 나에 대한 효도가 지대하므로 부변으로부터 전래된 노 …… 등을 자손들에게 훗날의 재주를 권면하는 조복으로 별급하는 것이니 …… 16)

e-2) 증손 희만喜萬에게 별급하는 일은 다음과 같다. 너의 아비를 세살도 되기 전에 품 안에서 키웠는데, 이미 장성해 이제 또 너를 보게 되었으니 늙은

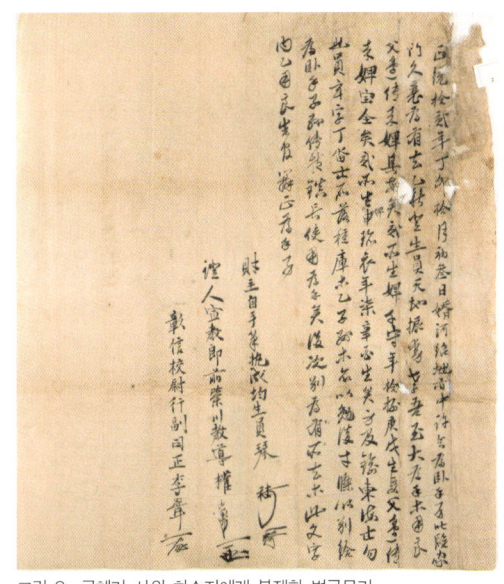

그림 8 금혜가 사위 하소지에게 분재한 별급문기
(진주하씨 충렬공파, 1447년, e-1의 사례)

내 마음에 기쁨을 금할 수 없으므로 …… 17)

e-3) 막내아들 휘징徽徵에게 별급 성문하는 일은 다음과 같다. …… 그중 막내아들 휘징이 천만뜻밖에 우연히 치료하기 어려운 병에 걸려 한 달이 넘도록 신음해 생사를 분간하지 못하니 노모 된 마음이 어떠했겠느냐. 다행히 신명의 도움에 힘입어 지금 겨우 제 처소에서 몸을 일으키게 되었으니 기쁘고 다행스러움을 어찌 이루 말하랴. 별급하지 않을 수 없기에 …… 18)

---

16) "婿河紹地亦中 許與爲臥乎事叱段 家門久衰爲有去乙 新登生員 天地振動 孝吳至大爲乎等用良 父邊傳來婢 …… 庫等乙 子孫等亦以勉後才條以別給爲臥乎 ……"(진주하씨 충렬공파, 1447년).

17) "曾孫喜萬處別給爲臥乎事段 汝乙 三歲前 鞠育於懷裏 旣已長成 今又得汝身 老身情理 不勝喜幸乙仍于 愚谷別得爲在 越邊山下伏在畓 …… 處乙 汝矣處 永永許給爲去乎 後有雜談爲去乙等 用此文卞正事"(안동권씨 춘우재고택, 1672년).

18) "末子徽徵處別給成文 右文爲 …… 其中末兒徽徵 千萬意外 偶得 難醫之疾 閱月呻吟 死生未分 其在老母之心 爲如何哉 幸賴神佑 今才擧頭其所 喜幸何可勝言 不可無別給 ……"(진주강씨 법전 도은종택, 1772년).

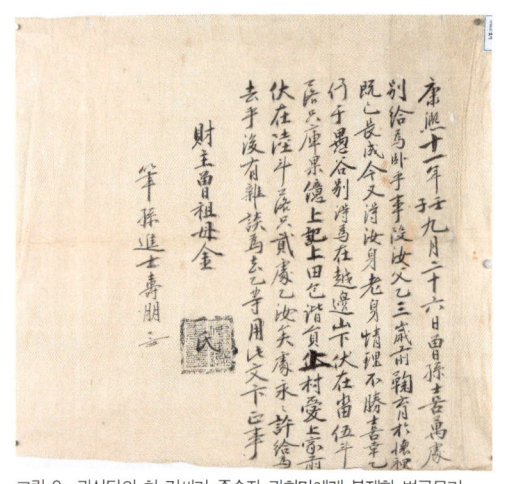

그림 9 권상달의 처 김씨가 증손자 권희만에게 분재한 별급문기
(안동권씨 춘우재고택, 1672년, e-2의 사례)

e-1)의 사례는 1447년에 장인 금혜琴惠가 사위 하소지에게 노비 2구와 논 1섬지기를 별급한 문기이다. 1447년에 하소지가 식년시에 생원 3등 22위로 입격하자 장인은 축하하기 위해 재산을 별급했다. 이처럼 생원진사시 및 문과시 급제로 별급이 이루어진 사례가 가장 많았으며, 관직 제수로 인한 별급 사례도 다수 확인된다. e-2)는 증조모, 권상달權尙達의 처 김씨가 증손자 권희만에게 전답을 별급한 사례이다. 품 안에 안아 기른 손자가 장성해 아들을 낳자 그것을 축하하며 태어난 증손자에게 전답 11마지기를 별급한 것이다. 이와 같이 태어난 어린 손자 또는 증손자에게 별급한 사례 이외에도 득남한 아들에게 별급한 사례, 혼인한 아들과 손자 또는 혼인한 며느리에게 축하하며 별급한 사례 등이 확인된다.

e-3)은 1772년에 과모寡母 석씨石氏가 막내아들 휘징이 중병에서 쾌차하게 됨을 축하하며 별급한 사례이다. 중병으로 인해 생사를 다투던 아들 휘징이 한 달이 넘어서야 몸을 일으키고 병세에 차도를 보이자 그것을 기뻐하고 축하하는 의미에서 노비 1구를 별급한 것이다. 중병에서 차도를 보이거나 쾌차로 인해 별급한 사례는 모두 5건이며, 아들과 손자 또는 외손자에게 별급한 경우가 대부분을 차지한다.

3) 우환을 위로하기 위한 별급

이상에서와 같이 즐겁고 기쁜 일을 축하하며 별급하기도 했으나 가족에 대해 걱정하고 위로하기 위해 별급한 경우도 상당히 많았다. 자녀와 손자녀가 가난해, 노비가 없어, 빚이 있는 등의 이유로 별급이 이루어졌으며, 자신의 사후 남아 있는 서얼자 또는 첩이 걱정스러워 별급하기도 했다. 또한 부모를 잃은 손자녀나 배우자를 잃은 자녀를 위로하며 별급한 사례도 확인된다. 이처럼 어려운 상황에 처한 가족을 걱정하고 슬픔을 위로하기 위한 별급이 이루어졌는데, 해당 사례를 살펴보면 다음과 같다.

f-1) 손녀, 이순도李純道의 처에게 별급하는 일은 다음과 같다. 네가 한창 어린 나이에 부모를 모두 잃고 나를 의지해 성장했으니 사랑하는 마음의 절실함이 다른 손자에 비해 배나 된다. 그런데 네가 또 불행히도 일찍 과부가 되어 살아갈 길이 몹시 어렵게 되었으니 내 마음에 항상 슬프게 여겼다. 뿐만 아니라 내 나이 팔순이 넘어 중병을 얻어 조석으로 보전하기 어렵게 되었으니 너를 염려하는 마음이 더욱 끝이 없으므로 …… 19)

f-2) 장자 지현之炫에게 명문을 별급하는 일은 다음과 같다. 네가 이 지독한 흉년을 당해 부릴 노비가 거의 모두 사망해 땔나무를 하고 물을 긷는 일이 염려되므로 가옹 몫으로 얻은 노

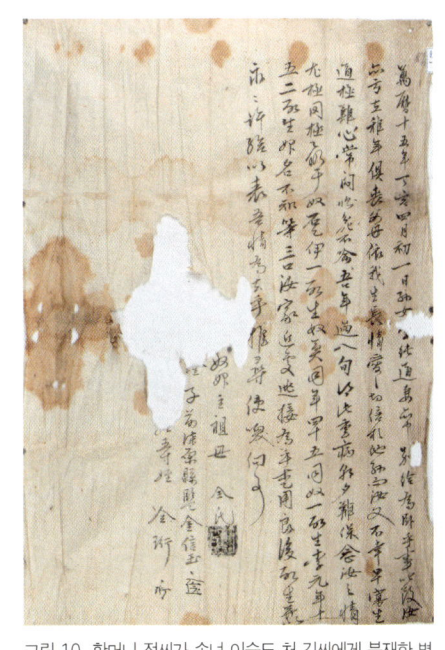

그림 10 할머니 전씨가 손녀 이순도 처 김씨에게 분재한 별급문기(진성이씨 은졸재고택, 1587년, f-1의 사례)

19) "孫女 李純道妻亦中 別給爲乎事叱段 汝亦方在稚年 俱喪父母 依我生長 情愛之切 倍於他孫 而汝又不幸早寡 生道極難 心常悶惻殊不喩 吳年過八旬 得此重病 朝夕難保 念汝之情 尤極罔極乙仍于 ……" (진성이씨 의인파 은졸재고택, 1587년).

…… 등 3구를 후소생과 함께 영영 별급하니 오래도록 사환할 일이다.[20]

f-3) 첩 이씨에게 허여하는 일은 다음과 같다. 나의 신병이 한 달이나 넘게 이어지고 있으니, 죽은 뒤의 일을 생각하자면 편의에 따라 구처區處하지 않을 수 없다. 그러므로 약간의 전민을 첩 이씨에게 별급한다. 우리 집안에 들어온 뒤로 천도가 무상해 끝내 자식이 없었으니 어찌 특별히 불쌍히 여기는 마음이 없을 수 있겠는가. 전민과 약간의 집물什物을 이씨에게 별급하는 것이니, 원재주元財主가 임의대로 구처한 뒤에 족류 중에 누가 감히 넘보겠는가.[21]

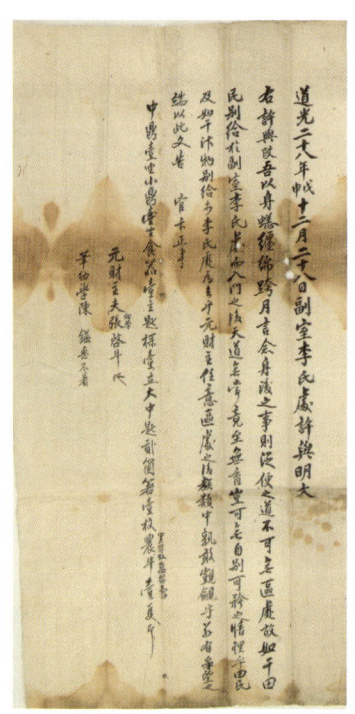

그림 11. 장계두가 첩 이씨에게 분재한 별급문기
(울진장씨 고산성파, 1848년, f-3의 사례)

f-1)은 1587년에 할머니 전씨가 손녀인 이순도의 처 김씨에게 별급한 문기이다. 손녀 김씨는 어린 나이에 부모를 잃었고, 할머니 전씨 품에서 자라 17세에 이순도와 혼인했다. 그러나 혼인한 지 10년이 지난 무렵 남편이 세상을 떠나고 일찍 과부가 되자 할머니 전씨는 홀로된 손녀를 위로하기 위해 노비 3구를 별급했다. 이와 같이 가족이 또 다른 가족을 잃어 슬픔에 빠져 있거나 생활이 어려울 때 그것을 위로하기 위해 별급이 이루어졌다.

f-2)는 1671년에 이해李楷의 처 정씨가 큰아들 지현에게 별급한 것이

20) "長子之炫處別給明文, 右明文爲別給事, 汝亦値此極凶之年 使喚奴婢幾盡死亡 薪水可慮乙仍于 家翁衿得奴 …… 等三口乙 後所生 并以 永永別給爲去乎 鎭長使喚事"(재령이씨 영해파, 1671년).
21) "副室李氏處許與明文. 右許與段 吾以身羔 纏綿跨月 言念身後之事 則從便之道 不可無區處 故如干田民 別給於副室李氏處 而入門之後 天道無常 竟至無育 豈可無自別可矜之情理乎 田民及如干汁物 別給於李氏處爲去乎 元財主任意區處之後 族類中 孰敢覬覦乎"(울진장씨 고산성파, 1848년).

다. 당시 극심한 흉년으로 인해 사환노비가 대부분 사망했기에 땔나무를 구하고 물 긷는 일을 부리도록 노비 3구를 별급했다. 이와 같이 노비가 부족해 별급한 사례 이외에도 기아에 허덕이거나, 장리長利를 빌려 써 갚을 방법이 없거나, 빈궁해 해마다 신공身貢을 해야 하는 등 경제적으로 어려운 상황에 처한 가족을 돕기 위해 별급한 사례도 확인된다.22) f-3)은 1848년에 장계두張啓斗가 첩 이씨에게 별급한 문기이다. 당시 장계두는 한 달 넘게 병으로 고생하고 있었고 첩 이씨는 장계두 집으로 들어온 이후 자식이 없었기 때문에 이후 혼자 남게 될 이씨를 걱정하며 노비 1구와 소 1마리, 각종 살림 도구 등을 별급했다. 이와 같이 재주의 사망 이후 서자, 얼자, 첩 등이 겪을 생활고를 걱정하며 그것을 돕고자 생전에 별도의 재산을 별급한 사례들도 확인된다.

4) 기타 별급

한국국학진흥원 소장 별급문기 126건의 별급 사유를 분석해보면, 가장 대표적인 사유로는 앞서 살펴본 바와 같이 ① 시봉과 봉사, ② 경사에 대한 축하, ③ 우환에 대한 걱정과 위로 등으로 나타났다. 그 외에도 어렸을 때부터 양육했기 때문에 또는 어린 자녀와 손자녀가 성인으로 장성했기 때문에 또는 정을 표하기 위해 등등 특별한 사건이나 사유 없이 별급하는 사례도 상당수를 차지했고, 이전에 빌린 채무를 변제하는 경우에도 별급 형식을 갖추어 노비 또는 전답 등으로 환보했다. 그러한 사례를 살펴보면 다음과 같다.

---

22) "倭賊良中 焚蕩所致以 三四年至亦流離 諸處農作不得 繼糧無路乙仍于 擧家飢餓叱分不喩"(재령이씨 영해파, 1594년); "矣亦寡口且貧 生理甚窘 汝矣長利口 口數貸用 浦償無路乙仍于"(재령이씨 우계종택, 1617년); "汝亦尤甚貧窮 年年身貢是沙余良 公私受債備納無路乙仍于"(재령이씨 영해파, 1620년) 등.

g-1) 외손 유학 김해金垓에게 [결락] 너의 어미가 나를 멀리 떠난 지 여러 해 되었고, 게다가 너를 낳은 지 열흘도 안 되어 [결락] 항상 한번 보고 내 마음을 위로받고 싶었다. [결락] 강보襁褓를 떠난 지 얼마 안 돼 [결락] 양쪽으로 아득히 멀리 떨어진데다 노병이 더 심해져 너의 장성한 모습을 못 볼까 염려했다. 그런데 네가 오늘 천릿길을 와서 안부를 물으니 [결락] 네 어미의 죽음에 눈물이 흐른다. 네 어미가 너의 장성한 모습에 감격할 것을 생각하니, 마치 네 어미를 보는 것만 같아 기쁘고도 슬픈 마음을 가눌 수 없다. [결락] 네가 돌아간다고 하는데, 달리 너에게 줄 것이 없으므로 예천에 사는 비 …… 23)

g-2) 가옹의 동생매부同生妹夫 전 찰방 이함李涵에게 명문을 발급하는 일은 다음과 같다. 가옹이 살아 계실 때 동댁同宅의 수소 한 마리를 실제로 쓴 뒤 되돌려 주지 못해 항상 그것을 염려하시다 병을 얻어 위독해지자 유언하기를, 소값에 대해서는 노비로 성문해 별급하라는 말을 남겼다. …… 그러므로 가옹이 원한 뜻에 따라서 가옹의 부변으로부터 전래된 비 …… 등을 별급하는 것이니 …… 24)

g-3) 차자 윤鈗에게 별급하는 명문은 다음과 같다. 너의 몫[衿] 여종 늦대[旀叱代]가 도망간 지 벌써 40여 년이 되어 간다. 그런데 금년에 너의 숙질叔姪이 갖은 신고를 겪으며 추득推得했는데 그 자녀가 10여 구나 된다. 그 공로를 보상하지 않을 수 없으므로 [너에게] 동비同婢 5소생 노 …… 등을 후소생과 함께

---

23) "外孫幼學金垓□ …… □ 右文 汝母爲行遠我多年 且以生汝未旬 乃□ …… □ 維其已常欲一見 以慰我心 離襁褓未久 玆□ …… □兩地悠悠 老病兼催 恐未見汝長成 今日千里來寧撫 …… □ 泣汝母死 思汝之母感汝身壯 如見其汝母然 不堪悲喜 …… □告言歸 無以贈汝 醴泉居婢 ……"(광산김씨 후조당, 1573년).

24) "家翁同生妹夫前察訪李涵前明文 右明文爲臥乎事段 家翁生時 同宅雄牛一隻 實用後 還償不得 常以爲念 得病在危 遺語曰 同牛價良中 奴婢以 成文別給亦 傳言哛不喩 …… 家翁願意導良 家翁父邊傳來婢 …… 身乙 別給爲去乎 ……"(재령이씨 영해파, 1602년).

영원히 허급하는 것이니 …… 25)

g-4) 차자 수철守哲에게 별급하는 성문을 만들어 두는 일은 다음과 같다. 내가 자녀들에게 약간의 전답을 각몫各衿으로 분급했는데, 네 몫으로는 단지 밭 5마지기만 기록해 마음이 영 안쓰러웠다. 그러므로 영지산원寧至山員 가전加田 3말 5되지기가 있으므로 표를 만들어 허급하니 만세토록 대대로 물려주며 오래도록 경식하도록 하되 …… 26)

g-1)은 1573년에 외조모, 권습權習의 처 안씨가 외손자 김해에게 별급한 분재기이다. 외조모 안씨는 일찍 죽은 딸의 어린 아들 김해를 보지 못한 지 오래되어 한번 보기를 기다렸는데, 성인이 된 김해가 먼 길을 마다 않고 찾아온 것이었다. 외손자 모습에서 죽은 딸을 떠올리게 되었고, 살아생전 장성한 외손자 모습을 볼 수 있음에 감격하며 김해에게 노비 2구와 밭 7마지기를 별급했다. 이와 같이 장성한 손자녀 또는 외손자녀에게 별급한 사례뿐만 아니라 10세 이하의 어린 자녀 또는 손자녀에게 은애하는 마음을 표현[表情]하기 위

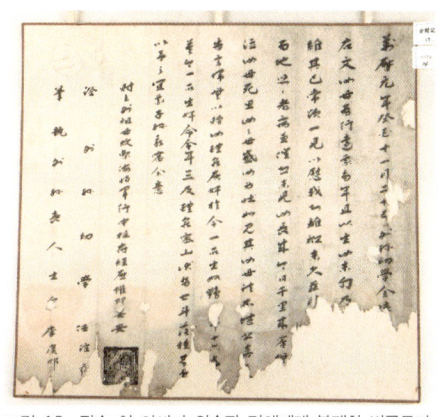

그림 12 권습 처 안씨가 외손자 김해에게 분재한 별급문기 (광산김씨 후조당, 1573년, g-1의 사례)

---

25) "次子 鉉處 別給明文爲臥乎事段 汝矣衿婢芿叱代逃亡 將過四十餘年是如乎 今年良中 汝叔姪 艱難推得 其矣子女 多至十餘口 其功勞乙 不可不償 故同婢伍所生奴 …… 身乙 後所生幷以 永永許給爲去乎 ……"(안동권씨 춘우재, 1667년).

26) "次子守哲處 別給成文 右文爲成置事 吳亦子女等處 若干田畓乙 各衿分給爲乎矣 汝矣衿段 只有田 伍斗落只庫乙 載錄爲有臥乎所 情理可矜乙仍于 寧至山員加田參斗伍刀落只伏在是如乎 成表許給爲旀 吳萬世後執持鎭長耕食爲乎矣 ……"(의성김씨 평장사공파 삼대종택, 1702년).

해 별급한 사례도 여럿 확인된다.27)

g-2)는 1602년에 이정백李庭栢의 처 장씨蔣氏가 이정백의 누이의 남편인 이함에게 노비를 별급한 문기이다. 별급한 사유는 다음과 같다. 이정백이 살아생전에 누이 부부로부터 소 한 마리를 빌렸는데, 그것을 갚지 못한 상태에서 병으로 몸져눕게 되자 빌린 소를 대신해 노비로 별급하라는 유언을 남겼다. 때문에 이정백이 세상을 떠난 후 처 장씨가 대신해 매부 이함에게 소 값을 갚기 위해 노비 2구를 별급한 것이다. 이와 같이 채무 변제 또는 환보 성격을 갖는 별급문기는 많지 않지만 종종 확인된다.28)

g-3)은 1667년에 권상달의 처 김씨가 둘째 아들 권윤에게 별급한 문기로, 별급 사유는 다음과 같다. 20여 년 전인 1644년에 권상달의 처 김씨는 3남매에게 정식으로 재산을 분재했다.29) 그때 분재받은 계집종 늦대[﨎叱代]가 이후 도망갔으며, 해당 별급문기가 작성된 1667년까지 늦대를 찾지 못했다. 그러나 숙질이 추적한 끝에 늦대와 그의 후소생 10구를 찾아내자 추득에 성공한 숙질에게 보상하고 남은 노비 2구를 차

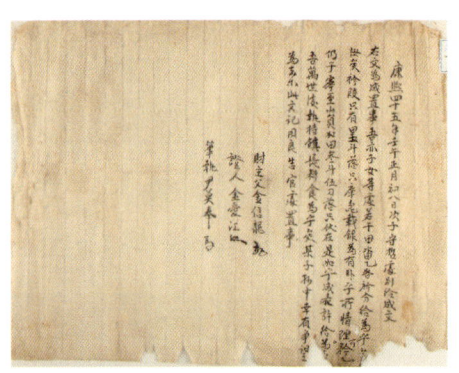

그림 13 김신용이 차자 김수철에게 분재한 별급문기
(의성김씨 삼대종택, 1702년, g-4의 사례)

---

27) "慈愛之心 萬萬篤生爲如乎 ……"(재령이씨 영해파, 1525년); "汝矣身乙 情愛深重爲乎等用良"(광산김씨 후조당, 1529년); "妹亦父主在世時 最所鍾愛乙仍于 母主教是 別給亦遺言導亦 ……"(재령이씨 영해파, 1636년).

28) "去癸卯年分 矣身義禁府都事除授上京時 路費無出處叱分不喩 其年女息成婚時 婚裝不足 汝矣馬價木參拾正 至用下備償無路 買得婢春介一所生婢孫香丙申生矣身乙 其時許與爲有乎矣"(재령이씨 영해파, 1612년); "家翁捐世之後 生計零丁 許多徭役 及祭祀昏姻所用 無路辦出乙仍于 丙寅丁卯年間 汝家穀物木正 多有所用是去乎 雖父子之間 不可不還報"(안동권씨 춘우재고택, 1654년).

29) "次子銃衿 …… 婢金代一所生婢﨎叱代年庚子生"(안동권씨 춘우재고택, 1644년에 권류權鏐 삼남매에게 분급한 문기).

남 권윤에게 별급한 것이다. 이와 같이 노비의 추득과 관련된 사례 이외에도 이전 분재에서 받은 노비가 죽자 다른 노비로 대신해 별급한 사례, 자식 없이 사망한 노비의 재산을 상전에게 기상記上하자 그의 전답을 상전의 손자에게 별급한 사례 등 노비와 관련된 사건과 사고 관련 별급문기도 확인된다.[30]

g-4)는 1702년에 부친 김신용金信龍이 둘째 아들 김수철에게 별급한 분재기이다. 이전에 김신용은 재산을 자녀들에게 나누어 분급했는데, 차자 수철에게는 다른 자녀에 비해 적게 분재했던 것이 항상 마음에 걸렸다. 때문에 이후 분재되지 않고 남은 전답을 수철에게 특별히 분재한 것이다. 이와 같이 유형화하기 어려운 특수 사례도 남아 있어 당시의 시대상과 집안별 재산 증여의 배경에 따라 별급 양상이 다양하게 나타났음을 알 수 있다.

4 별급 관련자의 변화 양상

4절에서는 한국국학진흥원 소장 별급문기의 분석을 통해 재산을 증여한 재주, 재산을 받은 수취인, 재산 증여 과정에 참여한 증인 등 별급 분재와 관련된 이들이 시기별로 어떤 변화와 특징을 보이는지를 살펴보고자 한다.

1) 여성 재주의 감소와 수취인의 변화

---

[30] "壬戌年分 子女等處分衿都文記成置時 奴苟叱同一所生婢徐春乙 奉祀條以 許與爲乎矣 同婢乙矣身生前叱分 使喚計料爲如乎 不意因病致死爲乎等以 其代婢碧代一所生婢一介年二十四丁未生身乙 永永許給爲去乎"(진성이씨 은졸재고택, 1630년); "億上記上若干田畓乙 盡爲分給於子孫諸處爲遣 只有億上家基 允鶴家木瓜木以下 至巨眞家下荒畓 合參斗落只餘存乙仍于 汝矣處 永永許給爲去乎"(안동권씨 춘우재고택, 1672년).

우선 재주의 성별에 따른 남녀 비중과 시기에 따른 변화를 살펴보자. 다만 별급문기 126건 가운데 15세기의 2건과 19세기의 1건의 경우 건수가 적어 시기적 변화와 특징을 찾기 어려우므로 16~18세기 별급문기 123건을 대상으로 분석했다. 그중 남녀 부부가 공동으로 재산을 증여한 사례와 남매가 함께 별급한 사례가 4건 포함되어 있으므로 재주의 성별 분석 시 남녀가 중복으로 계산되었다. 때문에 분석 대상은 123건이지만 합산된 인원수는 127명이다.

표 3 _ 한국국학진흥원 소장 별급문기의 시기별 재주의 남녀 비율

시기 구분 남녀 구분	16세기		17세기		18세기		합계
	전반	후반	전반	후반	전반	후반	
남성	3명 (18.8%)	6명 (35.3%)	12명 (41.4%)	7명 (24.1%)	26명 (86.7%)	5명 (83.3%)	59명
여성	12명 (75.0%)	11명 (64.7%)	16명 (55.2%)	22명 (75.9%)	4명 (13.3%)	1명 (16.7%)	66명
미상	1명 (6.2%)	-	1명 (3.4%)	-	-	-	2명
합계	16명 (100%)	17명 (100%)	29명 (100%)	29명 (100%)	30명 (100%)	6명 (100%)	127명

재주의 남녀 비중을 살펴본 결과, 재주가 남성인 경우는 59명, 여성인 경우는 66명으로 나타난다. 어머니, 할머니, 외할머니, 증조할머니 등 여성 재주의 사례가 조금 더 많은 것으로 확인된다. 그것은 여성이 남성보다 장수했기에 남편을 먼저 보내고 과부가 된 여성이 '가옹의 유언'에 따라 자녀와 손자녀 및 그들의 배우자 등에게 분재하는 사례의 비중이 높았던 것으로 보인다. 별급문기뿐만 아니라 분급문기의 경우에도 유사한 결과가 나올 것으로 예상된다. 그것을 시기별로 세분해 재주의 성별에 따른 비중과 그것의 변화를 살펴보면 〈표 3〉과 같다.

〈표 3〉에서 보는 대로 16~17세기에는 재주가 여성인 사례가 남성인

사례보다 현저히 많다. 그러나 18세기가 되면 여성 재주의 비중이 급격히 낮아지는데, 여성 재주가 전체 재주의 15% 정도에 그칠 만큼 낮은 비중을 차지한다. 18세기의 사례가 36건뿐이기 때문에 그러한 현상을 당시의 일반적 경향으로 단정 지을 수 없지만 18세기 이후 여성의 상속권이 이전 시기에 비해 약해졌음을 단적으로 보여준다.

표 4 _ 한국국학진흥원 소장 별급문기의 시기별 수취인 현황

시기 구분 수취인 구분		15세기 전반	15세기 후반	16세기 전반	16세기 후반	17세기 전반	17세기 후반	18세기 전반	18세기 후반	19세기 전반	합계	
1대	아들		1	7	5	6	8	14	4		45	72
	며느리					1	6	2			9	
	딸				1	4		1			6	
	사위	1		2	1	4	1	1	1		11	
	자녀(복수)							1			1	
2대	손자			2	2	3	7	4			18	32
	손자며느리							2			2	
	손녀				2	1					3	
	손녀사위				1		1				2	
	손자녀(복수)							1			1	
	외손			1	1	1	3				6	
3대	증손					1	2				3	3
기타	조카, 조카사위			1	1	3			1		6	19
	동생 또는 남편의 매부, 사촌 형			1		2	1				4	
	서·얼자, 첩				1			4		1	6	
	미상			1	1	1					3	
합계		1	1	15	16	27	29	30	6	1	126	

126건의 별급 분재에서 재산을 받는 수취인의 유형과 시기별 현황을 분석해보면 〈표 4〉와 같다. 수취인 중 가장 많은 비중을 차지하는 경우는 아들이다. 126건 중 45건으로 전체의 35.7%를 차지한다. 다음은 손자가

재산을 받는 경우로, 전체 14.3%의 비중을 차지한다. 즉 별급문기의 절반은 아들 또는 손자가 받았음을 알 수 있으며, 그것은 시기와 관계없이 나타나는 양상이다. 다음으로는 사위 11건, 며느리 8건, 딸 6건, 외손자 6건의 순이며, 그 외에도 조카, 시·얼자, 손녀, 증손자, 손자며느리, 손녀사위 등의 순으로 별급이 이루어졌다.

    〈표 4〉에서 수취인의 변화가 가장 두드러지는 시점은 17세기 후반과 18세기 전반의 시기이다. 17세기 전반까지는 딸과 사위, 손녀와 손녀사위에게 별급하는 사례가 다수 확인되지만 17세기 후반부터는 상당히 드물게 나타난다. 그와 대조적으로 17세기 후반이 되면 며느리에게 별급하는 사례가 증가하고, 18세기 전반이 되면 손자며느리에게도 별급하는 사례가 확인된다. 딸과 사위에 대한 별급 비중이 줄고, 며느리에 대한 별급 비중이 높아지는 것은 같은 맥락으로 이해된다. 17세기 전반 이전에는 사위가 처가 주변에서 거수하며 왕래가 샂았던 반면 이후에는 이전에 비해 처가와의 관계가 소원해지고 부모의 거주지 주변에 아들과 며느리가 모여 살면서 부모에 대한 봉사, 시봉하는 역할과 의무가 아들과 며느리를 중심으로 바뀌었고, 그러한 양상이 별급 분재에도 반영된 것으로 볼 수 있다.

    그러나 사위에 대한 별급 사례가 17세기 후반부터 18세기 후반까지 계속적으로 나타나는 것은 또 다른 의미를 갖는다. 17세기 전반 이전에 비해 사위에 대한 별급 사례가 줄어든 것은 분명하지만 딸과 사위에 대한 별급 행위는 계속적으로 이루어졌던 것이다. 그러한 현상은 18세기 후반까지도 딸과 사위와의 관계가 완전히 단절된 것이 아니라 일부 지속되고 있었음을 반증한다.

    딸과 사위에 대한 별급 비중은 줄어든 반면 며느리에 대한 별급 비중이 늘어나는 현상은 가족에서의 여성 권리와 위상 변화의 측면에서 살펴볼 수 있다. 친정에서 딸로서 갖는 권리는 18세기 이후 줄어들었지만 시댁에서 며느리로서 누릴 수 있는 권리는 확장되어 갔다고 해석할 수 있다.31) 한국국학진흥원 소장 별급문기 중 그러한 변화상을 보여주는 사례가 있는데, 그것을 소개하면 다음과 같다.

> h) 며느리 김씨에게 성문하는 일은 다음과 같다. 내가 남편을 일찍 잃고 또 외아들까지 잃었다. 선세先世 내외의 제사를 며느리가 혼자 모시게 되었으니 형편이 몹시 편치 않다. 내 쪽의 제사는 딸들에게 돌아가면서 맡겨야 하지만 딸들이 각각 멀리 살고 있고, 외가 제사를 모시는 일도 형편상 편치 않다. 그러므로 돌아가면서 제사를 지내지 말고 내 쪽 제사를 며느리에게 맡겨 모실 수 있도록 사위祀位 노비와 전답을 이제 구처區處하는 것이니, 정성을 다해 제사를 받들도록 하라.32)

h)는 1667년에 남편과 아들을 잃은 이극배李克培의 처 류씨가 홀로 된 며느리 이광李光의 처 김씨에게 집안 제사를 부탁하며 봉사위 노비와 전답을 별급한 것이다. 별급문기의 내용에 따르면 시어머니 류씨가 자기 쪽 제사를 딸들이 돌아가며 맡는 게 마땅하지만 딸들의 형편이 여의치 않다고 했다. 때문에 류씨는 며느리가 제사를 온전히 받을 수 있도록 물적 토대와 권한을 제공한 것이다. 별급문기가 작성된 1667년 이전에는 딸들이 제사를 돌아가며 지냈던 것으로 보이지만 며느리의 봉사를 '편치 않다'고 말한 것으로 볼 때 당시의 사회적 분위기가 딸들의 윤회봉사에서 아들

---

31) 이순구, 「딸에서 며느리로: 여성 정체성의 변화」, 『한국여성사 깊이 읽기』, 푸른역사, 2013 참조.
32) "子婦金氏處成文爲臥乎事段 余亦早喪家翁 又喪獨子 先世內外祭祀乙 同婦氏亦 獨當奉行 勢甚難便 則余邊祀事段 所當輪回於女子等 而女子等各居遠地爲旀 外邊祭祀奉行 事勢難便乙仍于 輪回除良 同余邊祭祀乙 婦氏處 使之奉行次 同祀位奴婢田畓乙 玆以區處爲去乎 至誠奉祀爲齊"(고성이씨 탑동종가, 1667년).

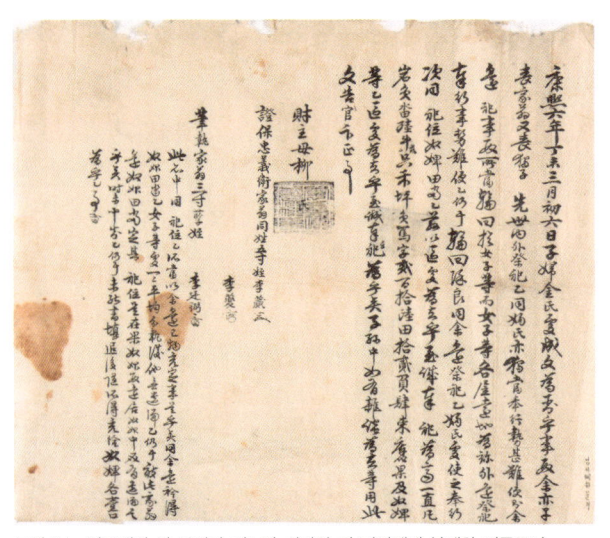

그림 14 _ 이극배의 처 류씨가 며느리 이광의 처 김씨에게 분재한 별급문서
(고성이씨 탑동종가, 1667년, h의 사례)

과 며느리 중심의 봉사로 변한 시기였음을 짐작할 수 있다.

별급을 통한 재산의 수수는 부모와 자식 관계 사이에서만 이루어진 것이 아니라 다양한 관계의 인물을 통해 이루어졌다. 기존 연구에서는 다양한 관계의 인물로부터의 별급 분재를 당시의 사회적 친밀도에서 비롯되었다고 해석했으며, 평균분급에서 차등분급으로 변한 이후에는 그처럼 다양한 관계의 인물로부터의 별급은 보이지 않는다고 한다(이문현, 1998, 54쪽). 별급 행위가 사회적 관계 속에서 친밀도를 표현한 것임은 분명하다. 별급문기에서 '표정表情', '총애寵愛' 등의 표현이 자주 등장하는 것도 친밀도에 대한 표현이며, 그러한 관계에서 별급이 이루어졌음을 말해준다. 그러나 평균분급에서 차등분급으로 변한 이후에 다양한 관계의 인물로부터의 별급이 이루어지지 않는다는 견해에는 동의하기 어려운 점이 있다. 〈표 4〉에서 볼 수 있는 대로 평균분급에서 차등분급으로의 변화가 있던 17세기 후반 이후에도 처조모가 손녀사위에게, 사형이 사제에게, 백부가 조카에게, 가옹이 첩에게 별급하는 등 다양한 관계에 있는 인물들의 별급이 지속적으로 이루어졌기 때문이다. 다만 그러한 사례가 감소하거나 관련된 사람들의 관계가 단순화되었을 가능성이 있으므로 면밀한 검토가 필요할 것으로 보인다.

2) 증인의 감소와 재주의 자필自筆의 증가

별급문기 뒷부분에는 재주와 함께 증인(증證, 증인證人, 증보證保 등으로 표기)과 필집筆執 항목이 있으며, 각각의 신분과 지위, 성 또는 성명과 착명, 서압 등을 표기했다. 필자는 별급문기 126건 중 15세기의 2건과 19세기의 1건을 제외한 123건의 증인과 필집의 인원수를 분석해 보았다. 그중 증인, 필집 정보가 사라졌거나 표기되지 않은 5건을 제외하고 118건을 분석대상으로 삼았다. 필집을 인원수에 포함해 증인 수를 검토한 결과는 〈표 5〉와 같다.

필집을 포함한 증인 수는 재주가 직접 자필해 증인 수가 없는 경우부터 최대 9명까지 확인되며, 증인 수는 정해진 인원 없이 가문, 상황, 시기에 따라 다르게 나타나는 것으로 확인된다. 증인 수가 적을 때와 많을 때는 어떤 차이가 있는지 정확하게 알 수 없지만 별급하는 재산의 양이 많을수록 증인 수가 많지 않았을까 추측된다. 이의 사실 여부를 확인하기 위해 증인 수 4인 이상인 별급문기 11건을 대상으로 증여된 재산의 양을 조사한 결과 〈표 6〉과 같이 나타났다.

재산량이 많게는 노비 9구, 전답 128짐[負]인 사례부터 적게는 노비 1구까지 다양하며, 재산량과 증인 수는 크게 관계없는 것으로 나타난다. 다만 가문과 시기에 따라 증인 수가 예외적으로 많은 경우가 있었다. 이를테면 〈표 6〉의 8~11번에 해당되는 16세기 광산김씨 후조당종택의 별급문기에서는 많은 증인이 대동되었다. 8, 9, 11번의 경우는 김효로의 처 이씨가 아들 김연에게 증여한 것이고, 10번은 김부의가 아들 김해에게 증여한 별급문기이다. 그것은 많은 증인을 대동할 수밖에 없던 당시의 상황과 분위기에 의한 것으로 추측된다.

시기적으로는 증인 수의 변화가 확연하게 나타난다. 16세기 전반의 별급문기 중 증인과 필집 없이 재주가 자필해 작성한 경우는 1건이며 그

표 5 한국국학진흥원 소장 별급문기의 시기별 증보와 필집의 인원수 현황(건)

시기 구분 증보·필집 수	16세기		17세기		18세기		합 계
	전반	후반	전반	후반	전반	후반	
0명(財主自筆)	1	5	3	4	18	2	33
1명			9	11	3	2	25
2명	1	5	3	11	1	1	22
3명	6	4	7	3	7		27
4명	1		4				5
5명	1	1					2
6명	2	1					3
7명 이상	1						1
합 계	13	16	26	29	29	5	118

표 6 증인 수 4인 이상 별급문기의 별급 재산 현황

증인 수	번호	별급 시기	별급 재산		소장처
			노비	전답	
4명	1	1531년	2구	7마지기	진주하씨 충렬공파
	2	1610년	3구	18마지기	재령이씨 영해파
	3	1611년	4구	20마지기	진성이씨 은졸재
	4	1612년	1구	-	광산김씨 후조당
	5	1647년	2구	-	재령이씨 영해파
5명	6	1531년	1구	-	수원김씨 건덕재
	7	1570년	9구	128負 4束	개성고씨 월봉종택
6명	8	1539년	1구	1섬지기	광산김씨 후조당
	9	1543년	-	6섬지기+茶田	광산김씨 후조당
	10	1559년	2구	-	광산김씨 후조당
9명	11	1538년	2구	2섬지기	광산김씨 후조당

것은 16세기 전반의 별급문기 중 6.7%에 지나지 않는다. 반면 18세기에 증인과 필집 없이 재주가 자필한 사례는 모두 20건인데, 그것은 18세기의 전체 별급문기 중 55.6%를 차지한다. 〈표 5〉에서 알 수 있듯이 증인과 필

그림 15 시기별 평균 증인 수(명)

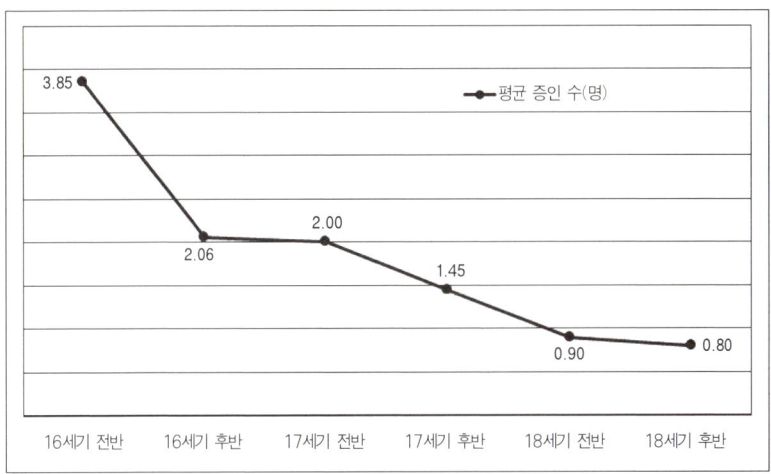

그림 16 시기별 증인 2인 이하 사례 비중(%)

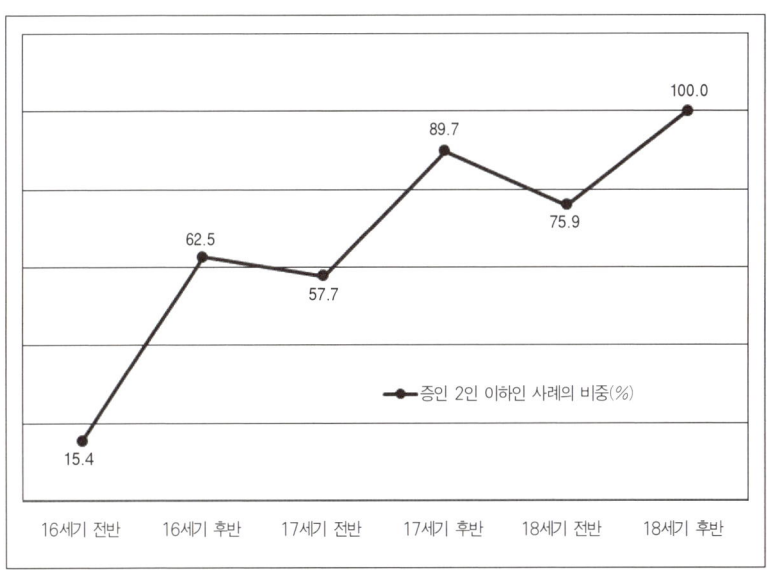

집이 없는 별급문기 수는 18세기로 갈수록 증가함을 알 수 있는데, 그것은 시기별 평균 증인 수(〈그림 15〉) 및 증인 2인 이하 사례 비중(〈그림

4 특정인에 대한 재산 증여, '별급' 분재의 사유와 변화   197

16))을 확인하더라도 같은 결과이다.

〈그림 15〉는 16세기 전반부터 18세기 후반까지 증인 수의 평균값을 계산한 것이다. 그것을 보면 16세기 전반에 평균 증인 수가 4명에 가까웠던 데 비해 이후 16~17세기를 거쳐 점차 줄어들고, 18세기가 되면 증인 수가 1명도 채 되지 않는 것을 확인할 수 있다. 그것은 재주가 증인과 필집 없이 자필로 별급문기를 작성한 사례가 절반 이상으로 증가했기 때문이다.

각 시기에 따라 증인 수가 2인 이하인 사례가 어느 정도의 비중을 차지하는지는 〈그림 16〉에서 살펴볼 수 있다. 16세기 전반만 해도 증인 수 2인 이하인 경우가 드물지만 16세기 후반 들어 높아지더니, 18세기 후반에 이르러서는 모든 사례에서 증인 수 2인 이하로 확인된다. 그것은 17세기 후반부터 재주 자필이거나 필집을 포함한 증인 수가 1~2인인 사례가 일반화되었음을 의미한다.

그렇다면 증인 수 감소와 재주의 자필 비중의 증가는 무엇을 의미할까? 16세기 전반만 하더라도 4명에 가까운 평균 증인 수가 18세기에는 1명 이하로 감소한 이유는 무엇일까? 분재기의 증인에 대한 기존 연구가 부족한 실정이기에 그에 대한 명확한 이유를 밝히기는 어렵지만 아마도 균분상속에서 차등분재로의 변화와 관련 있지 않을까 생각된다.

16세기에는 재주의 의사에 따라 재산을 주는 별급의 경우에도 증인의 유무와 증인 수가 중요한 역할을 했으며, 증인은 대부분 재주와 가까운 가족 관계의 인물이었다. 고려 후기부터 17세기까지의 재산상속은 부모 재산이 자식에게 공평하게 나누어지는 균분상속이 기본적 관행이자 사회적 인식이었다. 때문에 재산상속은 균분에 대한 엄격함과 긴장감을 가질 수밖에 없었고, 가족 관계 속에서 공평성에 대한 공감을 확보하는 절차가 필요했다. 때문에 균분상속에서 벗어나는 별급 분재의 경우 가까운 가족 관계의 인물들로부터의 확인이 필요했으며, 재주의 사망 이후 별급된 재산으로 인해 가족의 화목에 문제가 생기거나 쟁송에 휘말리지 않도록 증인의 참여를 통해 그것을 사전에 방지하고, 증인으로 하여금 별급 분재의 공동 책임 역할을 하도록 맡겼던 것이다. 그러나 18세기가 되면 균분상속 원칙은 장남 우대와 딸에 대한 차등분재로 바뀌었다. 그러한 사회적 인식과 분위기는 재주의 차등분재와 별급 권한을 한층 더 강화해주었고, 그것은 증인과 필집 없이 재주가 직접 자필해 분재기를 작성하더라도 문서 자체가 법적 효력을 가질 수 있는 증거로 작용할 수 있었기 때문인 것으로 파악된다.

그러한 측면에서 조선 후기의 별급문기의 증인 수 감소와 재주 자필 사례의 증가 현상은 머리말에서 언급한 바와 같이 별급문기의 작성 시기가 17~18세기에 집중되는 현상과 관련 있을 것으로 추측된다. 별급문기를 제외한 분급문기, 화회문기 등의 분재기가 대부분 16~17세기에 집중적으로 전해지는 반면 별급문기는 17~18세기에 집중되는데, 그것은 재주의 차등분재와 별급 권한이 한층 더 강화되었기 때문에 나타나는 현상 중 하나로 보이며, 증인 수 감소와 재주 자필의 증가 현상과 같은 맥락에서 해석될 수 있을 것으로 보인다. 별급문기의 증인 수 감소 및 별급문기의 17~18세기 집중 현상에 대해서는 앞으로 보다 면밀한 검토와 연구가 필요하다.

5 맺음말

이 글에서는 한국국학진흥원 소장 별급문기 126건을 대상으로 별급의 의미와 개념을 재정리하고 별급 사유를 유형화해 소개했으며, 시기별로 별급의 재주와 수취인의 변화 및 증인 수의 변화 등을 살펴보았다. 별급 개념에는 재주가 수취인에게 '따로, 별도로 준다'는 의미보다는 '각별히, 특별히 준다'는 의미가 내포되어 있는 것으로 보았다. 때문에 2명 이상의 수취인을 대상으로 동시에 별급이 이루어지는 것이 가능했으며, 별급문기에서 '평균별급'이나 '별급분깃' 등의 표현을 사용하더라도 의미가 충분히 전달될 수 있는 것으로 파악했다.

　한국국학진흥원 소장 별급문기의 별급 사유 중 가장 많은 사례는 과거급제, 관직 제수에 따른 별급이며, 이어 은애하는 마음을 나타내기 위한 표정表情, 장자와 장손의 봉사와 승중, 자녀와 손자녀의 경사에 대한 축하, 우환에 대한 위로 등의 순으로 별급 사유가 나타났다. 그밖에도 재주를 극진히 시봉한 것에 대한 보상, 서얼과 첩에 대한 배려 등 다양한 사유로 별급이 이루어졌음이 확인된다. 이처럼 별급 사유가 다양하게 나타나지만 무엇보다 가장 큰 사유는 가문의 명예를 잇고 체통을 존속시키기 위한 증여였던 것으로 판단된다. 이 글에서는 각 시기에 따라 당시 어떤 사유로 별급이 이루어졌는지는 대략적으로 파악되었지만 시기별로 별급 사유가 어떻게 변화했는지는 확인할 수 없었다. 별급 사유의 시기별 변화를 관찰하기에는 분석 대상으로 삼은 별급문기의 건수가 다소 적다고 판단했기 때문이다. 앞으로 그것을 보완할 후속 연구가 필요할 것으로 생각된다.

　재주, 수취인, 증인에서는 다음과 같은 변화와 특징을 확인했다. 재주가 여성인 사례가 남성인 사례보다 많았다. 그것은 여성이 남성보다 장수했기에 남편을 먼저 보낸 여성이 '가옹의 유언'에 따라 자녀와 손자녀 및 그들의 배우자 등에게 분재하는 사례가 많았기 때문인 것으로 파악된다. 시기별로는 여성 재주가 16~17세기에 과반 이상을 차지한 반면 18세기에는 열에 한둘로 현저히 줄어들어 18세기 이후 여성의 상속권이 이전 시기에 비해 약해진 것으로 보인다. 수취인의 경우 아들과 며느리, 딸과 사위, 손자와 손자며느리, 손녀와 손녀사위, 외손자녀, 증손자, 조카, 조카사위, 동생, 서얼자, 첩 등 다양하게 나타났으나 아들과 손자에게 별급하는 사례가 전체의 절반을 차지하고, 전 시기에 걸쳐 가장 중요한 별급 대상이었던 것으로 나타났다. 수취인 변화가 두드러지는 시점은 17세기 후반과 18세기 전반기이다. 딸과 사위, 손녀와 손녀사위에게 별급하는 사례가 17세기 후반부터는 상당히 드물게 나타났으며, 이와 대조적으로 비슷한 시기부터 며느리와 손자며느리에게 별급하는 비중이 높아졌다. 그것은 17세기 중반 이후 딸의 윤회봉사에서 아들과 며느리 중심의 봉사로 변화했음을 보여준다.

별급문기의 필집을 포함한 증인의 평균 인원수는 16세기 전반에 비해 18세기로 갈수록 급격히 줄어드는 현상이 확인된다. 16세기를 전후한 균분상속의 사회적 분위기에서는 균분과 관련해 엄격함과 긴장감을 가질 수밖에 없었으므로 증인의 역할이 중요했다. 반면 18세기가 되면 균분상속 원칙이 장남 우대와 딸에 대한 차등분재로 변하고, 그러한 사회적 인식과 분위기가 재주의 별급 권한을 강화해주었다. 그로 인해 증인 수가 줄어들거나 심지어 증인과 필집 없이 재주가 직접 자필해 분재기를 작성하더라도 문서 자체로 법적 효력을 가질 수 있었던 것으로 보인다.

기존 연구에서는 별급 분재가 정식 재산상속에서 상속분이 상대적으로 적은 첩과 서얼자를 배려하기 위해 행하는 사전 증여, 정식의 균분상속제를 피하기 위해 가문에서 우대받는 위치의 수취인에게 많은 양의 재산을 상속하기 위한 수단, 봉사조 재산을 형성해 장자에게 물려주기 위한 수단 등으로 설명되었다. 이 글에서는 그것의 타당성을 검토하기 위해 한국국학진흥원 별급문기 126건을 분석했으나 별급의 의미와 별급 사유의 유형화, 재주와 수취인, 증인의 시기별 변화와 특성 등을 밝히는 데 그쳤다. 또한 별급문기를 분급문기 및 회화문기와 비교하는 작업 등은 시도하지 못했다. 전체 분배 재산 규모에서 별급이 차지하는 비중, 재산상속에서 별급 방식이 갖는 의미 등을 온전히 밝히기 위해서는 분급과 회화의 분재 재산 규모와 별급 재산의 규모를 비교하는 후속연구가 이어져야 할 것으로 생각된다.

참고문헌

문숙자, 『조선시대의 재산상속과 가족』, 서울: 경인문화사, 2004.
_____, 「조선시대의 재산상속문서의 연구현황과 과제」, 『영남학』 10, 2006.
박병호, 『한국법제사고』, 법문사, 1974.
이문현, 「16세기의 별급 관행 – 黃愼家의 사례를 중심으로」, 『고문서연구』 14, 1998.
이순구, 「딸에서 며느리로: 여성 정체성의 변화」, 『한국여성사 깊이 읽기』, 푸른역사, 2013.

5장

조선시대의 유언, 죽음을 앞에 둔 이의 마지막 말

최연숙

1　머리말

얼마 전, 한 대기업 회장의 갑작스러운 사망으로 언론이 떠들썩했던 적이 있다. 우리나라를 대표하는 큰 기업의 회장이었으나 당시 주주들에 의해 회장직을 박탈당한 지 한 달도 채 지나지 않은 시점에 발생한 일이었다. 이 회장의 사망은 한 개인의 사망이기 전에 해당 기업이 가진 사회적 위치와 국내외적으로 얽힌 복합적 요인들로 인해 특히 많은 관심을 받을 수밖에 없었다. 3%도 되지 않는 지분을 갖고 회장직을 승계하는 것에 대한 논란은 논외로 하고, 해당 기업과 관련한 수많은 요인 중 일반인의 눈길을 끈 것은 과연 해당 기업이 누구에게로 계승되는지와 납부해야 할 상당한 양의 상속세였다. 결론을 말하자면 유족으로 부인과 1남 2녀의 자녀가 있었는데, 회장에 취임한 사람은 아들이었다.

또 다른 사례로 역시 1남 2녀의 자녀를 두고 몇 년 선에 쓰러져 병원에 입원해 있는 대기업 회장이 있다. 그는 아들의 그룹 승계를 위해 편법 증여를 했다는 의혹을 받아 관련자들과 함께 검찰의 조사를 받았으며, 그러한 작업을 위해 많은 주주의 이익을 해치는 불법이 자행되었다고 한다. 이 두 가지 사례는 오늘날 우리 사회의 재산과 가계 계승 분위기를 보여준다. 법적으로는 재산과 가계 계승에서 아들 우대가 사라졌지만 아직까지도 이면에서는 딸보다 아들을 우대하는 분위기가 남아 있는 반증이라고 하겠다. 본고에서 굳이 근래의 우울한 사건을 서두로 꺼낸 이유는 사회적으로 이슈가 되었던 사건이라 대부분의 사람이 알고 있고, 아들로의 재산 및 가계 계승이 새삼스러운 것이 아니라 과거의 전근대사회로부터 이어져 온 것임을 보여주는 점에서 본고의 주제인 재산상속문서 안의 유언과도 관련되어 있기 때문이다.

예나 지금이나 불의의 사고가 아닌 이상 대부분의 사람은 죽음을 눈앞에 두면 남겨진 이들에게 말이든 글이든 혹은 영상이든 마지막 인사를 한다. 필자는 조선시대의 재산상속문서인 분재기를 보다가 서문 형태로 남아 있는 유언이 시대와 함께 조금씩 차이가 나는 점에 관심을 갖게 되었다. 분재기라는 법적 효력을 지닌 건조한 문서에서 당대를 살다 간 이들의 삶의 애환을 발견할 수 있던 것은 매우 놀라운 경험이었다. 조선시대의 분재기는 떠나는 자가 남기는 삶의 마지막 말인 유언장 역할도 했는데, 정갈한 문구 속에서 자기가 떠나고 남은 세상에서 자손끼리 화목하게 경제적인 어려움 없이 잘 살았으면 하는 애틋함을 드러내고 있다. '부모'로 대표되는 피상속자의 마지막 말은 오늘을 사는 우리에게도 큰 울림을 준다. 떠나는 자와 남겨진 자의 심정 그리고 떠나는 자의 삶에서 가장 솔직한 순간일 수도 있는 그러한 순간을 읽어내고 밝히는 것은 나름 유의미한 작업이라는 생각이 들었다. 이것이 필자가 유언에 해당되는 분재기 서문, 즉 죽음을 앞에 둔 이의 마지막 말에 대한 분석에 천착하게 된 이유이다.

5백 년 역사를 지닌 조선시대의 상속 문화는 초기에는 딸, 아들 구별 없이 고르게 재산을 상속하다가 중기 이후로는 점차 딸이 배제되었고, 이후 아들 중심에서 장자를 우대하는 방향으로 흘렀다. 그러한 분위기는 분재기 속의 상속재산 양을 통해 분명하게 드러나며, 상속자의 상속 대상 몫 앞에 기록된 서문을 통해 시대적 흐름에 따른 상속 문화의 변화를 읽을 수 있다. 분재기를 보면 일반적으로 짧게 당부의 말이나 분재 이유를 언급하고 곧바로 상속인의 몫만 기록한 경우가 있는가 하면 상속 경위와 남은 가족에 대한 안부, 봉제사奉祭祀 접빈객接賓客 등을 장황하게 당부한 뒤 상속인 몫을 기록한 경우도 있다. 본고에서는 경향성을 알 수 있는 문서를 중심으로 다루되 논의 대상을 조선 중기까지로 한정하고, 재산상속과 별개로 진행된 유언장도 비교를 위해 간단하게 소개할 예정이다.

조선사회는 유학의 실천적 가르침이 실현되는 사회를 기대했으며, 개인부터 국가에 이르기까지 하나로 연결된 '친친이인민親親而仁民'의 이상 세계를 실현하고자 했다. 개인의 수양이 가정과 국가를 다스리는 바탕이 되고, 부모-자식의 개인적 관계가 곧 국가로 확대되어 한 나라의 군주를 부모로, 백성을 자식으로 동일시함으로써 이상적인 유교 사회를 이루고자 했다. 그러한 관점은 개인의 사적 전승 문서인 분재기에도 고스란히 드러나며, 조선 후기로 갈수록 개인에게서 개인으로 이어지는 가계 계승은 가문이라는 집단에서 집단으로 이어지는 가계 계승 형태로 변모해갔다. 시기별 유언이 분재기 속에서 어떤 모습으로 존재하는지를 살펴보면 자연스럽게 가족제도의 변화 등을 살필 수 있을 것이다.

2 재산상속과 유언의 법제적 장치

일반적으로 가족 공동체에서 직계 존비속이 사망할 경우 구두나 문서를 통해 재산 및 여타 권리와 의무에 대한 상속이 진행되는데, 이 과정이

완료되면 상속은 법적 효력을 갖게 된다. 가정 내의 복잡한 문제들로 인해 법정까지 가는 경우가 있기는 하지만 대체적으로 보통의 가정에서는 생전에 증여를 하거나 사후 남은 이들의 합의에 의해 구두나 문서로 유언이 집행되었다. 그것은 전근대 사회의 재산 및 가계 계승에서 재산 이외의 권리 및 의무에까지 상속 범위가 확대되기는 했지만 상속 방식과 재산권 이동 측면에서는 크게 다르지 않았던 것으로 파악된다. 현재 남아 있는 피상속자 생전의 증여 문서와 피상속자 사후에 남은 가족이 모여 작성한 문서를 통해 이를 알 수 있으며, 이들 문서에 대해 법제적, 문헌학적, 역사학적, 사회사적, 문화사적 측면에서 다양한 연구가 활발하게 진행된 결과 조선시대의 상속 문화는 상당 부분 밝혀진 상태이다.[1]

조선시대에는 우리가 흔히 아는 유서遺書나 유계遺誡 등의 단독적인 유언을 통해 개인과 가문이 지켜야 할 도리가 주로 언급되었다면 분재기 형식을 빌린 유언에서는 재산 관련 내용과 함께 본인 사후 가족의 생계와 가문의 유지, 제사 등에 대한 것이 당부되고 있다. 그것은 오늘날 대한민국 민법에 규정된 유언과는 차이를 보이는데, 오늘날의 유언은 보통 피상속인이 상속인에게 상속할 실질적 재산을 분배한 서류인 유언장과 동일시되는 경향이 있다. 민법의 유언 조항의 내용이 상속자의 상속분에 한정되어 있는 것이 그것을 입증한다.

전근대사회의 유언을 이해하기 위해 먼저 현대사회에서 규정하고 있는 유언에 대해 알아보자. 국립국어원 표준국어대사전에서는 유언을 "1. 죽음에 이르러 말을 남김. 또는 그 말. 2. 자기의 사망으로 인해 효력을

---

[1] 朴秉濠, 『近世의 法과 法思想』, 진원, 1996; 문숙자, 『조선시대의 재산상속과 가족』, 景仁文化社, 2004; 박현순, 「분재기를 통해 본 15~16세기 사족층의 주택 소유와 상속」, 『역사와현실』 59, 2006; 송덕수, 『친족상속법』, 박영사, 2016; 최재석, 『한국가족제도사연구』, 일지사, 1996. 그 외에도 많은 연구 성과가 있다.

발생시킬 것을 목적으로 하여 행하는 단독의 의사 표시. 만 17세 이상이면 누구나 할 수 있다. 유언 방식으로는 자필 증서, 녹음, 공정 증서, 비밀 증서, 구수口授 증서 따위가 있다"고 정의하고 있다.

사유재산을 인정하는 자본주의 체제를 채택한 우리나라는 자기 재산에 대해 생전은 물론 사후에도 본인 의사에 따라 처분할 수 있는 유언의 자유를 법으로 보장하고 있는데, 민법에 유언 조항을 독립시켜 유언 관련 내용을 세분화시켜 놓았다. 만17세가 되면 비록 무능력자일지라도 의사능력을 갖고 있는 한 유언할 수 있으며, 금치산자도 의사능력을 회복하고 있는 한 유언할 수 있도록 하고 있다. 전근대사회에서는 사유재산의 이동이 일반적으로 직계존속에서 직계비속으로 이루어진 것으로 보고 그에 한해 법으로 규정했다면, 현대사회는 유언의 권리를 직계비속에게까지 확대하고 있다.

그렇다면 본고의 주제인 분재기 형식을 빌린 유언이 무엇인지를 분명하게 알아야 한다. 분재기란 말 그대로 '재산을 나눈 문기'라는 의미로, 피상속자가 토지나 노비, 가옥, 집물 등 재산의 가치를 지닌 대상을 상속자에게 나누어 주며 작성한 문서를 이른다. 그러나 이 분재기에는 인생의 마지막 순간에 남은 자들에게 남기고 싶은 다양한 말이 담겨 있어 법적 효력 문서인 딱딱한 서류라는 의미를 넘어 부모로 대표되는 피상속자의 심정이 담긴 유기체로서의 기능까지 하고 있다. 이에 우리는 분재기에서 재산상속 시기, 상속재산의 분량, 참여 인물, 재산의 이동 경로, 상속제의 변화, 분재기에 투영된 사회적 분위기뿐만 아니라 당시 가족 구성원의 따뜻하고 애정 어린 시선 등을 찾아낼 수 있는 것이다.

분재기는 ① 피상속자 생전에 상속자에게 상속하거나 ② 특별한 사유가 있을 때 그것을 명분으로 상속하기도 하고 ③ 피상속자 사후에 상속자 간에 상속재산에 대해 합의해 작성했다. 특별한 사유가 있을 때 이루어지는 피상속자의 재산 분배는 딸, 아들 구별 없이 상속한다는 균분상속에 대한 법제적 장치에도 불구하고 유언의 자유가 전근대사회에서도 존재하고 있었음을 반증한다는 연구 결과들이 나왔다.2) 그러나 유언의 자유가 상속권자의 이의제기로 무산되는 경우3)도 있어 완벽한 유언의 자유가 보장되었다기보다는 균분상속의 관행 속에 상속권자의 상속 기대권을 지나치게 훼손할 경우 개인의 요구를 받아들여 국가의 개입을 통한 조정이 가능했던 사회라고 보는 것이 합리적인 것 같다.

그렇다면 조선시대의 상속 원칙은 어떤 과정을 거쳤는지가 궁금해진다. 고려 후기부터 조선 후기까지의 자료를 보면 지역별로 약간의 차이를 보이지만 자녀균분상속→제자균분상속→장자우대상속 과정을 거쳤다는 것이 일반적 견해이다. 재산상속의 그러한 변화는 고려 말 유학의 도입으로 종법宗法이 정착되면서 아들, 그중에서도 장자 중심의 가계 운영과 함께 조상에 대한 제사 문화도 점차 변화시키는 결과를 가져왔다. 조선 초기에는 자녀에 대한 고른 재산상속으로 인해 제사도 자녀가 돌아가며 지내는 윤회봉사를 따랐는데, 조선 중기를 지나면서 재산상속에서 딸이 배제되고 제사에서도 점차 딸을 배제한 아들 중심의 제사 문화가 지배적으로 되었다.

법과 관행은 속도를 달리하면서 평행선을 그리기도 하고 어느 순간 충

---

2) 김민정, 「조선 초기 상속법제에서 유언 자유의 의미」, 『법사학연구』 37, 2008; 가정준, 「유언의 자유와 제한을 통해 본 유류분제도의 문제점과 그 개선방안」, 『비교사법』 24, 2017; 최병조·이상훈, 「經國大典과 유언의 자유」, 『서울대학교 法學』 59, 2018.
3) 『고려사』 권102, 孫抃列傳. 손변은 생년은 알려지지 않고 1251년에 사망한 것으로 알려진 인물이다. 손변이 경상도안찰부사 재임 시 해결한 남매간의 재산 분쟁이 『고려사』에 실려 있다. 남매의 부친이 임종하기 전 결혼한 누이에게 대부분의 재산을 상속하고 어린 남동생에게는 옷가지 몇 벌만 상속했는데, 남동생이 성인이 되어 이의 불합리함을 호소하자 결국 균등분배로 판결을 내렸다. 이 내용은 유언이 있더라도 균등분배의 원칙이 일반적으로 행해지고 있음을 보여주는 대표적 사례로 많이 인용된다.

돌하기도 하지만 상호 끊임없이 영향을 주고받는다. 법으로 먼저 제정해 관행이 되기도 하고 관행으로 인해 법으로 제정되기도 한다. 조선시대의 상속 문화 또한 이미 고려시대와 많은 부분 일치하고 있으며, 그것은 조선 초기의 기본법전인 『경국대전』에 상당 부분 수용되었다.

> 나누어 주지 않은 노비는 자녀의 생사를 막론하고 나누어 주되,【상속인이 죽고 자손이 없는 자의 경우는 여기에 해당되지 않는다】상속자별 몫이 딱 맞지 않은 경우에는 적자녀에게 고르게 나누어 준 뒤 남는 분량은 승중자承重子에게 먼저 주고 또 나머지가 있으면 장유長幼 순서에 따라 준다. 적처嫡妻의 자녀가 없을 경우에는 양첩良妾의 자녀에게 주고, 양첩의 자녀도 없으면 천첩賤妾의 자녀에게 준다.【토지도 이와 같다.】4)

『경국대전』 형전刑典 사천조私賤條 첫 번째 조항에서 조선 전기 재산 상속의 기본 원리가 언급되는데, 당시 재산상속의 대표적인 것이 노비이다 보니 노비에 대한 각종 권리와 의무가 이 조항에서 다루어졌다. 재산상속 대상인 토지에 대해서는 주석으로 처리하고 있는데, 그것은 당시 노비의 재산 가치가 토지보다 더 높게 인정되었기 때문인 것으로 보인다.

사천조에서는 '나누어 주지 않은 노비'라고 전제하고 있는데, 그것은 유언의 자유가 법적으로 보장되고 있었음을 시사한다. 즉 이미 나누어 준 노비와 토지가 있다는 전제가 이 문구에 들어 있었다. 법정 상속이 생전의 증여를 제외한 것을 대상으로 이루어진 점을 사천조의 첫 번째 조항에 둠으로써 피상속자의 재산 처분권을 보장했는데, 그것이 조선시대 상속법제

---

4) 『경국대전』刑典, 私賤條. "未分奴婢, 勿論子女存沒, 分給.〈身沒無子孫者, 不在此限.〉未滿分數者, 均給嫡子女, 若有餘數, 先給承重子, 又有餘, 則以長幼次序給之, 嫡無子女, 則良妾子女, 無良妾子女, 則賤妾子女同.〈田地同〉."

의 일반 원칙이 되었다.

유언으로 처분되지 않은 법정 상속분에 대해서는 기본적으로 자손을 둔 자녀라면 재산 상속 당시의 생존 여부와 관계없이 부모의 노비와 토지를 상속받을 수 있는 권한을 법적으로 부여했다. 정확히 균분할 수 없는 상황이 발생했을 때는 제사를 주관할 승중자에게 먼저 주고, 그래도 남으면 장유長幼의 순서에 따라 주도록 해 법정 상속분에 대해서만큼은 균분상속의 원칙을 철저하게 지키고자 애쓴 흔적이 보인다. 그러나 남은 재산은 양첩 자녀와 천첩 자녀의 경우 적처에게 재산을 상속할 자녀가 없을 경우에만 해당되었는데, 그것은 신분제 사회인 조선사회의 한계를 드러내는 것으로 신분제 사회에서 적자녀와 첩자녀 사이의 불균등은 어쩔 수 없이 존재할 수밖에 없었다.

재산상속의 기본 원칙을 명시한 사천조에는 그 외에도 적자녀와 첩자녀 간 재산상속 비율, 직처에게 자녀가 없는 경우, 직처에게 딸만 있는 경우, 자녀가 있거나 없는 전모前母와 계모繼母의 노비에 대한 의자녀義子女의 상속 비율, 자녀가 없는 양부모의 노비 등등 보다 세분화된 다양한 내용이 담겨 있다. 그러한 조항은 시대의 변화에 맞추어 사문화되기도 하고 보완되기도 하면서 법치국가를 지향한 조선시대의 법제로 보다 구체화되었다.

> 모든 전택에 관한 소송은 5년이 지나면 청송聽公하지 않는다. 【① 다른 사람의 전택을 도매盜賣한 자, ② 소송을 제기해 아직 판결을 보지 못한 자, ③ **부모의 전택을 독점한 자**, ④ 공동 경작하다가 영구히 자신의 것으로 만든 자, ⑤ 빌려 살다가 영구히 차지하게 된 자에 관한 **소송에는 기한을 두지 않는다**. 소장을 제출하고 출두일에 출두치 않고 5년이 지난 경우에도 청송하지 않는다. 노비에 관한 소송도 이와 같다.】5)

균분상속 원칙은 호전戶典 전택조田宅條를 통해 더욱 강력한 효력을 갖게 되었다. 일반적으로 토지와 주택에 관한 소송은 5년이 지나면 처리하지 않는다는 기본 조항을 두었으며, 악용을 우려해 소장만 제출하고 시일을 끌면서 소송을 연기하다가 5년을 넘기는 경우에도 처리하지 않았다. 그러나 아래와 같은 다섯 가지 예외 조항을 두었는데, 처벌이라는 측면에서 오늘날과 상당히 다름을 알 수 있다. 다른 사람의 토지와 주택을 훔쳐서 팔거나 5년이 지나도록 판결이 나지 않은 경우, 부모의 토지와 주택을 독차지한 경우, 공동 경작하다가 영구히 자기 것으로 만든 경우, 빌려 살다가 영구히 차지하게 된 경우는 기한을 제한하지 않고 언제든 소송을 할 수 있도록 했다. 이 다섯 가지 사안은 이를테면 오늘날의 공소시효6)에 해당되지 않는다는 말로, 소송 결과가 아직 나오지 않은 경우를 제외하고는 그것을 상당히 중대한 문제로 인식하고 있었음을 보여준다. 적어도 사람이 살아가는 데 꼭 필요한 먹을 양식(토지)과 살 집(주택)을 갖고 문제를 일으킨 경우 국가 차원에서 피해자를 적극 보호하겠다는 의지로 읽힌다.

균분상속에 대한 의지는 실록에도 종종 보이는데, 피상속자의 재산 처분권의 자유로 인해 불공평한 재산상속이 발생할 경우 법에서 규정한 대로 똑같이 나누어 주기를 청하는 대신들의 상소가 종종 보인다. 불공평한 재산상속이 가족 간 분쟁의 원인이 되었기 때문인데, 무엇보다도 조선 초

---

5) 『경국대전』 戶典, 田宅條. "凡訟田宅過伍年則勿聽. 〈盜賣者, 相公未決者, **父母田宅合執者**, 因並耕永執者, 賃居永執者, **不限年.** ○ 告狀而不立訟過伍年者亦勿聽. 奴婢同〉.
6) 공소시효는 범죄 행위가 종료된 후 검찰이 범죄를 저지른 자를 재판에 넘기지 않고 일정한 기간이 지나면 해당 범죄 행위에 대해 국가의 형벌권이 소멸되는 제도이다. 공소시효를 보완할 필요성이 제기되면서 2007년에 살인죄 공소시효가 15년에서 25년으로 연장되었고, 1999년에 황산테러를 당한 김태완 군 사건이 계기가 되어 살인죄에 한해 공소시효를 폐지하는 내용의 형사소송법개정안(일명 '태완이법')이 2015년에 통과되어 살인죄 공소시효가 폐지되었다.

기에 재산상속은 균분상속을 원칙으로 한다는 것이 사회 전반의 분위기였음을 알 수 있게 해주는 대목이다.

> 형제는 동기同氣의 친親으로서 고르게 차지하지 못했다고 해 시로 송사하는 자가 있는데, 천리天理와 인정人情에 합하지 않으니, 불효한 형적이 현저한 것을 제외하고는 부모의 노비를 문서의 유무를 따지지 말고 똑같이 나누어 주소서. 자식이 있는 후처가 죽은 남편의 노비를 전부 차지하고 전처의 아들에게는 주지 않으니, 매우 온당치 않습니다. 노비가 많으면 3분하고 적으면 2분해 먼저 전처 아들에게 주고 나머지는 후처에게 주어 부리도록 하되, 후처가 죽은 뒤에는 전처와 후처 아들들이 먼저 준 노비를 평균하게 나누어 갖게 하소서.7)

형제간에 재산을 다투거나 후처가 남편 사후 전처 자식에게 재산을 주지 않고 독차지하는 경우가 있으니 불효한 행적이 있는 경우를 제외하고는 똑같이 나누어 주기를 청하고 있다. 조선사회가 가족 공동체의 확장된 개념으로 국가를 인식해 부모에 대한 효와 임금에 대한 충을 동일선상에 놓고 보았기 때문에 불효한 행적에 대해서는 불충으로 보고 강력하게 제재했던 것이다.

> 지금 본부本府에 처첩과 부자 사이의 분간分揀을 호소해 오는 일이 매우 많은데, 근원은 곧 노비, 전토, 가사 등의 재물을 다투는 것으로 인해 그러합니다. 그로 말미암아 골육이 상잔하고 풍속이 각박해지고 있으니 진정 작은 문제가 아닙니다. 신의 생각으로는, 적처 자식과 첩의 자식에게 노비를 나누어 주도록 국가에서 정해 놓은 법이 있으나 아비가 한때의 애증으로 인해 국법대로 하지 않고

---

7) 『태종실록』 권13, 7년 5월 22일 을해 첫 번째 기사.

순서를 잃어가면서 나누어 주고 있으니, 만약 이와 같이 하고 문계文契가 분명치 않은 자는, 청컨대 법에 따라 관에서 재주財主가 되어 나누어 주도록 하소서.8)

피상속자의 유언의 자유에 따른 생전 증여, 즉 가장의 자의적인 재산 처분권으로 인한 재산 분쟁도 많아 분명한 재산상속문서가 없는 경우 국가가 재산 처분권을 행사하도록 요청받는 경우도 있었다. 가족, 나아가 국가의 평화와 안정을 위해 균분상속을 법제화시켜 놓기는 했지만 재주의 자의적 재산 처분권은 불균등한 재산상속의 소지를 안고 있었던 것이다. 그동안의 연구 결과를 보면 과거급제나 혼인, 자녀나 손자녀 출생, 자신을 잘 봉양한 경우 등의 사유가 발생했을 때 별급이라는 명분하에 피상속자인 재주의 자의적 권리 행사가 용인되어 가족 간 분쟁의 불씨가 되었다. 결국 상속문서가 분명치 않으면 국가가 개입해 상속 분쟁을 해결해주기를 청했던 것이다.

그럼에도 불구하고 불평등한 신분제를 유지해 많은 부분에서 공평하지 않을 것이라고 예상되는 전근대사회인 조선시대에 적어도 적자녀 사이에서만큼은 아들과 딸 차등 없이 균등한 상속권을 보장해주었는데, 그것만으로도 민주주의 사회로 지칭되는 오늘날과 비교해 볼 때 손색이 없는 민주적 제도 운영이었다고 할 수 있다. 특히 제도의 원활한 운영을 위해 철저한 문서주의와 증거주의를 채택했는데, 『경국대전』과 『속대전』은 증빙으로서의 문기에 대해 이렇게 언급하고 있다.

부모, 조부모, 외조부모, 처부모, 남편, 처, 첩, 동생이 화회해 분재한 경우 외에

---

8) 『문종실록』 권9, 1년 8월 29일 갑오 1번째 기사.

는 관에서 서압署押한 문기를 사용하고【아들이 부모에게 분재한 경우에도 관에서 서압한 문기를 사용할 필요가 없다.】 증인과 필집을 갖추도록 한다. 【족친族親과 현관顯官 중 2, 3인. 전택도 이와 같다.】 9)

조부모 이하의 유서를 적용한다.【조부와 부는 반드시 자필로 작성한 문서가 있어야 하고, 조모와 모는 족친 중 현관인 증인과 필집이 필요하다. 많은 사람들이 알고 있지만 자필 문서가 없거나 질병이 있는 자는 모두 부인의 예에 따른다. ○ 3세 이전의 양자녀養子女와 승중의자承重義子로서 친자녀와 같더라도 유서에 타인에게 주지 말라는 말이 있으면 적용하지 아니한다.】 10)

외조부모의 유서는 모두 다 통용한다.11)

재산상속은 직계존속이 직계비속에게 하는 경우가 일반적이었으므로 그런 경우에는 관의 증명을 받을 필요가 없었다. 위 본문의 내용은 약간의 보충이 필요하다. 글자 그대로 해석하면 직계존속이 직계비속에게 상속한다고 볼 수가 없다. 문맥과 법리 상 부모와 조부모, 외조부모가 자녀와 손자녀에게, 처부모가 사위에게, 남편이 처첩에게 분재한 경우와 형제자매가 협의해 분재한 경우, 아들이 부모에게 분재한 경우에는 관의 증명을 받을 필요가 없다는 말이다. 그만큼 직계존비속으로 이루어진 가족 공동체의 재산상속은 이미 국가의 개입 없이도 상호 증명될 수 있음을 의미했다.

직계존비속에 포함되지만 계모나 적모, 서모의 경우 관의 입안을 받아야 했는데, 그것은 그들에게 친생자녀가 있는 경우 별급이라는 명목으로

---

9)『경국대전』형전, 사천조. "父母祖父母外祖父母妻父母夫妻妾及同生和會分執外, 用官署文記,〈子之於親, 亦不須官署〉. 須具證筆.〈族親及顯官中二三人, 田宅同〉."
10)『속대전』형전, 사천조. "用祖父母以下遺書.〈祖及父則須手書, 祖母及母則須族親中顯官證筆, 衆所共知未手書者, 疾病者並依婦人例. ○ 三歲前養子女, 承重義子, 卽同親子女, 雖遺書有勿與他之語, 勿用〉."
11)『속대전』형전, 文記條. "外祖父母遺書, 並皆通用."

자녀에게 재산을 다 주거나 혹은 매매하는 경우가 생길 수 있기 때문에 그것을 방지하기 위한 법제적 조처로 마련되었던 것이다. 그러나 그것을 제외한 관계에서 이루어진 재산상속에 대해서는 친족과 관직을 가진 사람 중 두세 명을 증인으로 세워 문서 작성에 참여시켰으며, 그러한 문서는 상속 후 1년 안에 관에 신고해 국가의 공증문서인 입안을 받아야 했다. 철저하게 확인하기 위해 그때에는 문서를 작성한 피상속자, 문서 작성 시 참여한 증인이 모두 관에 나아가 진술서인 초사를 바쳐야만 증거 능력을 인정받았다. 오늘날 입안과 함께 남아 있는 재산상속문서를 보면 그들이 관에 진술한 초사를 볼 수 있다.

조선시대의 기본 법전에 그렇게 규정되었다는 것은 곧 그것이 강제될 수 있는 사회적 분위기가 형성되어 있었음을 의미한다. 관례적으로 행해지는 상속 즉 직계존비속 간에 이루어지는 상속에 대해서는 굳이 관에서 증명하지 않아도 문제될 것이 없었지만 방계와 인척 등 다른 성씨에게 재산을 상속할 경우에는 문제가 발생할 소지가 있었기 때문에 그들 집안 사정을 잘 아는 친족이나 관직자를 증인으로 세우고, 국가의 공증을 받도록 함으로써 문제 발생 소지를 최소화하고자 했던 것이다. 입안이란 조선시대에 백성의 신분 관계와 의무 면제, 노비와 토지 매매, 상속 등에 관한 사항과 관청의 중요 사항에 대해 관청에서 증빙을 목적으로 작성한 문서였다. 관청에 영구 보존할 필요성이 있는 사안에 대해 2건을 작성해 원본은 관청에 보관하고, 1건은 신청자에게 발급함으로써 후일의 증빙 자료로 삼았다.[12]

현재 남아 있는 분재기로 가장 오래된 문서는 고려시대인 1354년(공민왕 3년) 10월에 윤광전尹光琠이 친아들 윤단학尹丹鶴에게 노비를 주면서

---

12) 최연숙, 『조선시대의 立案 연구』 19~29쪽, 한국학중앙연구원박사논문, 2004.

작성한 자료로, 보물 제483호로 지정되어 있다.13) 원래의 문서를 8조각으로 나누어 책 형식으로 배접했기 때문에 원형이 많이 훼손된 상태이다. 본고에서는 유언의 성격을 띤 분재기 앞부분만 다루기로 한다. 재산상속 대상은 처부변妻父邊에서 전래된 비의 소생비 1구였다. 윤광전에게는 1남 3녀가 있었는데, 단학이 성을 이을 독자였기 때문에 봉사조로 준다는 내용이 서두에 보인다. 이 문서는 현존하는 최고의 분재기로, 분재 사유와 함께 소종래를 언급하고 있다.14)

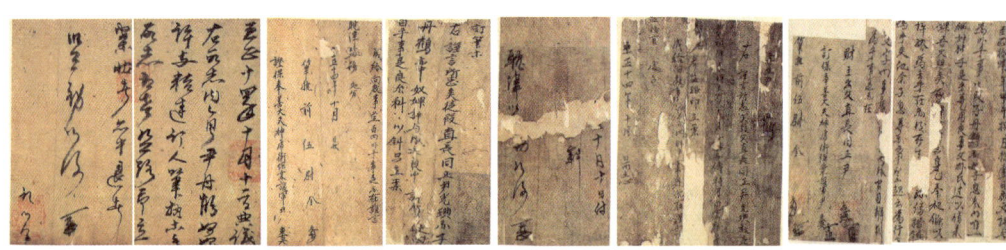

5. 입안　　4. 증필의 소지　　3. 제사　　2. 윤 광전 소지　　1. 노비허여성문

사진 1 〈윤광전 허여사급입안〉(1354년)

이처럼 여말선초의 분재기는 소종래를 분명하게 밝히고 있는데, 종법이 정착되어 가장의 재산 소유권과 처분권, 분재권이 강화되기 전까지 조선시대의 가족 구성원은 자기 명의로 고유 재산을 소유할 수 있었음을 알

---

13) 이 자료는 박병호朴秉濠가 「高麗末의 奴婢贈與文書와 立案」에서 복원해 해독해 놓았다. 『近世의 法과 法思想』, 1996, 615~630쪽.
14) 이 분재기는 많이 훼손되어 잘 보이지 않지만 박병호의 복원과 해독을 통해 상당 부분 밝혀졌다. 원문은 다음과 같다.
至正拾肆年甲吾捌月拾壹日成文許與爲臥乎事叱段子丹鶴亦□(姓)子息參內唯一繼姓□(獨)子是乎等乙 用良妻父朴氏邊以傳來婢吳火伊矣所□□□□□(生婢大阿)只身乙奉祀條以許給爲去乎在亦後所生□□ □(並以子孫)傳持鎭□(長)爲乎矣他餘子息等亦爭望起云爲行□□□(去乙等)□(此)文字內事意□□ □(乙用良)內外官司辨別爲乎事是亦在
財主 出父直長同正尹(着名署押) 證保 奉善大夫神號衛保乘護軍尹(着名署押) 筆執 前吾尉金(着名署押)

218

수 있다. 한국의 전통적 가족제도에서 가장이라는 개념은 대내적으로는 자녀에 대한 관계에서 부권父權, 처첩에 대한 관계에서 부권夫權이 있을 뿐이고, 대외적으로도 가족의 최존장으로서의 의미밖에 부여되지 않았다. 따라서 아버지나 남편으로서의 자격과 지위 이외에 특권적 지위는 없었다.15)

그렇다면 오늘날의 유언은 어떠할까? 간단하게 유언에 대한 규정을 보면, 대한민국 민법 제2장에서는 유언을 1061~1111조까지 51개 조항으로 세분화시켰는데, 유언의 적령과 유언 방식, 유언의 결격사유, 유언의 포기 등 근대사회로의 진입으로 인해 발생할 수 있는 다양한 조항이 삽입되었다. 유언 형식으로는 자필증서에 의한 유언, 녹음에 의한 유언, 공정증서公正證書에 의한 유언, 비밀증서에 의한 유언 그리고 구수증서口授證書에 의한 유언 등 5가지만 인정되고 있다. 그리고 의사능력이 있으며 만17세 이상이면 누구나 유언을 작성할 수 있도록 했다.

제3장의 유류분에서는 7개 조항을 두고 상속인의 유류분에 대해 규정했다. 전근대사회의 유언에 비해 유언의 자유의사로 인해 발생할 수 있는 상속인의 경제적 불안정을 제도적으로 보완한 것이라고 볼 수 있다. 1977년에 민법에 유류분 제도를 도입하면서 헌법재판소는 이

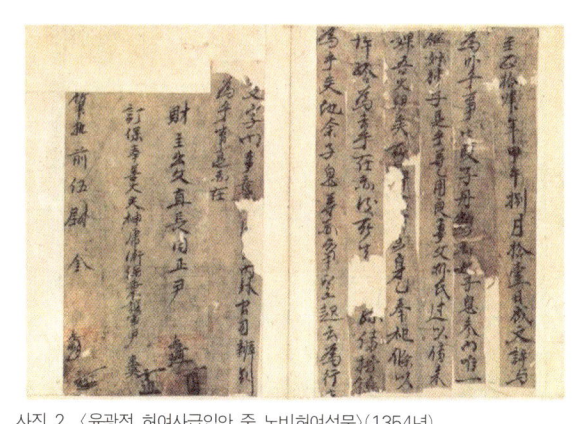

사진 2 〈윤광전 허여사급입안 중 노비허여성문〉(1354년)

---

15) 박병호, 「韓國의 傳統家族과 家長權」, 『近世의 法과 法思想』, 267~280쪽, 진원, 1996.

제도를 "피상속인의 재산처분의 자유 및 유언의 자유를 보장하면서도 피상속인의 재산처분행위로부터 ① 유족들의 생존권을 보호하고, ② 상속재산형성에 대한 기여, ③ 상속재산에 대한 기대를 보장하려는 데 입법취지가 있다"고 설명하고 있다.16) 송덕수는 유류분제도를 "피상속인이 행사할 수 있는 유산처분의 자유를 빼앗지 않으면서 일정 범위 안에서 상속인에게 최소한의 생활보장 및 부양을 위한 제도"라고 설명한다.17) 그러나 고령화 사회의 진입에 따라 유류분 제도는 그것의 부양적 기능 상실과 상속재산에 대한 상속인의 기대 보장권 등의 감소로 인해 현행 상속제도의 개선을 요구하고 있는 실정이기도 하다.

3 유언의 시기별 내용과 상속 문화

우리나라 정서에서 유언이 주는 어감은 죽음을 앞둔 자의 결기와 함께 경건한 마음가짐을 갖게 한다. 한편 서양의 유언을 보면 자기의 죽음조차도 유머러스하게 혹은 초연하게 받아들이며 남은 자들에게 유쾌함으로 오히려 큰 울림을 주는 경우가 있다. 아래에 몇 가지를 소개한다.

내 원을 밟지 마시오!19)

---

16) 헌재 2010년 4월 29일. 2007헌바144; 가정준, 「유언의 자유와 제한을 통해 본 유류분제도의 문제점과 그 개선방안」, 『비교사법』 24, 1275쪽, 2107.
17) 송덕수, 『친족상속법』, 436쪽, 박영사, 2016.
18) 헌재 2010년 4월 29일. 2007헌바144; 가정준, 「유언의 자유와 제한을 통해 본 유류분제도의 문제점과 그 개선방안」, 『비교사법』 24, 1275쪽, 2107.
19) 고대 시칠리아의 수학자 아르키메데스의 유언으로, 사실 이건 의도한 건 아니었으나 유언이 되어버린 말이다.

내가 인생이라는 연극에서 내 배역을 잘 연기했더냐? 그랬다면 박수를 쳐다오.[20]

살았다. 썼다. 사랑했다.[21]

내 언젠가 이 꼴 날 줄 알았지.[22]

나는 신을 만날 준비가 다 되었다. 그러나 신이 날 만날 준비가 다 됐는지는 모르겠다.[23]

이와 달리 조선시대의 유언은 오래도록 집안의 유훈遺訓으로 전해지기를 바라는 마음에서 작성된 경우가 많이 발견된다. 그런 경우는 보통 단독 문서로 존재하며 재산상속보다는 남은 이들이 지켜야 할 도리 등에 대해 언급하는 내용이 대부분이다. 대표적인 것으로 영남지역의 대학자인 이황의 유계遺誡가 있다.[24] 그것에서는 검손과 청빈한 선비의 모습이 고스란히 드러나고 있다.

하나. **국장의 예식을 따르지 말라.** 예조에서 관례대로 따르기를 청하면 반드시 유언이라고 하고 상소해 고사하라.

하나. **유밀과油蜜果[식용유와 조청을 사용한 고급 과자]를 쓰지 마라.** 과일이 부족하면 풀을 깔아 다른 제수와 같은 높이로 진설하고 나머지는 일체 쓰지 말라.

하나. **비석을 세우지 말라.** 작은 돌을 갖고 앞면에는 '퇴도만은진성이공의 묘[退陶晚隱眞城李公之墓]'[25]라고 쓰고, 뒷면에는『주자가례』에서 말한 대로 오직

---

20) 로마제정의 초대 황제 아우구스투스의 유언으로 전해진다.
21) 프랑스의 위대한 소설가 스탕달Stendhal의 유언으로, 카이사르의 명언을 패러디했다.
22) 영국의 극작가이자 비평가, 소설가인 쇼George Bernard Shaw의 묘비명이다.
23) 제2차세계대전 당시 영국총리를 역임한 처칠의 유언이다.
24) 퇴계 이황 선생의 유계(81.×90.㎝)는 한국국학진흥원에 소장되어 있다.
25) '退陶晚隱眞城李公之墓'는 '만년에 도산으로 물러나 은거한 진성이씨의 묘'라는 뜻으로 자신

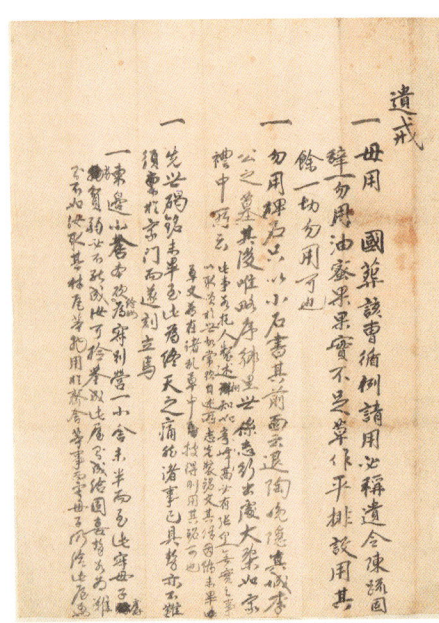

사진 3 〈퇴계 이황의 유계〉

고향과 세계世系, 지행志行, 출처出處의 대략만 기록하라.【이 일을 만약 다른 사람에게 부탁해 짓게 한다면, 서로에 대해 잘 알고 있는 기고봉奇高峯 같은 사람은 필시 실상이 없는 일을 장황히 늘어놓아 세상의 비웃음을 살 것이다. 그래서 일찍이 뜻한 바를 직접 기술하고 싶어 먼저 명문銘文을 지었던 것인데, 나머지는 시간을 끌다가 미처 끝내지 못했다. 초본이 어지러운 초고들 속에 있으니 찾아서 명문으로 쓰도록 하라.】

하나. **선대의 묘갈명을** 지금까지도 끝내지 못했으니 종신토록 괴로운 일이다. 그러나 여러 일이 이미 갖추어진 만큼 형세 또한 어렵지 않을 것이니, 모쪼록 가문의 어른들께 여쭈어 **비석에 새겨 세우도록 하라.**

초고로 작성한 이 문서에는 측실과 그 소생인 이적李寂에 대해 당부한 내용이 있다. 퇴계 선생은 본인 사후 이 둘에게 살 집을 남겨 주고 싶었지만 반도 못 짓고 임종을 맞이하자 측실과 그 소생을 걱정하며 작은 집을 완성해 그들에게 주면 좋겠지만 그게 어렵다면 두 모자에게 현재 사는 집을 그대로 주면 좋겠다고 당부하고 있다. 그러나 퇴계의 유언이 정리되어 실린 이안도李安道(1541~1584년)의 문집 『몽재집蒙齋集』에는 이 내용은 빠지고 봉제사 접빈객과 관련한 내용이 추가되어 있다.26) 이 유계를 통해

에 대해 한없이 겸손한 태도를 취하고 있음을 알 수 있다.
26) 『蒙齋先生文集』 권2 雜著, 「考終記」. 한국국학진흥원에서 2015년에 번역을 완료했다.

퇴계 선생의 청렴과 겸손함, 자기의 죽음으로 인해 경제적 보장을 받지 못하게 될 측실과 그 소생에 대한 걱정, 제사를 잘 받들고 손님을 잘 접대해 가문의 이미지가 훼손되지 않고 영구히 이어지기를 바라는 마음 등 조선시대 선비들이 추구한 이상적인 선비상을 볼 수 있다.

교훈적이고 후손이 지켜야 할 유훈으로서의 단독 문서인 유언과 별개로 본고에서 다룰 분재기의 유언은 노비와 토지 등 재산을 상속하는 내용을 주로 담고 있다 보니 교훈적인 내용보다는 오히려 재산이 다른 집안으로 흘러가지 않도록 한다거나 제사를 잘 받들고 재산으로 인한 가족 간의 분쟁이 없기를 바라는 내용이 많다. 그리고 늙은 나이에 본 어린 자식이 걱정되어 안타까움을 가득 담은 문서도 종종 보인다. 시기별 유언의 내용과 그에 따른 상속 문화의 변화를 살펴보자.

먼저 1401년에 태조 이성계가 첩의 소생인 어린 딸에게 집을 주면서 작성한 문서가 있는데, 본인이 70세가 다 되어가는 상황에 시집 안 간 어린 딸이 걱정되어 한성부 동부에 있는 24칸짜리 집을 주며 작성한 것이다. 왕이라는 신분이었지만 어린 자식에 대한 부모의 걱정이 담겨 있다. 이 딸은 후일에 숙신옹주淑愼翁主에 봉해졌으며 남양홍씨 홍해洪海에게 시집갔다. 이 문서는 보물 제515호로 지정되어 국립중앙박물관에 소장되어 있다.

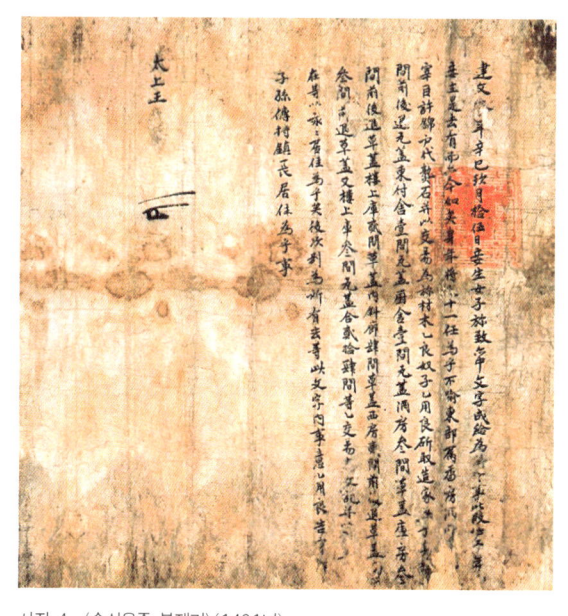

사진 4 〈숙신옹주 분재기〉(1401년)

위의 문서가 왕이 첩 소생인 딸에게 재산을 상속하며 작성한 분재기라면, 반대로 양반의 첩이 종통宗統을 이은 적손嫡孫에게 재산을 분할하며 작성한 분재기도 있다. 조선시대에는 양반인 남편이 사후 생계가 염려되는 첩에게 재산 사용권을 유언으로 남기고 첩 사후에 적손에게 돌려주도록 하는 한시적 분재도 있었는데, 이 경우가 그에 해당된다.

이 문서는 진주하씨 충렬공파에서 한국국학진흥원에 기탁한 문서로 상당히 이른 시기에 작성되었다. 원래의 문서는 '소지-허여명문-초사1-초사2-입안' 순으로 왼쪽에서부터 오른쪽으로 연결시켜 놓았는데, 이미 앞에서 그런 경우의 문서를 소개했기 때문에 여기에서는 '소지-허여명문-초사1'만 살펴보기로 한다. 왼쪽의 소지 부분이 약간 훼손되었지만 연결된 다른 문서의 상태가 좋기 때문에 내용을 파악하는 데는 전혀 무리가 없다. 조선시대의 직계존비속 간 상속은 국가의 공증인 입안을 받지 않아도 되었지만 이번 경우는 양반의 첩이 적손에게 재산을 상속하는 것이기 때문에 입안을 받아 분쟁의 소지가 없도록 한 것이다.

내용은 주인공인 하원河源(1451~1518년)의 첩인 양녀良女 감장甘莊이 이 문서에 나타난 재산의 사용권만 갖고 있다가 1534년에 적손인 하철민河撤岷에게 준 것으로 되어 있다. 양녀 감장은 하원의 뜻에 따라 이 문서를 작성하게 된 것임을 밝히며 남편인 하원이 자신에게 재산을 분재하면서 그것을 사용하다가 적자녀 4남매 중 효도하는 이에게 주라는 유서가 있었음을 밝히고 있다.

감장은 4남매 중 적자는 후사 없이 죽었고 나머지 자식은 먼 거리에 살아 보살펴 줄 수 없는 상황에서 하철민만은 같은 곳에 살며 극진하게 효도했을 뿐만 아니라 자기 제사를 받들어줄 유일한 자손으로 보아 자기가 죽은 뒤에 직접 장례를 치러줄 것을 당부하고 있다. 첩이 적자녀에게 상속하는 문서이다 보니 곳곳에 신분적 차이에 따른 호칭 등을 사용하고

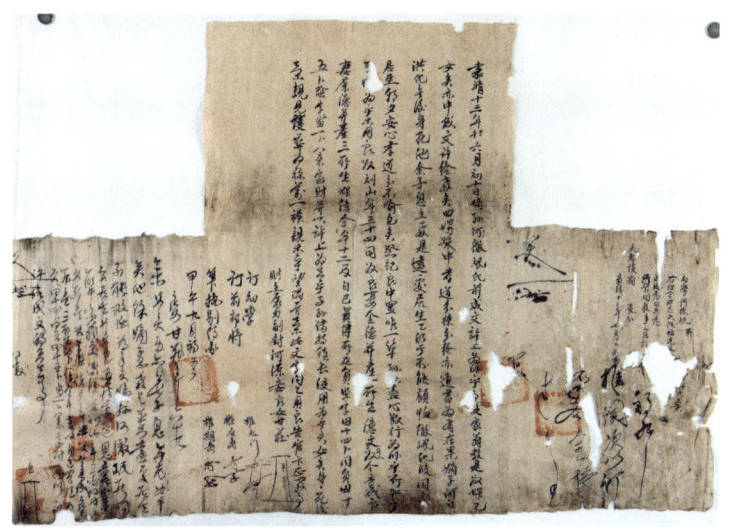

사진 5 〈하원의 처 감장 분재기〉(1534년)

있음을 알 수 있다. 즉 적자녀에게 씨氏를 붙인다거나 상당한 높임말에 해당하는 주主를 자식에게 붙이고, 준다는 의미의 허여許與 대신 허상許上이라는 표현을 쓰고 있다. 또한 양반 신분의 여성이 도장을 쓰는 것과 달리 양녀의 신분인 감장은 손가락 마디를 그려넣고 있다. 이 문서를 통해 조선 사회가 철저한 신분제 사회였으며, 양반인 남편이 첩의 생계를 염려해 재산의 사용권을 보장했지만 결국 재산의 최종 소유권은 적자녀에게 갈 수밖에 없는 식의 보이지 않는 장치가 작동되고 있었음을 알 수 있다.

다음에 소개하는 문서는 상당한 재산을 가진 사노私奴가 두 딸에게 재산을 분재하고 작성한 분재기이다. 유언에 해당하는 문서 앞부분 내용은 다음과 같다.

가정嘉靖 19년[1540년, 중종35년] 1월 22일,
두 딸에게 주는 명문
이 명문을 작성하는 일은 다음과 같다. 내 나이 76세로 언제 죽을지 모를 뿐만

아니라 너희 둘은 각각 다른 상전의 몫으로 상속되어 있는데, 내 상전께서는 내 나이가 많다는 것을 생각지 않고 자식이 없는 종과 똑같이 매년 신공을 받고 사사건건 침탈하신다.

안흥원女興員 논 16짐, 반거곡원反居谷員 밭 3짐, 화로 1, 놋그릇 1, 큰 소 2마리 등을 상전께 자식 한 명 몫으로 각별히 기상記上한다. 나머지 집과 전답, 늘 사용하는 가재도구 등을 너희에게 물려주니 각자 잘 갖고 보전할 것이다. ……

상당히 이른 시기인 1540년(중종 35년)에 종 신분으로 어느 정도 재산가인 복만이 두 딸에게 재산을 상속하면서 작성한 문서이다. 분재하기 전에 자기 처지를 이야기하고 있는데, 재산상속 이유이면서 동시에 유언의 성격을 띠고 있다. 이 문서를 통해 조선시대 노비 제도의 일면을 엿볼 수 있다. 즉 사내종 복만에게 두 딸이 있지만 딸의 상전이 각각 달라 사내종의 주인 입장에서는 자녀를 두지 않는 종과 별반 차이가 없어 76살 노인의 신공을 면제해 주지 않고 있다. 종모법從母法의 시행으로 이 노인은 재산을 두 딸에게 원활하게 물려주고 싶어 자식 한 명 몫을 주인에게 바치고 있다. 자식 없이 죽은 종의 재산은 관노비면 국가에, 사노비면 주인에게 바친다는 것을 법으로 규정하고 있었기 때문이다. 두 딸이 있지만 상전이 달라 자기 재산을 현재의 주인에게 바칠 수밖

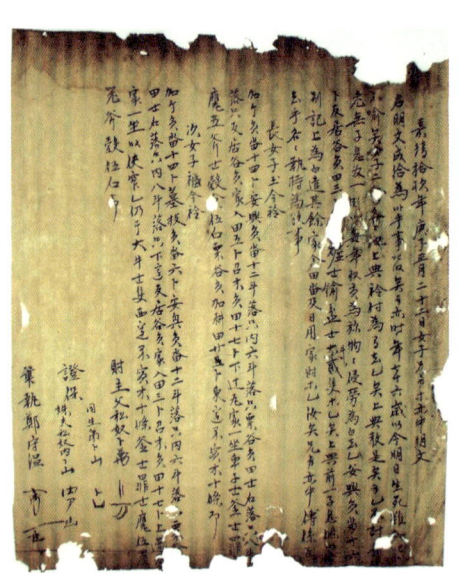

사진 6 〈사노 복만 분재기〉(1540년)

에 없다 보니 그에 대한 타협점으로 복만은 주인에게 한 명 몫의 재산을

바침으로써 남은 재산이 두 딸에게 안전하게 돌아갈 수 있도록 한 것이다.

두 딸에게 상속된 물량을 보면 주인에게 바친 것보다는 확실히 많다. 큰딸 옥금 몫으로는 가마원加亇員 논 14짐, 안흥원 논 12마지기 중 6마지기, 율곡원栗谷員 밭 1섬지기 중 8마지기, 반거곡원 집 안에 든 밭 5짐, 소목원召木員 밭 17짐, 아래쪽 기와집 1채, 수레 1, 솥 1, 삼족 솥 1, 옹기 5, 도끼 1, 곡식 5섬, 율곡원의 가경전加耕田 25짐, 동쪽 과실수 10그루를 주고, 둘째 딸 복금福수 몫으로는 가마원 논 14짐, 묘지원墓枝員 논 6짐, 안흥원의 논 12마지기 중 6마지기, 율곡원 밭 1섬지기 중 8마지기, 아래쪽 반거곡원 집 안에 든 밭 3짐, 소목원 밭 17짐, 위쪽 기와집 1채가 좁기 때문에 큰 소 1마리, 서쪽 과실수 10그루, 솥 1, 삼족 솥 1, 옹기 5, 농기 도끼, 곡식 5섬을 주고 있다. 두 딸에게 상속된 양은 대체적으로 균분이라고 할 수 있다. 균분상속은 이미 양반사회뿐만 아니라 일반 양인과 노비층에서도 일반적으로 인식되고 있었음을 확인할 수 있다.

아래 문서는 1594년에 작성된 풍산류씨 충효당 문서로 임진왜란이 일어난 지 2년이 채 지나지 않은 시기의 문서이다. 류중영柳仲郢(1515~1573년)의 처 정경부인貞敬夫人 김씨가 두 아들 류운룡柳雲龍, 류성룡柳成龍과 세 딸인 이윤수李潤壽, 김종무金宗武, 정호인鄭好仁의 처 등 5남매에게 재산을 나누어 주며 작성해준 것이다. 상당히 긴 문서(67.2×362.0㎝)이지만 본고에서는 유언에 해당되는 부분만 다루고자 한다. 위의 사진은 서문에 해당되는데 앞부분이 일부 훼손되었지만 내용 파악에는 어려움이 없다. 대략은 다음과 같다.

① 자신은 이미 늙고 전쟁으로 노비와 전답이 거의 남아나지 않아 새로 재산을 분배할 필요가 있음.
② 남편의 묘지기를 세워 남편의 묘를 수호하게 하고 그 소생은 상속 대상에서

사진 7 _ 1594년 류중영 처 정경부인 김씨 분재기

제외할 것.

③ 군위에 있는 시부모님의 묘는 수호할 제전祭田을 별도로 두어 근처 사는 노비가 관리하도록 하고 제사를 폐하지 말 것이며 나누어 갖거나 방매하지 말 것.

④ 능동陵洞 밭에서 나온 소출은 제향의 용도로 쓸 것이니, 먼 지역에 사는 자손들이 제물 마련하기 어려워 제사를 폐하는 일이 없도록 할 것.

⑤ 조상의 제사를 위해 매입한 일정 전답을 영구히 공동 재산으로 해 종가 자손과 다른 근처에 사는 후손이 경작해 제사를 폐하지 말 것이며, 만일 후손 중 이 전답을 나누어 가지거나 방매하려고 할 경우 곧바로 관에 고해 죄를 물을 것.

⑥ 기타 황해도, 평안도 등 지역의 노비들은 전쟁이 끝난 뒤에 추쇄推刷해 공평하게 나누어 가질 것.

⑦ 시양부모侍養父母와 조부모 제사를 신중히 모실 것.

⑧ 의성 부모의 제사를 종손 김사원金士元이 받들고 있으니 매입한 일정량의 논을 주어 영구히 묘전墓田으로 삼아 제사가 끊어지지 않게 하며 팔거나 나누어

갖지 말 것.

⑧ 서울과 군위 집 등 전쟁으로 불탄 곳을 수리해 살면서 조상 묘를 수호하려는 자가 있으면 영구히 주되 팔지는 못하게 할 것.

1592년 4월에 시작되어 7년 동안 이어진 국제전 성격의 임진왜란은 다양한 측면에서 안정기에 접어든 조선사회에 많은 영향을 미쳤다. 건국 이후 지속된 지배 질서의 재편을 가져왔으며, 정치적, 경제적, 사회적 혼란은 신분제도의 변동을 가져왔다. 또한 사회적 약자인 여성과 노약자를 유린했으며 수많은 아이를 고아로 만들었다. 이 집안 역시도 전쟁으로 많은 피해를 입어 노비는 거의 다 굶어 죽고 토지도 대부분 황폐해졌다. 이로 인해 조상에 대한 제사를 제대로 받들지 못하고 있는 처지를 몹시 안타까워하고 있다.

내용의 대부분은 선조의 묘를 제대로 수호하고 제사를 신중히 모실 것을 당부하는 것으로, 그러한 목적으로 조성된 토지는 상속 대상에서 제외하고 타인에게 매매하는 것도 금지하고 있다. 이미 조선 건국 이후 200년이 넘어 유교 이념이 어느 정도 안정화되고 있었기 때문에 중앙뿐만 아니라 지방에서도 봉제사 접빈객에 대한 인식이 보편화되었을 것이다. 또한 친정부모의 제사를 받들고 있는 의성김씨 종손 김사원에게 일정량의 논을 주어 고마움을 표하고 있는데, 이에 대해서도 남에게 팔거나 상속 대상에서는 제외시키라고 해 조상에 대한 봉사의 중요성을 강조하고 있다.

임진왜란 발발 전 초본을 작성했다가 여러 가지 사정으로 인해 수십 년이 지난 뒤에 초본을 정서한 분재기를 통해 임진왜란 이전의 균분상속의 면모를 알려주는 자료가 있다. 이황의 손자녀 5남매, 즉 이안도李安道(1541~1584년)의 처 권씨, 박려朴欄(1551~1592년)의 처, 이순도李純道(1554~1584년)의 처 김씨, 김용金涌(1557~1620년)의 처, 이영도李詠道

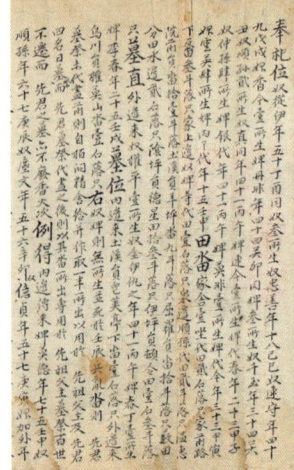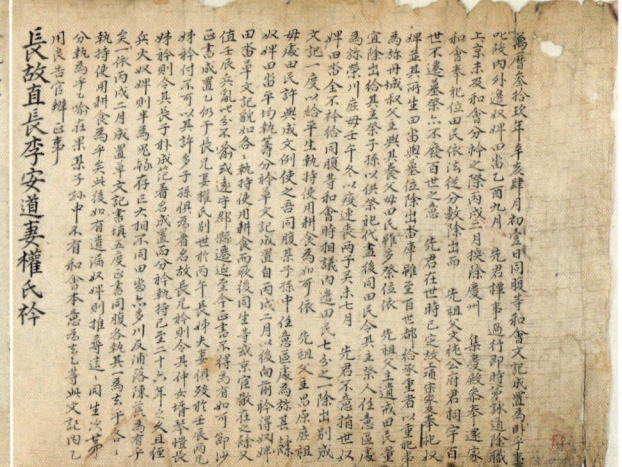

사진 8 〈이안도 분재기〉(1611년)

(1559~1637년)가 부친인 이준李寯(1523~1583년) 사망 후 작성한 것을 뒤늦게 정서한 것이 그것이다. 이준은 1583년에 사망했는데 삼년상을 마친 1586년에 5남매가 초본을 작성하고는 관직 생활과 임진왜란 등의 크고 작은 일로 인해 이때에 와서야 정서하게 된 것이었다. 6m가 넘을 정도 (47.5×617.0㎝)의 크기로 상당한 재산을 소유하고 있었음을 알 수 있다.

이 문서는 6m가 넘는 5남매의 분재 내용 중 앞부분의 서문과 봉사조에 해당되는 부분이다. 서문의 내용은 유언이라기보다는 선친의 유언에 따라 분재한다는 것과 처음 분재한 때로부터 26년이 지나서야 다시 문서를 작성하게 된 이유를 설명하고 있다. 딸과 아들 간에 평균 분재를 하면서도 선친의 유언에 따라 퇴계 선생을 비롯한 선대의 봉사위를 장남인 이안도 몫으로 주고 있어 아들 중심으로 가계와 제사가 계승되는 분위기가 형성되고 있음을 알 수 있다.

만력 39년[1611년, 광해 3년] 신해 4월 1일, 동복 등 화회문기를 작성하는 일은 다음과 같다.

내외변 노비와 전답은 을유년[1585년, 선조 18년] 9월 선군의 담제禫祭를 지낸 뒤에 바로 나누었다. 아우 영도가 관직에 제수되어 상경했기 때문에 미처 화회해 분재하지 못했는데, 병술년[1586년, 선조 19년] 2월에 경주집경전참봉集慶殿參奉에 옮겨 제수되어 집으로 돌아와 봉사위 전답과 노비를 나누고 법에 따라 분수대로 덜어내 문순공文純公 조부님의 사당을 영구히 옮기지 않고 묘제 또한 영구히 없애지 않기로 부친 생전에 이미 정했다. 때문에 위의 종가 및 봉사 노비와 그 소생, 전답을 묘위墓位로 덜어내고 논은 비록 백세百世에 이르더라도 승중자에게 다 주어 제사를 잘 모시도록 할 것이다. 단성丹城 숙부님과 양부모의 전답과 노비는 비록 제위祭位가 많지만 조부님의 유계에 따라 전답과 노비를 적당하게 덜어내 제사를 주관하는 자손에게 주어 제물로 바치고 대수가 다한 뒤에는 전답과 노비를 제사를 주관하는 사람이 임의로 처리하게 할 것이다. 영천榮川 서모는 임오년[1582년, 선조 15년] 겨울에 역병으로 두 아들을 연달아 잃고 계미년[1583년, 선조 6년] 7월에 선친께서 불의에 돌아가시는 바람에 노비와 전답을 전연 상속하지 못했다. 동복들이 화회할 때 상의해 내변 전답과 노비를 1/7 덜어내 별도로 문기 1통을 작성해 평생토록 갖고 사용하고 갈아먹다가 조부님께서 창원昌原 서조모에게 전답과 노비를 허여한 성문의 예에 따라 우리 동복 아무개 자손 중 하나에게 임의로 처리하게 할 것이다. 나머지 노비와 전답은 평균해 몫을 나누고 초문기를 작성해 둘 것이다. 병술년 2월 이후로는 이전에 몫으로 받은 노비와 전답을 초문기처럼 각각 갖고 사용하고 갈아먹되 그 뒤 동생들이 서울로 관직 생활을 위해 흩어져 지내던 중에 또 임진왜란을 만났을 뿐만 아니라 더러는 멀리 군현의 지방관으로 다니느라 미뤄져 지금까지 정서하지 못하다가 이제야 정서해 문서를 작성했기 때문에 큰형수 권씨는 병오년[1606년, 선조 39년]에 별세하고 큰누이 부부는 임진년[1592년, 선조 25년]에 모두 사망했는데, 큰형과 큰누이의 상속분에 많은 자손이 다 착명할 수 없어 죽은 큰형 몫은 둘째사위 금개琴愷[1562~1629년]가, 큰누이

몫에는 장자 박성범朴城範[1568~1654년]이 착명해 문서를 작성했다. 몫을 나누어 가진 지 26년이라는 오랜 시간이 흘렀고, 전쟁도 끝나 노비는 절반이 죽어 각자의 몫이 매우 다르고, 전답도 내가 터져 떨어져 나가거나 황폐된 곳이 많다. 한결같이 병술년 2월에 작성한 초문기에 따라 5통을 쓰고 동복이 각각 1통씩 가진다. 각자 갖고 사용하고 갈아먹되 추후에 누락된 노비가 있으면 낱낱이 추심하고 동복이 차례로 나눌 것이다. 아무개 자손 중 화회의 본의를 무시하거든 이 문기를 갖고 관에 고해 변정할 일이다.

내용을 정리하면 다음과 같다.

① 처음 분재는 부친인 이준의 삼년상을 마친 1585년에 하고 문서 작성은 1586년에 함.
② 이준 생전에 퇴계 이황의 사당과 묘제를 수호할 봉사위 전답과 노비를 정하고 장자 몫으로 주어 소홀함이 없도록 함.
③ 단성 숙부님과 양부모의 전답과 노비는 제사를 주관하는 자손에게 주고 대수가 다한 뒤에는 전답과 노비를 제사를 주관하는 사람이 임의로 처리하게 할 것.
④ 두 아들을 잃은 영천 서모에게는 내변 전답과 노비를 7분의 1을 주어 평생 사용하다가 본가 자손 중 하나에게 주도록 할 것.
⑤ 나머지 노비와 전답은 평균해 몫을 나누고 초문기를 작성해둘 것.
⑥ 1586년에 작성한 초문기는 관직 생활과 임진왜란 등으로 인해 26년이 지난 1611년에 5통을 다시 정서해 동복이 각각 1통씩 가질 것.
⑦ 추후에 누락된 노비가 있으면 낱낱이 추심하고 동복이 차례로 나눌 것.
⑧ 자손 중 그것을 지키지 않는 이가 있을 경우 이 문기를 증거로 관에 고해 바로잡을 것.

균분상속이라는 기본 원칙이 지켜지고 있었지만 봉사조를 장자인 이안도 몫 아래 두고 관리하게 함으로써 장자우대 원칙이 적용되고 있는데, 그것은 어디까지나 선친의 유언에 따른 것임을 밝히고 있어 조선 중기에 종법이 정착됨에 따라 장자우대의 가계 및 제사 계승이 이미 현실 속에서 적용되고 있음을 알 수 있다. 또한 부친의 갑작스러운 죽음으로 서모에 대한 재산상속이 진행되지 못했지만 유언이 없을 경우 법정상속분에 따른다는 법전 조항에 따라 양첩 자녀에게 주는 1/7의 재산을 서모에게 주고 있다. 이 내용은 천첩 자녀의 경우 적자녀의 1/10을 준다는 내용과 함께 『경국대전』 형전 사천조에 규정되어 있다.

17세기 말인 1688년에 경상도 동쪽 영해 지방에서 작성되어 전해지고 있는 분재기에서는 여전히 평균분집의 원칙은 지켜지고 있지만 딸들이 다른 지역에 살기 때문에 제사 봉행에 어려움이 있다며 노비는 딸과 아들에게 똑같이 나누어 주고 전답은 아들과 딸에게 차등을 두어 주고 있다.27) 평균분급의 어려움을 제사 봉행에서 찾고 있는데, 그러한 분위기는 전국적으로 사회 전반에서 용인되고 있었던 것 같다.

그렇다면 비슷한 시기에 다른 문화를 형성하고 있던 전라도의 양반 가문에서도 분재기 안에서 균분상속과 윤회봉사가 장자우대의 문화로 변하고 있는지를 살펴보자. 국가 제도의 정착 정도는 그것이 지방에 어느 정도 침투하고 있는지를 보면 어느 정도 가늠할 수 있기 때문이다. 경상도의 대표적 양반 가문인 진성이씨 집안의 경우 앞서 언급한 대로 자녀 간 균분상속을 표방하고 있지만 봉사조를 장자에게 줌으로써 가계 계승과 봉제사의 무게 중심이 자연스럽게 장자에게 옮겨가도록 했다. 이번에 소개하는 전라도 부안김씨 문중의 경우에는 딸과 아들의 차이가 분명하고, 제사 또한

---

27) 영해 재령이씨 종가에서 한국국학진흥원에 기탁한 분재기로, 재주인 모친 정씨鄭氏가 남편 사후 5남 1녀에게 재산을 상속하면서 작성했다. 보물 제876호로 지정되어 있다.

윤회봉사 대신 단독봉사를 강조하고 있다. 분재의 원칙과 상속 문화가 조선 초기에 비해 뚜렷하게 변하고 있음을 알 수 있다.

기유년 11월 11일, 후손에게 전하는 문서
이 문서를 작성하는 일은 다음과 같다. **종가에서 제사를 모시는 법은 예법에 분명히 있으니 엄중한 것이다. 따라서 많은 토지와 노비를 봉사조로 내어 놓고, 제사는 종가에서 전담해 행하고 다른 여러 자손은 윤행하지 않아야 한다.** 우리나라의 종법이 오래전에 무너져, 여러 자손이 윤행하는 것을 사대부 집안이 모두 규례로 삼고 있지만 그것은 바꿀 수 없는 것이다. 여자는 출가한 다음에는 곧 다른 가문의 사람이 되어 지아비를 따르는 의리가 무겁다. 그러므로 성인이 예의를 제정함에 등위를 낮춘 것이다. 그런데 정과 의가 모두 가벼워져, 세간의 사대부 집안에서 제사를 사위 집안에게 윤행하는 경우가 종종 있다. 항상 보건대, 사람들의 사위와 외손 등이 제사를 미루거나 빠트리는 경우가 많다. 비록 하더라도 제물이 정결하지 않거나 예의가 공경스럽지 않아 도리어 행하지 않은 것만 못하다. 우리 집에서는 일찍이 이 일을 선조에게 물어보고 정했고, 우리 형제가 헤아려 정한 지 이미 오래된 바, 결단코 사위나 외손 집안에서 제사를 윤행하지 않는 것을 세세토록 법식으로 삼았다. 아버지와 자식의 정과 의리가 비록 남녀의 차이는 없지만 생전에 봉양하는 도리가 없고 사후에 제사를 행하는 의례가 없는 즉 어찌 유독 토지와 노비만 남자와 균등히 나누어 줄 수 있겠느냐. 여자에게는 토지와 노비를 3분의 1만 나누어 준다. 그것은 정과 의리에서 전혀 불가할 것이 없으니, 여자 및 외손은 어찌 감히 이 뜻을 어기고 분쟁할 마음을 품겠는가. 이 글을 보면 뜻을 미루어 좋은 의미를 알 수 있으니, 누가 보통의 규례와 다르다고 하면서 불가하다고 하겠는가. 종가의 자손이 가난하고 잔약해짐으로써 제사를 빠트리는 것은 오히려 가하다. 만약 그것을 준행하지 않고 윤행한다면 기꺼이 우리의 자손이라고 말하겠는가.

1669년이면 분재의 원칙에 변화가 일어나는 때이기는 하지만 이 문서를 보면 너무도 분명하게 윤행봉사를 종법이 무너진 결과로 보고 있으며, 아들과 딸의 차이에 대해서도 분명하게 선을 긋고 있다. 딸이 출가하면 다른 가문의 사람이 되어 지아비를 따르는 의리가 무거우며, 사위와 외손 등이 제사를 미루거나 빠트리는 경우가 많고, 비록 지내더라도 제물이 정결하지 않거나 예의가 공경스럽지 않아 도리어 행하지 않은 것만 못하다는 주장을 강하게 하고 있다. 아버지와 자식의 정과 의리가 비록 남녀의 차이는 없지만 생전에 봉양하는 도리가 없고 사후에 제사를 행하는 의례가 없으므로 재산 또한 아들의 1/3만 나누어 주도록

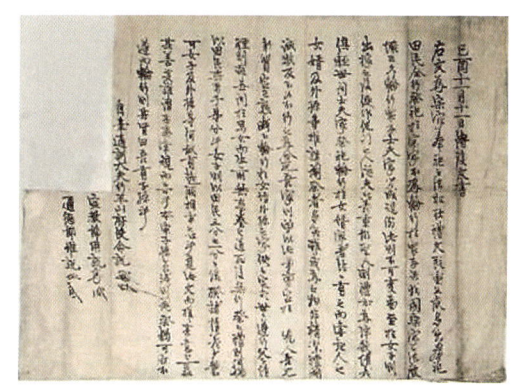

사진 9 〈김명열 전후문서〉(1669년)

함으로써 아들과 딸의 차등을 합리화시키고 있다. 그리고 이 집안에서는 이미 오래전부터 아들 중심으로 제사를 지내고 결단코 사위나 외손 집안에서 제사를 윤행하지 않는 것을 세세토록 법식으로 삼았다고 하며 차등분재와 제사에서 딸을 배제하는 이유에 대해 유교적 논리로 펴고 있다.

　　이처럼 시대별로 분재기를 보고 있으면 자녀에 대한 애정과 선조에 대한 공경함이 묻어나고 있는 것을 볼 수 있는데, 그렇다면 분재기 작성 시의 풍경은 어떠했을까 궁금해진다. 다행히 조선 후기이기는 하지만 재산을 상속할 때의 심정과 분위기, 의식 등을 알 수 있는 문서가 남아 있다. 이 문서는 문숙자의 연구를 통해 발표되었다. 여기서는 상속할 때의 분위기를 알 수 있는 앞부분을 소개하면서 분재기가 유언의 성격을 띠고 있었

음을 알리고 싶다. 분재 당시의 상황과 함께 재산상속이 주가 되는 오늘날의 유언과는 사뭇 다른 모습이다. 조선 후기의 문서이기는 하지만 조선시대의 유언장이 가졌던 의미를 함축하고 있는 그것을 통해 재산상속이 갖는 의미를 쉽게 이해할 수 있을 것이다. 이 문서는 1874년(고종 11년)에 청양靑陽의 단양우씨丹陽禹氏 가문에서 분재기를 작성하고 끝에 붙인 피상속인의 서문에 해당된다.28)

> 다섯 아들에게 재산을 나누어 준 문권의 후서後序
> 갑술년[1874년, 고종 11년] 8월 15일, 을묘일乙卯日 새벽에 사당에 참배하고 안방에 물러나 앉아 세 아들이 앞에 모시고 앉은 중 손자를 안아 왼쪽 무릎에 앉히고 어린 아들을 오른쪽 무릎에 앉히고, 갑이로 하여금 산算을 잡게 하고 묵默이로 하여금 붓을 잡게 해 늙은 아비가 입으로 읊조린다. …… 부인도 여러 자부子婦를 거느리고 당堂 위에 올라앉아 가르침을 들으니 오늘은 우리 집안이 다시 새로워지는 큰 경사가 있는 날이다. 늙은 아비는 비로소 집안일에서 떠나 물러나 앉아서 너희들의 봉양을 받을 것이니 돌아가면서 봉양토록 하라.

이 문서를 보면 재산을 나누어 줄 때의 상황이 그림처럼 선명하다. 재주인 우주영은 5남 3녀를 두었지만 제목에 다섯 아들에게 재산을 나누어 준다고 분명하게 언급하고 있어 세 딸은 상속에서 제외되고 있음을 알 수 있다. 기존의 분재기에는 분재의 사유라든지 각자의 상속분이 기재되어 있지만 분재 당시의 상황에 대해서는 알 수 없었는데, 이 문서를 통해 재

---

28) 이 자료는 현재 분재 내용은 전하지 않고 한국학중앙연구원에 MF 형태로만 남아 있다 (MF35-009412, 23.5cm×149.0cm). 문숙자, 「靑陽 丹陽禹氏家 禹周榮의 分財 序文」, 『고문서연구』 21, 2002. 내용이 오늘날을 살아가는 우리에게도 공감을 불러일으킬 수 있다고 판단되어 뒷부분에 전체 내용을 오늘날의 문장으로 다듬어 수록했다.

산 분배가 곧 가계와 제사를 계승하는 신성한 절차이며, 아버지에서 아들로 세대가 바뀜으로 인해 집안의 중심이 바뀌는 중대한 일이었음을 알 수 있다.

전근대사회에서 재산 분배를 위해 가장 먼저 한 일은 당일 새벽에 조상을 모신 사당에 참배하는 것이었다. 재산 상속뿐만 아니라 가계와 제사까지도 세대를 이어 계승하기 위한 의식이기 때문에 그만큼 경건한 의식으로 받아들인 것이다. 참배를 마치면 안방에 가족이 다함께 모였다. 세 아들과 손자, 어린 아들이 있는 것으로 볼 때 아들 한 명은 사망해 손자가 참석한 것으로 보인다. 아들, 손자와 함께 부인과 며느리들도 참석해 아버지에서 아들로 이어지는 세대의 이동 의식에 함께하고 있다. 이런 모습에 재주인 아버지는 '집안이 다시 새로워지는 큰 경사가 있는 날'이라며 매우 흡족해하고 있다. 재산상속을 위해 공정하게 분재할 사람과 그것을 기록할 사람도 참석했다. 피상속자와 상속자가 다 함께 참석하고 그것을 증거해줄 사람들도 분재 의식에 참석시킴으로써 분재의 공정함을 담보하고 있는 것이다.

4   맺음말

역사에 큰 족적을 남겼든 평범한 삶을 살았든 죽음을 앞에 둔 사람의 마지막 말에는 그의 인생철학이 담겨 있다. 그리스 철학자 소크라테스Socrates는 신을 모독하고 청년을 타락시켰다는 죄명으로 사형에 처해졌는데, 저 유명한 '악법도 법이다'라는 명언을 남기며 독배를 마셨다. 독일의 실존주의 철학자 야스퍼스Karl Jaspers는 소크라테스에게 죽음은 비극이 아니었다고 평했으니, 절대적 진리와 정의를 향한 그의 정신 앞에 죽음은 결코 장애가 될 수 없었던 것이다. 조선시대 영남의 대학자 이황 선생은 실물로 전해지는 유계 외에 '매화에 물을 주어라命灌盆梅'는 유언을 남겼다는 이야기가 전해진다. 죽음 앞에 초연했던 선생의 맑은 정신세계를 보다 직관적으로 보여준다고 생각된다.

유언은 이처럼 죽음과 관련해 이루어지는 행위로 어디서든 쉽게 접할 수 있는 용어이다. 익숙한 것과의 단절로 인해 이루어지는 행위지만 한편으로는 단절의 대척점에 있는 용어로, 그것이 혈통이든 재산이든 가계이든 사람 관계든 끊어지지 않고 이어져 영원하기를 바라는 심적 바람이 담긴 말이다. 그렇다면 과거에서 현재까지 지속되었고 미래까지 지속될 것처럼 보였던 지난 삶과의 단절을 뜻하는 죽음을 눈앞에 두었을 때 사람들은 무엇을 생각할까. 자기가 살아온 삶의 궤적과 함께 남은 자손의 미래에 대한 다양한 생각과 함께 마지막을 정리할 것이다. 누군가에게는 덤덤하지만 누군가에게는 아쉬움으로 삶의 끈을 쉽사리 놓지 못한 채 말이다.

본고에서는 실제적 분재 행위가 드러난 문서를 통해 분재 원칙이나 상속 문화의 변화 등을 살펴보았으며, 그러한 변화 등에 대한 사회적 분위기를 파악하기 위해 법제적 측면까지도 들여다보았다. 조선시대의 대표적 법전을 통해 먼저 상속과 유언의 법제적 장치를 살펴보고 오늘날의 민법에서 규정하고 있는 유언 조항과 비교해보았다. 이어 시대에 따른 유언 내용의 변화와 분재 원칙, 상속 문화 등을 실제 고문서를 갖고 살펴보았다. 가족 공동체의 확장된 개념으로서의 국가 통치를 실현하고자 한 조선사회를 분재기라는 사적인 문서는 어떻게 보여주는지를 살펴본 셈인데, 전근대 사회의 다양한 사람의 마지막 말은 당시의 가치관 등을 그대로 보여준다.

조선시대의 재산상속 원칙은 비록 지역별로 속도의 차이는 있지만 수백 년을 뛰어넘어 '자녀균분상속→제자균분상속→장자우대상속'이라는 큰 틀에서 지켜졌음을 시대별로 남아 있는 분재기를 통해 확인할 수 있었다. 고려 말부터 조선 전기까지 분재 사유는 상당 부분 효도와 시병侍病에 대한 대가나 솔양率養의 정을 표현하고 시양侍養이나 수양收養에 대한 대가 등 정을 표현하는 경우가 상당히 많으며, 이 시기에는 아들과 딸 구별 없이 고르게 재산을 나누어 주고 제사를 돌아가며 지냈기 때문에 특별히 봉사조를 더해주기보다는 어느 자식이든 정을 많이 느낄 수 있는 경우에 재산을 더 많이 상속하고 있다. 16세기 중반을 넘어가면서 장손 출생으로 종사宗祀가 이어짐을 축하하거나 봉사 장손에 대한 분재, 종손에게 재산과 제사를 당부하는 내용, 시부모 공양과 봉제사 잘하는 며느리에 대한 내용 등이 자주 등장해 유교적 관념이 분재기에 반영되고 있음을 알 수 있다.

17세기 중엽을 넘어서면 제사의 내용 등이 언급되는데, 사위가 제사 윤행을 사양하고 제사조를 반납하거나 묘제와 기제를 윤회하지 말고 장자만 봉행할 것을 당부하고, 부모 제사만 윤회할 것을 당부하며, 남매간에 재산 분배 시 여동생에게는 전혀 분재하지 않는 내용 그리고 외손봉사 금지, 딸의 제사 불윤행과 재산 감급을 규정하는 등 보다 유교적 색채가 강해지고 있다. 18세기 중엽이 되면 장자 단독 봉사를 명하거나 중요 토지를 종가에 귀속시키도록 하고 선대의 승중전민을 종손에게만 전하도록 하는 등 조선 후기의 전형적인 장자 우대 상속 관행이 두드러지게 나타나고 있다.

아래 글을 통해 재산과 제사를 자식에게 맡기고 자기 삶을 정리하며 쓴 늙은 아버지의 마지막 말을 되새기며[29] 어느 날엔가는 찾아올 나의 죽음 앞에서 나는 무엇을 정리하며 나의 자녀에게 남길 마지막 말이 무엇인가를 생각해본다.

분재기 속 늙은 아버지는 경건한 마음으로 사당에 참배하고 재산을 나

---

[29] 이 내용은 문숙자의 논문에서 충분히 검토되고 번역되어 있는 것으로, 필자는 문장을 요즘 세대에 맞게 손을 보았을 뿐이다.

누어 준 뒤에 담담하게 어려운 살림을 꾸려 가문을 일으킨 돌아가신 부모님과 첫 부인에 대한 감회, 자식들을 잘 키워준 두 번째 부인에 대한 고마움, 그래도 열심히 한평생을 산 자신에 대한 나름의 평가, 남은 자녀들이 열심히 살며 효도하고 우애하며 잘 지내기를 바라고 있다.

※ 〈우주영 분재 후서〉(1874년)

> 다섯 아들에게 재산을 나누어 주고 작성한 문서의 뒤에 쓴다.
> 1874년 8월 15일 새벽에 사당에 참배했다. 안방으로 물러나 앉으니 세 아들이 앞에 앉았다. 손자를 안아 왼쪽 무릎에 앉히고, 어린 아들은 오른쪽 무릎에 앉혔다. 갑이에게 산가지를 펼치게 하고 묵이에게 붓을 잡게 해 늙은 아비가 불러준다.
> 제전을 별도로 두고 묘위는 장손 앞으로 주어라. 경중의 차등을 두어 자손에게 전답과 토지를 나누어 주고 하나의 문서로 작성해 말미에 연결시키도록 하라. 부인이 며느리들을 데리고 당에 올라와 내 말을 들으니, 오늘은 우리 집안이 다시 새로워지는 큰일을 하는 날이다. 늙은 아비는 이제야 집안일에서 벗어나 편안히 봉양을 받을 것이니, 시간을 정해 돌아가며 봉양하라. 세 끼 밥은 입에 맞으면 그만이고, 사시사철 입을 옷은 몸에 맞으면 그만이다.
> 우리 집안에 항시 내려오는 말이 있으니, '제사를 잘 받들고 손님을 잘 접대하라'는 것이다. 제사 지내는 것의 근본은 효도와 공경이고, 손님 접대의 도리는 정성과 민첩함이다.
> 하늘과 땅이 화합해야 만물이 생겨나고, 부부가 화합해야 집안의 도리가 완성된다. 너희들은 각기 유념해 허리띠와 수건처럼 늘 품고 교훈으로 삼아 우리 집안의 규범이 실추되지 않도록 하라. 편안하게 직분을 다하되 경계하고 공경하라. 마침내 선인의 모범을 적어 다섯 아들에게 가르치노라.

과거에 내가 말을 하게 되면서 모친의 가르침을 받아 지금까지도 마음에 새겨 감히 잊지 못하고 있다. 선친께서는 집안이 가난해 모친이 시집온 지 3일 만에 저녁 지을 식량조차 없었고, 있는 것 없는 것을 이리저리 끌어 써서 집안 살림을 꾸렸지만 실로 기대고 의지해 일어설 땅도 없었다. 선친께서는 마흔 넘어 처음으로 가족들을 위해 일을 하시면서도 물건을 사고 파는 비천한 일에는 일찍이 마음을 둔 적이 없으셨다. 직접 농사지어 생산한 먹거리가 아니면 비록 한 톨일지라도 남에게서 취하지 않았고, 의복도 베틀로 짜서 만든 것이 아니면 아주 적은 실일지라도 외부에서 빌리지 않았다. 이렇게 30년을 하다 보니 한 해 가을에 근 천여 섬의 곡식을 수확할 정도였다. 이것이 계속 쌓이니 어느 순간 한 고을의 갑부가 되어 있었는데 빠른 성장은 마치 신이 도와준 듯했다. 그러나 그것은 선친이 성실하고 한결같이 힘을 쓰고 모친의 현명한 내조를 많이 받았기 때문이다. 불초한 나는 복이 없어 1852년에 모친이 갑자기 돌아가셨는데 나의 첫 부인이 우리 집안의 좋은 가법을 이어 집안 살림에 소홀함이 없었다.

선친께서는 엄격한 성격으로 자식 교육에 대한 방침을 갖고 계셨다. 내가 학문을 한 뒤로는 전적으로 과거에만 신경을 썼기 때문에 누추한 곳에 살든 집이 가난하든 늘 분발하려는 생각이 있었다. 충청도 감영에서 치룬 사마시의 2차 시험은 세간에서 청방淸榜이라 해 좋은 집안의 자제들이 필사적으로 경쟁하는 시험이다. 선친께서는 1854년에 제술 시험에 합격하고 1855년에 사마시에도 합격했는데 나이가 많다고 해 가자加資의 특은까지 입었으니 실로 가문의 영광이었다. 그러나 모친의 삼년상을 겨우 마친 때라 친히 왕의 고명誥命을 받지 못하셨으니, 나로서는 유감스러운 마음이 더욱 심하다.

1857년 여름에 또 선친마저 자식들을 남기고 돌아가셨으니 부모 잃은 슬픔은 너무나도 망극했다. 아우가 먼저 세상을 떠나 형제 없이 혼자 남은 외로움에 그림자만 의지했는데, 다음해에는 첫 부인마저 잃었다. 큰아이는 아직 성인이 안 되었고 막내는 고작 8개월이었다. 이 시기는 거듭된 재앙으로 집안 살림은 다 흩어져서 마치 물새는 배를 타고 강을 건너는 데 노를 잃고 풍파를 만나 어디에 정박해야 할지 모르는 형국이었다.

매번 변변찮은 제수라도 올려야 할 때면 부엌살림을 주관할 사람이 없어 언제나 두렵고 조심스러웠다. 결국 두 번째 부인을 맞이하니 형편에 쫓겨서 그런 것이지 나의 초심은 아니었다. 다행히 부덕婦德을 잘 갖추었고 어린 자식들도 잘 키웠다. 자기 자식보다도 더 살뜰하게 챙기고 가정 내에 잡음이 없으니, 모든 어지러웠던 실마리들이 술술 풀리는 듯했다. 거듭되는 흉년에 밖으로는 손님들의 요구에 대응하고 안으로는 가난한 친족들을 접대하니, 강경했던 자들이 부드러워지고 떠났던 이들이 찾아왔다. 그들의 환심을 다 얻어 부모로서 좋은 소리를 듣게 되었다. 일시적인 헛된 명예를 구한 것은 아니었지만 모르는 사람들이 자기 멋대로 '재물을 가볍게 여기고 베풀기를 좋아한다'고 추측해 과도하게 소문이 난 것이니 속으로 스스로를 부끄럽게 여겼다.

내가 집안 살림을 맡아 딱히 남용한 것은 없다. 집을 넓게 짓는 것도 선친께서 만년에 자손들이 오랫동안 살 터전으로 만들겠다고 계획하고는 미처 이루지 못한 것인데 내 어찌 감히 선친의 뜻을 뛰어넘어서 태연히 자신이 살 집을 크게 짓겠는가. 앞으로 재물이 계속 쓰이게 되어 돈 들어오는 길이 막히게 될 것이다. 살아갈 방도가 이미 고갈되고 쓸 곳은 점점 많아질 것이므로 마치 비탈길을 맨발로 뛰어오르는 듯 어렵고 넉넉한 생활을 하지 못할 것이다. 약간의 토지는 날로 줄고 해마다 축소되어 잔약한 자손들이 굶주림과 추위를 벗어나지 못하게 될 것이니 늙은 아비로서는 수치스럽다.

그러나 너희들은 선조들이 어렵게 이룬 것은 보지 못하고 단지 아비가 쉽게 쓰는 것만 보아 당연한 것처럼 여기고 있다. 농사짓는 것은 모른 채 게으르고 사치스러우며 절제를 잃고 돌이킬 줄 몰라 천하의 방탕한 자손으로 전락할 상황이니, 이 또한 너희들의 잘못이 아니라 실로 이 아비가 제대로 인도하지 못한 데 원인이 있다. 매번 선친의 사당에 들어갈 때마다 엄명을 받은 것처럼 전전긍긍하며 몸 둘 바를 모르겠다.

평생 쌓인 재앙으로 신이 노하고 귀신이 벌을 주어 큰아들은 병으로 죽고 조씨 집안에 시집간 딸도 요절하니, 너희들에 대한 늙은 아비의 애틋함은 갈수록 감당하기 어렵다. 이제 일찌감치 짐을 벗고 남은 생을 수양하다가 죽음을 맞는 것이 또한 삶을 잘 마무리하고 온전하게 죽는 방도일 것이다. 너희들은 각자 한 가지씩 잘하는 것을 하면서 선조의 가르침을 실추시키지 말고 늙은 아비를 기쁘게 해주기를 바란다. 늙은 아비가 정신 줄 놓지 않고 귀머거리가 되지 않는다면 지팡이 짚고 나막신 신고서 날마다 너희 다섯 자식을 찾아갈 것이다. 거친 밥과 나물국이라도 있으면 먹으면서 시를 이야기하고 문장을 논할 것이니, 이 어찌 노래하고 비파 타는 즐거움에 양보할 수 있겠는가.

지금 내가 너희들에게 나눠 주는 재물은 또한 모두 선친께서 남기신 것들이다. 그것들에 부지런히 힘쓰면 의식주를 해결하기에는 충분한 자산은 될 것이니, 어찌 차고 넘쳐서 더욱 넉넉해지기를 바라겠는가. 어질면서 부를 이룬 자는 재물이 따라오고 일도 잘 풀려 부가 진정한 내 소유가 되겠지만 부유하면서도 어질지 못한 자는 사람들이 등을 돌리고 친지들이 떠나 도둑의 먹거리가 될 뿐이다.

어진 행실의 근본은 효도와 우애일 뿐이다. 효도와 우애는 우리 집안 대대로 전해오는 가보로, 세상의 부유함을 다 준대도 어찌 우리 가문의 보물과 바꾸겠는가. 음식을 앞에 두고 선친의 힘든 삶을 생각하면 보잘것없는 음식도 진수성찬보다 달고, 옷을 보고 모친의 힘들었던 시절을 생각하면 낡고 헌 옷도 화려한 장식의 옷보다 아름다울 것이다. 늙은 아비는 선친과 모친의 마음가짐을 갖고

> 너희들은 늙은 아비의 마음가짐을 갖는다면 효도하고 우애하는 마음이 절로 생겨나고 사치하고자 하는 마음은 절로 사라질 것이다.
>
> 형제간 타고난 성품은 다르지만 간절히 빌다 보면 닮아가는 법이니 같은 기운을 타고 난 동기이기 때문이다. 더구나 인간은 자손과 혈맥이 관통하는데 어찌 가르치고 인도한 후에야 변하겠는가. 『시경』에서도 말하지 않았느냐. "자식 잘 가르쳐서 좋은 방향으로 닮도록 하라"고.

참고 문헌

『고려사』.
『경국대전』.
『속대전』.
『조선왕조실록』.
가정준, 「유언의 자유와 제한을 통해 본 유류분제도의 문제점과 그 개선방안」, 『비교사법』 24, 2017.
권내현, 「조선 초기 노비 상속과 균분의 실상」, 『한국사학보』 22, 2006.
김민정, 「조선 초기 상속법제에서 유언 자유의 의미」, 『법사학연구』 37, 2008.
김순한·이수환, 「16~18세기 寧海 新安朱氏 朱雲가문의 상속 및 봉사의식과 그 변화」, 『민족문화논총』 65, 2017.
문숙자, 「青陽 丹陽禹氏家 禹周榮의 分財 序文」, 『고문서연구』 21, 2002.
____, 『조선시대의 재산상속과 가족』, 景仁文化社, 2004.
朴秉濠, 「高麗末의 奴婢贈與文書와 立案」, 『近世의 法과 法思想』, 진원, 1996.
____, 「韓國의 傳統家族과 家長權」, 『近世의 法과 法思想』, 진원, 1996.
박현순, 「분재기를 통해 본 15~16세기 사족층의 주택 소유와 상속」, 『역사와현실』 59, 2006.
송덕수, 『친족상속법』, 박영사, 2016.
유승희, 「15세기 천첩자녀賤妾子女의 재산상속과 사회적 지위」, 『역사와현실』 59, 2006.
이순구, 「조선 전기 '딸에서 며느리로' 정체성 변화와 재산권」, 『여성과역사』 23, 2015.
이지락 역, 『몽재선생문집』, 한국국학진흥원, 2105.
최병조·이상훈, 「經國大典과 유언의 자유」, 『서울대학교 法學』 59, 2018.
최연숙, 『조선시대의 立案 연구』, 한국학중앙연구원 박사논문, 2004.

최재석, 『한국가족제도사연구』, 일지사, 1996.
한국학중앙연구원, MF35-009412
_____, 『조선시대의 재산상속문서 분재기 - 공정과 합리의 장을 되짚어 보다』, 2014.
한국국학진흥원, 분재기 등 고문서.